Walter Kleesattel

Die Welt der Lebenden Fossilien

Walter Kleesattel

Die Welt der Lebenden Fossilien

Eine Reise in die Urzeit

Die Deutsche Bibliothek – CIP-Einheitsaufnahme
Ein Titeldatensatz für diese Publikation ist bei
Der Deutschen Bibliothek erhältlich.

Das Werk ist in allen seinen Teilen urheberrechtlich geschützt.
Jede Verwertung ist ohne Zustimmung des Verlages unzulässig.
Das gilt insbesondere für Vervielfältigungen, Übersetzungen, Mikroverfilmungen
und die Einspeicherung in und Verarbeitung durch elektronische Systeme.

Einbandgestaltung: Neil McBeath, Kornwestheim
Einbandbild: © Walter Kleesattel
Illustrationen: Schreiber VIS, Joachim Schreiber, Seeheim

© 2001 by Wissenschaftliche Buchgesellschaft, Darmstadt
Gedruckt auf säurefreiem und alterungsbeständigem Papier
Layout & Prepress: Schreiber VIS, Seeheim
Printed in Germany

Besuchen Sie uns im Internet: www.theiss.de

ISBN 3-8062-1633-9

Für Irina

Inhalt

Einleitung 9

Die zeitlosen Modelle ... . 13 — **1**

    Strategie des Lebens 13
    Dauergattungen und andere seltsame Formen 17
    Zeitmarken der Erdgeschichte 22
    Überlebensstrategien in der Sackgasse? 24
    Lebende Legenden 26

Der Kontinent der Lebenden Fossilien .... 29 — **2**

    Am grünen Rand des roten Kontinents 29
    Säugetiere, die Eier legen 31
    Kindheit im Beutel 35
    Die adaptive Radiation der Beuteltiere 36
    Die Verwandten in Amerika 42
    Lurchfische im Tropenfluss 44
    Urzeitpflanzen im Eukalyptuswald 46

Von Brückenechsen und Brückentieren .... 51 — **3**

    Die Echse aus der Jurazeit 51
    Nachtaktiv im Regenwald 56
    Die Insel der Drachen 59
    Bindeglieder für den Stammbaum 64

Im Urwald versteckt .... 71 — **4**

    Auf Dschungelpfaden 71
    Bären im Tropenwald 73
    Huftiere im Unterwuchs 79
    Von neuen und unentdeckten Arten 86

Die Insel der Lemuren .... 91 — **5**

    Die Waldgeister von Madagaskar 91
    Die Insekten fressenden Vorfahren 96

	Erfolgreiche Schleichjäger	102
	Gefährdete Schatzkammern	104
6	**In Küstengewässern, Flüssen und Sümpfen**	107
	Schwertschwänze aus dem Kambrium	107
	Urbilder legendärer Nixen und Sirenen	112
	Delphine im Großen Fluss	116
	Am Fuße des Fujisan	118
	Auffangbecken alter Fische	122
	Überleben im Papyrussumpf	128
	Warum sie überdauerten	130
7	**Überleben in der Tiefsee**	133
	Geheimnisse in ewiger Nacht	133
	Ein Ausgestorbener taucht auf	136
	Schweben in der Tiefe	141
	Tiefseebewohner mit dunkler Geschichte	144
	Als das Meer zurückkam	146
	Katastrophen der Erdgeschichte	148
8	**Aus den Wäldern der Vorzeit**	151
	Im Wald der Riesen	151
	Der Tempelbaum aus China	155
	Die Einsame in der Namib	158
	Der lange Weg zur Blütenpflanze	160
9	**Die Letzten ihrer Art**	167
	Die Wildnis der Wisente	167
	Bedrohte Arten kehren zurück	173
	Das Mammut aus dem Dauerfrost	176
	Ein Wiedersehen mit den Verlorenen	178
	Literatur	181
	Register	187
	Abbildungsnachweise	192

Einleitung

Abb. 1: Seit 200 Millionen Jahren nahezu unverändert ist der Urzeitkrebs *Triops cancriformis* das Lebende Fossil schlechthin.

Nahezu unverändert haben die Urzeitkrebse eine lange Zeitreise von vielen Millionen Jahren hinter sich gebracht. Die ersten Vertreter dieser Krebstiere, die Kiemenfußkrebse (*Branchiopoda*) genannt werden und zu denen die nur einen Zentimeter langen Muschelschaler, die Feenkrebse, und als größte Vertreter die Schildkrebse gehören, sind bereits aus dem Oberen Kambrium vor mehr als einer halben Milliarde Jahren bekannt. Sie leben in temporären Pfützen und den Überschwemmungsbereichen der Flüsse, die nach kurzer Zeit wieder austrocknen. Mit Hilfe widerstandsfähiger Dauereier haben sie vor langer Zeit eine ökologische Nische besetzt, in der es weder Feinde noch Nahrungskonkurrenten gibt. Urzeitlich dürfen die Tiere genannt werden, überleben sie doch mit Strategien, die bereits in der Urzeit erfunden wurden, primitiv sind sie aber keineswegs. Die bemerkenswerten Eigenschaften dieser Kleinkrebse vor unserer Haustür geben einen ersten Einblick, was unter Lebenden Fossilien zu verstehen ist. Sie zeigen, dass eine Reise zu den von der Evolution Vergessenen nicht in ferne Kontinente oder gar in die Tiefsee führen muss, sondern gleich nebenan in einem scheinbar unbedeutsamen Stück Brachland beginnen kann.

Das Lebende Fossil schlechthin ist der Sommerschildkrebs (*Triops cancriformis*), der ein stammesgeschichtliches Alter von 200 Millionen Jahren erreicht hat. Seit dieser unvorstellbar langen Zeit haben sich die Tiere in ihrer äußeren Form nicht mehr verändert und blieben trotzdem lebenstüchtig. Unter dem großen Rückenschild der bis zu 10 Zentimeter langen Kleinkrebse liegen 40 Beinpaare, wahre Multifunktionsorgane. Mit ihnen schwimmen die Tiere, atmen und ernähren sie sich.

Sobald im Sommer das Wasser in Regenpfützen und Auetümpeln warm genug ist, tauchen sie auf. Kaum einen Tag nachdem sich das Wasser angesammelt hat, findet man schon ihre Nauplien, wie man die Larven der Krebse nennt. Doch bald liegt ihr Lebensraum wieder trocken, was für sie allerdings überlebensnotwendig ist. Denn nur so können sich keine Fische oder Libellenlarven entwickeln, die für die schutzlosen Schildkrebse gefährliche Räuber wären. Entsprechend der Vergänglichkeit ihres Lebensraumes verläuft ihre Entwicklung von der frisch geschlüpften Larve zum geschlechtsreifen Tier innerhalb weniger Wochen sehr schnell. Sie ernähren sich von organischem Material, das sich in den schlammigen Pfützen angesammelt hat.

Zur Fortpflanzung sind die Sommerschildkrebse Mitteleuropas nicht auf einen Geschlechtspartner angewiesen. Während in Südeuropa das Geschlechterverhältnis in etwa ausgeglichen ist, kommt bei uns auf 100 weibliche Tiere höchstens ein Männchen. Die Weibchen verfügen über zwittrige Geschlechtsorgane und besamen ihre 500 bis 600 Eier selbst, was wiederum wertvolle Zeit spart.

Schadlos können die mit einer dauerhaften Hülle ausgestatteten Eier Frost und mehrjährige Trockenheit überstehen. Ist aber noch Wasser vorhanden, entwickeln sie sich ohne Ruhepause sofort weiter.

Eher zarte Geschöpfe sind die panzerlosen Feenkrebse, die auf dem Rücken schwimmend durch das Wasser von Salzseen ziehen. Der ein bis eineinhalb Zentimeter lange Salinenkrebs *Artemia salina* ist gegenüber Schwankungen des Salzgehaltes sehr widerstandsfähig. Er toleriert Konzentrationen zwischen drei und über 23 Prozent, im Süßwasser aber geht er rasch zugrunde. Große Ruderorgane und Schwebefortsätze charakterisieren ihn als Planktonlebewesen. *Artemia* gehört zu den altertümlichen Kiemenfüßern (Anacostraca), denen der für Krebse kennzeichnende Schalenpanzer, der Carapax, fehlt. In der Seitenansicht liegen daher die blattförmigen Beine frei, die sich außen befindenden Kiemenanhänge sind deutlich zu erkennen. An den Mundwerkzeugen und Borsten bleiben ständig Algen hängen, die der Krebs als Primärkonsument aus dem Salzwasser filtert.

Die Chitinhülle von *Artemia* ist für Salze undurchlässig, zugleich verhindert das Chitin, dass aus dem Körper Wasser auf osmotischem Weg nach außen dringt. Mit der Algennahrung gelangt Salz aber durch die Darmwand ständig in das Blut des Tieres, das durch Anhänge an den ersten zehn Beinpaaren ständig wieder ausgeschieden wird.

Obwohl Salinenkrebse Meerwasser ohne weiteres vertragen, kommen sie in den Weltmeeren nicht vor. Zu groß wäre dort die Zahl ihrer Feinde. In der ökologischen Nische des Salzsees haben sie aber als Spezialisten eine vor Fressfeinden sichere Zufluchtsstätte gefunden.

Synchronschwimmen zur Paarung sichert die Befruchtung. Das Männchen umklammert von der Rückenseite her mit seinen Antennen den Körper des Weibchens und hält es fest. Viele Stunden oder gar Tage schwimmen die beiden in Rückenlage dahin, wobei immer wieder Begattungen stattfinden [Abb. 2]. Die befruchteten Eier werden zunächst in der Bruttasche des Weibchens abgelegt. Sind die Lebensbedingungen günstig, läuft die Embryonalentwicklung ohne Unterbrechung weiter und nach einigen Tagen schlüpfen die Naupliuslarven.

Unter ungünstigen Bedingungen werden die Eier mit einer mehrschichtigen derben Schale umgeben und die Entwicklung kommt vorübergehend zum Stillstand. Die Dauereier oder Cysten ermöglichen ein Überleben ungünstiger Umstände. Genau genommen sind diese so genannten Dauereier schon mehrzellige Embryonen im Blastula- oder Gastrulastadium, die auch nach starken Frösten, großer Hitze bis nahezu 100 °C und jahrelanger Austrocknung entwicklungsfähig bleiben. In diesem Anabiose genannten Zustand eines „Todes auf Zeit" gibt es fast keinen Stoffwechsel mehr. Die Artemia-Embryos haben den langsamsten Stoffwechsel, der je bei einem Lebewesen festgestellt wurde. Pro Jahr verbraucht der Krebs im Zustand der Anabiose nur rund eine zehntausendstel Kalorie für jedes Milligramm seines Gewichts.

Steigt der Salzgehalt des Gewässers durch Eintrocknen immer mehr an, bringt der Auftrieb die Dauerstadien an die Oberfläche, wo sie von Wasservögeln in andere Seen verschleppt werden.

Die unterschiedlichsten Karrieren lassen sich im Verlauf der Erdgeschichte verfolgen. Kurzlebige Arten wurden schnell von erfolgreicheren Überlebenskünstlern abgelöst, die bald dasselbe Schicksal ereilte, während es einigen wenigen gelungen ist, ihren Platz als Lebende Fossilien so gut wie unverändert auf der Bühne des Lebens über viele Epochen hinweg bis in die Gegenwart zu behaupten. Manche schaffen dies in einer äußerst stabilen Umwelt, die sich wie die Tiefsee oder die alten tropischen Urwaldge-

Abb. 2: Oft stundenlang schwimmen die Artemia-Pärchen zur Kopulation. Die befruchteten Eier werden im Brutsack abgelegt.

biete seit langer Zeit nicht verändert hat. Hier überdauerten als Lebende Fossilien beispielsweise das Perlboot, der Quastenflosser oder der Tapir. Diese konservativen Formen verhielten sich gegenüber der Evolution äußerst träge, obwohl in ihrem konstanten Lebensraum zur gleichen Zeit eine ständig fortschreitende kurzlebige und spezialisierte Anpassung durch progressive Formen erfolgte. Auf der anderen Seite behaupteten sich aber auch in geradezu höchst inkonstanten Biotopen Dauerformen wie die Schildkrebse, die Pfeilschwanzkrebse oder die Lungenfische. Das konservative Verhalten der zeitlosen Formen allein mit der Konstanz des Lebensraumes zu erklären ist daher sicher nicht richtig. Es werden auch viele andere Fragen offen bleiben, doch interessant ist die entwicklungsgeschichtliche Reise in die Vergangenheit zusammen mit den Oldtimern aus dem Pflanzen- und Tierreich allemal.

Die Urzeitkrebse Mitteleuropas sind selten geworden. Sie brauchen zum Überleben Auebereiche, Überflutungstümpel und vernässte Senken, allesamt Biotope, die durch eine intensive Landwirtschaft und wasserbauliche Maßnahmen bedroht sind. Stellvertretend für jene unzähligen Menschen, die sich für den Erhalt einer lebenswerten Umwelt, für den Schutz einer vielfältigen Pflanzen- und Tierwelt einsetzen, sei an dieser Stelle jenen gedankt, die auch um die Bewahrung eines scheinbar wertlosen Feuchtbiotops irgendwo in unserer Kulturlandschaft kämpfen. Sie retten damit eben auch, ohne dass dies der Öffentlichkeit bewusst ist, das Lebende Fossil Triops.

Der Dank für die Entstehung dieses Buches gilt auch allen, die als Wissenschaftler, Amateurbiologen oder einfach nur an der Natur Interessierte unzählige Erkenntnisse über die zeitlosen Relikte einer vergangenen Welt gesammelt haben. Und ein ganz spezieller Dank an meine Frau, die mich auf zahlreichen Reisen zu den Schauplätzen dieses Buches begleitet hat und die es mit Verständnis ertragen hat, dass sich ihr Mann zahllose Stunden zum Schreiben in sein Arbeitszimmer zurückgezogen hat.

Die zeitlosen Modelle 1

Abb. 3: Aufgrund ihres zarten Körperbaus gibt es von Quallen wie dieser Ohrenqualle so gut wie keine Fossilien. Auch wenn sich damit die Frage nach Lebenden Fossilien unter ihnen nicht beantworten lässt, vermitteln sie uns doch einen Eindruck vom Leben in den Meeren der Vorzeit, lange bevor es Fische und Weichtiere gab.

Strategie des Lebens

Die Erde hat eine Geschichte, wie uns die Geologie beweist. In diese Erdgeschichte hinein verwoben ist die Geschichte des Lebens, die Entwicklungsgeschichte ihrer Lebewesen.

Darwin beschrieb als Erster die Evolution als einen dynamischen Prozess entgegengesetzt wirkender Kräfte: Einer Überproduktion von Nachkommen einer Art, deren Individuen sich im Einzelnen mehr oder weniger stark unterscheiden, steht die Auslese der weniger Geeigneten gegenüber. Erbliche Varianten sind sozusagen das Rohmaterial, aus dem die natürliche Selektion auswählt. Die Populationsgenetik hebt die genetische Variabilität innerhalb der Populationen hervor und erkennt Evolution als Wandel von Genfrequenzen. Die moderne Synthetische Theorie der Evolution vereint die Erkenntnisse der verschiedensten naturwissenschaftlichen Teildisziplinen und begreift Evolution als ein vielgestaltiges Geflecht von Ursachen und Wirkungen. Dabei betont sie die Bedeutung der Population als Einheit der Evolution und weist der Selektion eine zentrale Rolle als Mechanismus der Evolution zu. Sie erläutert, wie über lange Zeiträume die Anhäufung kleiner Veränderungen zu immer neuen Arten führen kann, die optimal an die jeweils herrschenden Umweltbedingungen angepasst sind. Bleiben diese Umweltbedingungen über eine gewisse Zeit konstant, sind Abweichungen einzelner Individuen innerhalb einer Population vom Durchschnittswert eher von Nachteil und werden sich nicht durchsetzen. Die betreffende Art wird sich also nicht wesentlich verändern, eine Voraussetzung zur Entstehung eines Lebenden Fossils ist gegeben.

Das Ergebnis einer Jahrmillionen währenden Evolution stellen alle rezenten, also heute lebenden Arten dar. Sie lassen sich auf gemeinsame Ausgangsformen zurückführen und stehen somit in einem mehr oder weniger engen Verwandtschaftsverhältnis zueinander. Da Evolution aber ein historischer Prozess ist, lassen sich die Vorgänge der stammesgeschichtlichen Entwicklung nicht direkt erforschen. Zahllose Tatsachen aus allen Bereichen der Biologie lassen sich jedoch nur als Ergebnis der Evolution vernünftig und widerspruchsfrei erklären.

Gemeinsame Abstammung oder Deszendenz zeigt sich an einer Vielzahl von Merkmalen, in denen sich verschiedene Lebewesen ähnlich sind, in Übereinstimmungen zwischen Vorfahren und Nachfahren mit entsprechenden jetztzeitigen und fossilen Übergangsformen, in Entwicklungsreihen zu einer Höherentwicklung und in Übereinstimmung mehr oder weniger großer Bereiche der Erbinformation.

Die Evolutionsbiologie versucht die Abstammungsverhältnisse der Lebewesen zu klären. Die zentrale Frage der Verwandtschaftsbeziehungen zwischen verschiedenen Arten ist, ob die Ähnlichkeit zwischen ihnen auf ähnliche Erbinformation von einem gemeinsamen Vorfahren zurückgeht oder aber eine funktionelle Ähnlichkeit ist, die lediglich das Ergebnis einer ähnlichen Anpassung an ähnliche Umweltbedingungen ist.

Formen biologischer Ähnlichkeit können auf verschiedene Ursachen zurückgeführt werden. Ähnlichkeit von Strukturen oder Funktionen von Lebewesen beruhen entweder auf einer gemeinsamen Abstammung oder auf der Anpassung an gleiche Lebensbedingungen. Nahe Verwandtschaft macht sich oft durch große Ähnlichkeiten in vielen einzelnen Merkmalen bemerkbar, aber nicht immer müssen Verwandte sich gleichsehen. Erst eine genaue Untersuchung zeigt, ob eine große Ähnlichkeit auf enge Verwandtschaft zurückgeht oder ob sie das Ergebnis einer unabhängig voneinander verlaufenden Evolution unter ähnlichen Selektionsbedingungen ist. Im ersten Fall spricht man von homologer Ähnlichkeit oder Homologie, im zweiten Fall von analoger Ähnlichkeit oder Analogie. Nur Homologien, also die Ähnlichkeit biologischer Strukturen bei verschiedenen Lebewesen aufgrund übereinstimmender Erbinformation, belegen Verwandtschaft und bezeugen damit gemeinsame Vorfahren.

Neben Homologien im Körperbau, in Entwicklung und Verhalten weisen alle Lebewesen homologe Zellstrukturen sowie die gleichen chemischen Grundbausteine auf und verwenden den gleichen genetischen Code. Viele Stoffwechselprozesse wie Glykolyse, Citronensäurezyklus, Energieübertragung durch ATP und die Bioproteinsynthese laufen bei der Mehrzahl der Pflanzen und Tiere gleich ab. Alle diese molekularbiologischen Ähnlichkeiten bei verschiedenen Lebewesen lassen sich durch übereinstimmende Erbinformation, also durch Homologie, erklären.

Das direkteste Maß für stammesgeschichtliche Verwandtschaft ist der Vergleich der Genome zweier Arten. Bei der DNA-DNA-Hybridisierung wird gereinigte DNA zweier Arten zunächst getrennt fragmentiert und erhitzt, bis die Wasserstoffbrücken aufbrechen und sich die komplementären Stränge trennen. Anschließend werden die Einzelstränge der verschiedenen Arten zusammengebracht. Bei der nachfolgenden Abkühlung lagern sich komplementäre Sequenzen zu Hybrid-Doppelsträngen zusammen. Je näher verwandt die DNA ist, desto größer ist die Zahl der Wasserstoffbrücken und desto höher muss in einem weiteren Schritt die Temperatur sein, um die Stränge erneut zu vereinzeln. Je höher die Schmelztemperatur, umso höher ist die genetische Ähnlichkeit und damit die Verwandtschaft der verglichenen Arten.

Auch Übereinstimmungen zahlreicher Aminosäurepositionen in den Eiweißen, den Proteinen verschiedener Arten, können als Ausdruck einer gemeinsamen Abstammung interpretiert werden. Die Verwandtschaft ist umso näher, je weiter die Übereinstimmungen gehen. Geht man von der Überlegung aus, dass alle Homologien auf übereinstimmender Erbinformation beruhen, ist der direkte Vergleich der DNA die unmittelbarste Bestimmung des Verwandtschaftsgrades zwischen Lebewesen. Je mehr Änderungen vorhanden sind, umso mehr Mutationen haben stattgefunden und umso größer ist die stammesgeschichtliche Distanz. Da die Technik zur raschen Sequenzierung der DNA ständig verbessert wird, werden viele der heute noch strittigen Fragen der Homologienforschung in nicht allzu ferner Zukunft geklärt werden können.

Unverändert über Jahrmillionen geblieben sind nur wenige Arten von Lebewesen. Schließlich zeigt uns die Geologie, dass im Verlauf der Erdgeschichte langfristig gleich bleibende Umweltbedingungen eher die Ausnahme sind. Eigenschaften von Lebewesen, die gestern noch günstig waren, können heute schon nachteilig sein.

Nur in wenigen abgeschiedenen Lebensräumen wie in der Tiefsee, in alten Urwaldgebieten oder auf manchen Inseln findet man für eine gewisse Zeit konstante Lebensbedingungen. Hier scheint der Durchschnittswert der optimale Anpassungswert einer Population zu sein. Dann aber stören Mutationen und ihre Träger werden als Abweichler von der Selektion aussortiert. Eine stabilisierende Selektion konserviert die Art über einen langen Zeitraum hinweg, Evolution findet nicht statt.

Im Übrigen sorgten weltweite Klimaschwankungen und damit verbundene Meeresspiegelschwankungen, große Vulkanausbrüche oder Einschläge riesiger Meteoriten dafür, dass sich das Leben auf der Erde nicht kontinuierlich entwickelte. Ein besonders wichtiger Motor für globale Veränderungen war die durch die Plattentektonik hervorgerufene Wanderung der Kontinente und Ozeane [Abb. 4].

Abb. 4: Die Erde während der Perm-Trias-Übergangszeit vor 225 Millionen Jahren. Der Urkontinent Pangaea war zu dieser Zeit noch nicht in einen Nordkontinent Laurasia und in einen Südkontinent Gondwana zerbrochen.

Unterschiedliche Entwicklungsgeschwindigkeiten in den verschiedenen Tier- und Pflanzengruppen gab es zu allen Zeiten. Die Paläontologie belegt dies an fossil überlieferten Resten von Pflanzen und Tieren und erklärt somit das zeitliche Nebeneinander von ursprünglichen, einfachen und abgeleiteten, hoch spezialisierten Organisationsformen. Es gibt Gruppen wie die Skorpione (*Scorpiones*), die sich seit dem Silur im Bauplan nahezu nicht verändert haben, aber heute noch mit mehr als 600 Arten vorkommen. Auch die Springschwänze (*Collembola*), ursprüngliche unbeflügelte Insekten, blieben seit dem Devon nahezu stabil und trotzdem sind sie heute mit mehr als 1000 Arten weltweit erfolgreich vertreten. Die Geschwindigkeit der Organisationsumbildung ist also unabhängig von der Artaufspaltung.

Mio. Jahre	Zeitalter Tiere	Pflanzen	Periode	Entwicklung der Lebewesen
0	Känozoikum	Neophytikum	Quartär	Erscheinen des Menschen
1,8			Tertiär	Entfaltung der Blütenpflanzen, Radiation der Säugetiere und Vögel
65	Mesozoikum	Mesophytikum	Kreide	erste Bedecktsamer Aussterben der Ammoniten und Saurier
144			Jura	Palmfarne erste Vögel Vorherrschen der Dinosaurier
208			Trias	erste Säugetiere Vorherrschen der Nacktsamer
248	Paläozoikum	Paläophytikum	Perm	Samenfarne säugerähnliche Reptilien Radiation der Reptilien
290			Karbon	Bärlapp- und Schachtelhalmwälder erste Reptilien Amphibien herrschen vor
360			Devon	erste Amphibien erste Insekten große Vielfalt bei den Knochenfischen
410			Silur	erste Gliedertiere besiedeln das Land Entfaltung der Stachelhäuter erste Landpflanzen
440		Eophytikum	Ordovizium	erste Kopffüßler erste Wirbeltiere Rundmäuler
500			Kambrium	Algen die meisten Stämme der Wirbellosen erscheinen
570	Präkambrium		Proterozoikum	erste Tiere
2500			Archaikum	älteste bekannte fossile Prokaryoten
4000				

Tab. 1: Übersicht über die Erdzeitalter und die Entwicklung des Lebens

Jeder Abschnitt der Erdgeschichte hatte seine für ihn kennzeichnende Flora und Fauna, bei der einzelne Gruppen eine große Mannigfaltigkeit entwickelt haben, die man heute auch Biodiversität nennt.

Um aber erklären zu können, warum es Zeiten der Artenentfaltung und Zeiten mit Artensterben gab, müssten wir erst die Frage beantworten können, warum es so viele Arten überhaupt gibt. Die Mechanismen der Evolution und der Artentstehung kennen wir weitgehend und ganz sicher spielen die jeweiligen Umweltbedingungen dabei eine bedeutende Rolle, warum aber manche Ökosysteme wie beispielsweise die borealen nördlichen Nadelwälder mit relativ wenig Arten zurechtkommen, während die besonders störanfälligen tropischen Regenwälder nur durch ein Vielfaches an Arten funktionieren, ist noch eines der großen Rätsel der Biologie.

Den evolutionsbiologischen Erfolg einer Art zu erklären ist eine weitere offene Frage. Die Antwort hängt nicht zuletzt auch davon ab, wie Erfolg definiert wird. Nimmt man das Kriterium der Individuenzahl, sind viele Insektenarten mit Billionen von Einzellebewesen sehr erfolgreich. Beim Kriterium Lebensdauer der Art oder Gattung scheinen Dauerformen, die wie der Pfeilschwanzkrebs *Limulus* oder der Palmfarn *Cycas* schon seit 100 und mehr Millionen Jahren unverändert geblieben sind, vorne zu liegen. In ihrer Gesamtheit als Klasse betrachtet zählen die Insekten sicher mit zu den Siegern im Evolutionsgeschehen: Sie existieren mit unzähligen Arten seit über 300 Millionen Jahren auf der Erde und haben sämtliche Umweltänderungen in dieser Zeit bewältigt.

Dauergattungen und andere seltsame Formen

… may almost be called living fossils – welche man „fast als Lebende Fossilien bezeichnen könnte", schreibt Charles Darwin in seinem 1859 erschienenen Buch ›Von der Entstehung der Arten‹ und führt als Beispiele das Schnabeltier und den südamerikanischen Lungenfisch an. Er sah sie als Relikte aus alten Stammbaumaufspaltungen an, bei denen die Evolution stehen geblieben zu sein scheint. Solche Lebenden Fossilien, bei denen Darwin auch den chinesischen Tempelbaum Ginkgo anführt, haben ihre Morphologie und Lebensweise über einen langen geologischen Zeitraum fast unverändert erhalten.

Unter den vielen spannenden Geschichten der wissenschaftlichen Entdeckung Lebender Fossilien war der Fund des Quastenflossers vor der Ostküste Südafrikas wohl die aufregendste. Viel weniger aufregend scheinen Tiere wie das Silberfischchen (*Lepisma saccharina*) oder die Küchenschabe (*Blatta orientalis*), doch kann man diese mit gewissem Recht ebenfalls als Lebende Fossilien bezeichnen. Das flügellose ursprüngliche Insekt, das auch Zuckergast genannt wird und ein heimliches Leben hinter Tapetenbahnen führt, gibt es schon seit dem Devon und die Küchenschaben haben sich gegenüber ihren Verwandten in den Steinkohlewäldern der Karbonzeit nicht wesentlich verändert. Die Schwämme, Korallen, Seeigel, Brachiopoden, Schnecken und Muscheln, die am Boden des Jurameeres lebten, sahen ihren heutigen Nachfahren schon sehr ähnlich. Von der Schneckengattung *Pleurotomaria* weiß man, dass sie seit der Trias ebenso unverändert weiter existiert hat wie die Muschelgattung *Pinna*.

Ebenfalls eine sehr geringe Evolutionsgeschwindigkeit ist vom Pantoffeltier bekannt. In einem mehr als 200 Millionen Jahre alten Bernsteinstück aus Bayern wurde das älteste Pantoffeltier (*Paramaecium triassicum*) gefunden, das sich morphologisch trotz seines hohen Alters so gut wie nicht von seinen heutigen Artgenossen unterscheidet. Offenbar halten die Pantoffeltiere ihre ökologische Nische so gut besetzt, dass seit Jahrmillionen eine weitere Anpassung nicht nötig scheint.

Eine wissenschaftlich begründete Definition des Begriffes „Lebendes Fossil" gibt es nicht. Kann ein quicklebendiges Tier überhaupt zugleich ein Fossil sein?
In diesem Buch werden Lebende Fossilien verstanden als selten vorkommende, ursprüngliche Vertreter einer geologisch alten Gruppe von Lebewesen, die heute auf ein enges geographisches Verbreitungsgebiet beschränkt sind. Als weiterer Aspekt gilt neben dem reliktartigen Auftreten die Langlebigkeit des Taxons. Während die meisten Arten und Gattungen lediglich eine Lebensdauer von wenigen Millionen Jahren besitzen, liegt die Lebensdauer bei Lebenden Fossilien deutlich über dem Durchschnitt. Oftmals ist die rezente, also jetzt lebende Art, in ihrer Organisation nicht oder kaum von der fossilen Stammart zu unterscheiden, d. h., es gab über viele Jahrmillionen kaum eine morphologische Veränderung. Andere Vertreter aus der einstmals weit verbreiteten Gruppe sind vor langer Zeit ausgestorben oder haben sich zu neuen Formen weiter differenziert, während eine oder wenige Arten als einzige der ehemals großen Zahl übrig geblieben sind. Lebende Fossilien oder Dauergattungen, wie man sie auch nennt, stehen heute daher im natürlichen System isoliert als wahre Überbleibsel aus der Vorzeit, die sich scheinbar nicht weiterentwickelt haben.

Die Genomanalyse, die weltweit immer schneller die Erbinformation von immer mehr Arten entschlüsselt, zeigt, dass auch bei den so genannten Lebenden Fossilien im Laufe ihrer Stammesgeschichte zahlreiche Mutationen aufgetreten sind. Sie sind nur äußerlich weniger auffällig als bei anderen, progressiveren Arten. Wenn wir also Arten zu den Lebenden Fossilien stellen, gehen wir bloß typologisch vor. Mit Sicherheit wird die Genomanalyse noch manche Überraschung dahingehend liefern, dass bei der einen oder anderen scheinbar konservativen Form die molekulare Uhr, also die Nukleotid-Austauschrate der DNA, viel schneller ablief, als dies der ursprüngliche Körperbau verrät.

Darüber hinaus lassen immer exaktere Methoden bei der Untersuchung von Fossilien Unterschiede zwischen den rezenten Formen und ihren fossilen Verwandten erkennen, die vor kurzem noch unbekannt waren. Immer häufiger zeigt sich, dass keineswegs alle Merkmale und Eigenheiten der bis dato als Lebende Fossilien bezeichneten Arten altertümlich sind.

Damit wird aber auch deutlich, dass ein beckmesserisches Vorgehen bei der Zuordnung zu den Lebenden Fossilien nicht gerechtfertigt, sondern eher zweifelhaft ist. Schließlich hat sogar schon Darwin mit seinem „... may almost be called ..." ausgedrückt, dass man die betreffenden Arten *fast* Lebende Fossilien nennen könnte.

Die Zuordnung ist also relativ, versteht man den Begriff Lebende Fossilien wie oben angeführt. Für Tiere und Pflanzen, die in diesem Buch vorgestellt werden, gilt in erster Linie das Kriterium, dass sie innerhalb ihres Verwandtschaftskreises als besonders ursprünglich anzusehen sind.

Dies gilt ganz sicher für den australischen Lungenfisch *Neoceratodus*, dessen Vorfahren vor 400 Millionen Jahren im Devon überaus häufig waren. Er unterscheidet sich nur wenig vom fossilen *Ceratodus*, den die Paläontologen schon lange aus der Triaszeit vor 230 Millionen Jahren kennen. Auch beim Perlboot *Nautilus*, beim Quastenflosser *Latimeria*, beim Schwertschwanz *Limulus* und beim Tempelbaum *Ginkgo* scheint es kaum Zweifel zu geben, da wir ihre fossilen Vorläufer kennen [Abb. 5].

Doch ganz genau betrachtet ist die Aussage auch hier nur relativ: Vom rezenten Quastenflosser *Latimeria chalumnae* kennt man keine Fossilien, die sicher der Gattung *Latimeria* zuzuordnen sind. Allerdings zeigen Latimeria und die fossile Gattung *Macropoma* aus der Kreidezeit so viele Übereinstimmungen, dass sie sicher einer gemeinsamen Familie zuzuordnen sind.

Beim Schnabeltier *Ornithorhynchus* gibt es nicht einmal entsprechende Fossilfunde. Es weist aber zahlreiche für Säugetiere ursprüngliche Merkmale auf, wie das Eierlegen oder den Bau der Geschlechtsorgane, dass es uns eine Vorstellung über die früheste Organisationsform der Säuger vermittelt. Daher steht es mit Recht bei den Lebenden Fossilien. Gleiches gilt auch für das Spitzhörnchen *Tupaia*, dessen ursprüngliche Merkmale dem Bauplan der ersten Primaten nahe kommen.

Andere Formen wie Schuppentier und Gürteltier sehen eher altertümlich skurril aus, zeigen wie die Schildkröten sehr alte Verhaltensweisen oder werden vorgestellt, weil sie wie Dugong und Manatee oder Komodowaran und Kakapo heute die Letzten ihrer Art sind.

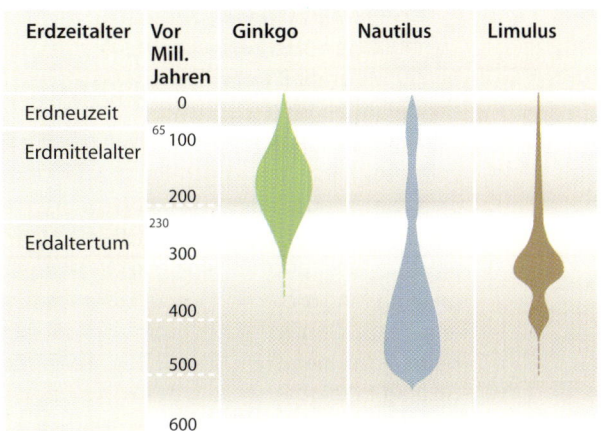

Abb. 5: Arten wie der *Ginkgo*baum, das Perlboot *Nautilus* oder der Schwertschwanz *Limulus* sind unbestritten echte Lebende Fossilien. Im Erdmittelalter bzw. im Erdaltertum artenreich vertreten, sind sie heute nahezu die einzigen Überlebenden ihrer Gruppe.

Archaische Koniferen sind die Stieleibengewächse (*Podocarpaceae*) auf jeden Fall, Lebende Fossilien eher nicht, sind sie doch mit mehr als 10 Gattungen und über 150 Arten auf der südlichen Hemisphäre weit verbreitet. Die Ahnenlinie dieser alten Familie der Nadelhölzer führt rund 190 Millionen Jahre zurück in die Gondwana-Wälder der frühen Jurazeit. Ihr lateinischer Name, der Fußfrucht bedeutet, weist darauf hin, dass der harte Same auf einem wulstigen Stil aufsitzt, der bei manchen Arten von einem fleischigen Mantel umwachsen ist.

Während die Harzeiben schuppenartige Blätter besitzen, die an die der Zypressen erinnern, bilden die Blatteiben kurze abgeflachte Sprosse, so genannte Phyllocladien, aus. Sie sehen Blättern täuschend ähnlich und übernehmen auch deren Funktion, die Fotosynthese und die Transpiration.

Die Ahnengeschichte der Haie (*Selachimorpha*) reicht noch weiter in die Vergangenheit. Als Hochseeräuber patrouillierten sie schon vor 450 Millionen Jahren durch die Weltmeere, verändert haben sie sich seither aber kaum. Wie ihre Vorfahren behielten die rezenten Haie ihr Knorpelskelett anstelle eines knöchernen, wie es bei den Knochenfischen (*Osteichthyes*) vorliegt. Ihre Haut ist mit zahllosen Minizähnen besetzt anstelle des für moderne Fische typischen Schuppenkleids. Auch eine Schwimmblase haben Haie niemals entwickelt. Sie waren wohl von Anfang an für den Lebensraum Ozean so perfekt gebaut, dass zu keiner Zeit Anlass für einen grundlegenden Wandel gegeben war. Aber Alter allein berechtigt ebenso wenig, Tiere wie die Haie zu den Lebenden Fossilien zu stellen, wie ein vorsintflutliches Aussehen. Leguane (*Iguanidae*) erinnern zwar den einen oder anderen an Märchendrachen, das Alter dieser Tiere von kaum 10 Millionen Jahren spricht aber deutlich dagegen, sie in die Gruppe der Lebenden Fossilien aufzunehmen.

Eine Reihe von Fragen, die allesamt wichtiger sind als eine niemals exkate Etikettierung als „Lebende Fossilien", werfen die Uralt-Formen jede für sich auf und erregen daher bei jedem Aufmerksamkeit, der sich für die Evolutionsprozesse interessiert: Warum haben die Dauerformen überlebt, während ihre Verwandten ausstarben? Was zeigen sie uns über den Evolutionsverlauf ihrer Gruppe? Wie und mit welcher Geschwindigkeit wurden Merkmale abgewandelt oder neu gebildet? Welche veränderten Umweltbedingungen führten zu neuen Selektionsfaktoren und hielten die Evolution ihrer Verwandten in Gang? Ist die Anpassung an ihre jeweilige ökologische Nische wirklich so optimal, dass die Evolution gleichsam zum Erliegen kam? Konnten sie dem Aussterben entrinnen, weil sie Biotope bewohnten, in denen sie nicht mit anderen Arten zu konkurrieren brauchten, wie Darwin dies annahm, oder sind sie ökologische Generalisten, von denen der amerikanische Paläontologe Simpson annimmt, dass sie fähig seien, sich einer großen Vielfalt von Umgebungen anzupassen? Es gibt sicher mehrere Antworten auf all diese Fragen. Konkurrenzlos leben heute noch manche ursprüngliche Bakterien in einer sauerstofffreien Umwelt und manche Blaualgen oder Cyanobakterien in heißen vulkanischen Gewässern oder in übersalzenen Tümpeln, Lebensräumen, die fortschrittlicheren Formen nicht mehr zugänglich sind.

Schließlich dienen die Lebenden Fossilien als Modellorganismen, an denen Wissen über Strukturen und Stoffwechselprozesse, über Erbanlagen und Verhalten erforscht werden kann, was bei ihren ausgestorbenen Verwandten nicht oder nur unzulänglich möglich ist.

Die Langlebigkeit vieler Insektenfamilien fand bis jetzt vergleichsweise wenig Aufmerksamkeit. Dabei sehen heute lebende Käfer der Gattung *Zetraphalerus* Fossilien aus der Jurazeit vor 150 Millionen Jahren zum Verwechseln ähnlich. Da viele der kleinen zerbrechlichen Insekten keine fossilen Überreste hinterließen, ist das Bild der Vielfalt der Insekten vergangener Zeiten noch recht lückenhaft. Allerdings kennt man schon von zwei Dritteln der heute lebenden (bekannten) Insektenfamilien fossile Vertreter. Zahlreiche neue Insektenfamilien entstanden bereits in der Trias und schon vor 125 Millionen Jahren, als die Entfaltung der Blütenpflanzen begann, hatten die Insekten einen Großteil ihrer heutigen Vielfalt erreicht. Dies passt nicht so recht in das gängige Bild von der Ko-Evolution von Blütenpflanzen und Insekten. Sicherlich haben viele Insekten das neue Nahrungsangebot ab der Kreidezeit genutzt und sich auf das Sammeln von Pollen und Nektar spezialisiert, aber neue Insektenfamilien wurden dadurch kaum mehr hervorgebracht.

Kernlose Protozyten, die Fotosynthese oder Zellatmung durchführen konnten, sollen nach der Endosymbiontentheorie von anderen Zellen aufgenommen worden sein und haben im Innern der Wirtszelle weitergelebt. Aus den einen entstanden schließlich die Chloroplasten, aus den anderen die Mitochondrien. Für die Entstehung dieser Zellorganellen durch Endosymbiose sprechen außer ihrem Bau auch die Tatsache, dass sie eine eigene, vom Zellkern verschiedene Erbsubstanz besitzen, dass sie nur durch Teilung aus ihresgleichen entstehen und dass sie einen Teil ihrer Organellproteine selbst bilden.

Die Chloroplasten könnten demnach als Relikte der von den Urahnen der heutigen Pflanzen verzehrten Mikroorganismen angesehen werden. Sie wären demnach gewissermaßen Lebende Fossilien innerhalb von Zellen, deren Erbmaterial möglicherweise sogar

Rückschlüsse auf die Identität der Vorfahren ermöglicht. Vieles spricht dafür, dass es sich dabei um Cyanobakterien handelte.

Die Vorläufer der Mitochondrien haben ihren Wirtszellen einst einen Vorteil verschafft, als sie mit dem Anstieg des Sauerstoffgehaltes in der Atmosphäre den giftigen Sauerstoff nicht nur in harmloses Wasser umwandelten, sondern ihn dabei auch noch zur Energiegewinnung nutzten.

Drei Ur-Reiche von Lebewesen werden heute unterschieden: *Bacteria*, die echten Bakterien, *Archaea*, früher Archaebakterien genannt, und die *Eukarya*, Eukaryoten mit membranumgrenztem Zellkern, also alle einzelligen und mehrzelligen Pilze, Pflanzen und Tiere.

Die *Archaea* haben zwar wie die echten Bakterien keinen Zellkern, unterscheiden sich aber im Aufbau der Zellwand, der Zellmembran und im Stoffwechsel von diesen. Unter beiden Ur-Reichen findet man Vertreter, die an extreme Bedingungen wie hohe Temperaturen oder das Fehlen von Sauerstoff angepasst sind, Bedingungen, wie sie auf der frühen Erde vor vier Milliarden Jahren herrschten, als Vulkanausbrüche und kochende Ozeane das Leben auf der Ur-Erde bestimmten. Methanbildner wie *Methanobacterium*, Salzbakterien wie *Halobacterium* oder hyperthermophile Bakterien wie *Pyrolobus* gehören hierzu und sind vielleicht die ältesten Lebenden Fossilien überhaupt.

Während bisher allgemein angenommen wurde, dass alle drei Ur-Reiche der Lebewesen von einer Urzelle abstammen, deuten neuere Genanalysen darauf hin, dass die ersten Lebewesen ihre Gene nicht nur an ihre Nachkommen weitergaben, sondern in Form eines Mikroben-Kollektivs die Gene auch untereinander austauschten. Ähnlich wie die Plasmide, ringförmige vom übrigen Erbgut unabhängige DNA-Moleküle in der Bakterienzelle, auch heute noch von Zelle zu Zelle wandern, könnten die frühen Urzellen ihre Gene untereinander ausgetauscht haben. Die heutigen Bakterien können durch diesen Transduktion genannten Vorgang beispielsweise Antibiotika-Schutz von Artgenossen erwerben, was der modernen Medizin noch beträchtliche Schwierigkeiten bereiten wird. Auf ähnliche Weise könnten die Ur-Lebewesen ihre Artgenossen genetisch unterstützt haben, um in der sauerstofffreien heißen Umwelt überleben zu können. Erst als später die sich weiter entwickelnden Zellen immer komplexer wurden, haben sie sich gegen fremde Gene abgegrenzt und wurden zu genetisch isolierten Individuen.

Glitschige und schleimige Mikrobenmatten, die nach Schwefel riechen, findet man an verschiedenen Stellen auf der Erde, wie am Ufer des Großen Salzsees in Utah oder entlang des Ebros in Spanien. Es handelt sich um gewaltige Mengen gemeinsam lebender Bakterien, die entsprechend ihren Stoffwechselmöglichkeiten schichtweise organisiert sind. In den oberen Schichten betreiben Cyanobakterien Fotosynthese. Was sie erübrigen, dient ihren Nachbarn in tieferen Schichten, wie beispielsweise den purpurnen Schwefelbakterien, als Lebensgrundlage. Einst beherrschten solche Systeme die Erde, heute aber sind sie auf solche Gebiete beschränkt, die für höhere Lebensformen zu unwirtlich sind.

In der Shark Bay in Westaustralien haben sich Mikrobenmatten zu gewölbten lebenden Steinen entwickelt, die mit Bakterien angefüllt sind und als Stromatolithen bezeichnet werden. Durch Bindung von Sedimentteilchen und Kalkablagerungen verstärkt, bilden sie eine lebende Festung gegen die Brandung und beherbergen neben den fotosynthetisch tätigen Cyanobakterien auch Bakterien wie beispielsweise Spirillen und Spirochaeten. Solche Strukturen gibt es in lebender Form an verschiedenen Küstenregionen der Erde, aber ebenso auch als fossile Formen. In fossilen Stromatolithen fand man mit einem Alter von etwa

3,6 Milliarden Jahren die ältesten gesicherten Fossilreste überhaupt: blaualgenähnliche Gebilde. Die Küstenlandschaft in der Shark Bay mit den kleinen Hügeln aus Lebenden Fossilien vermittelt uns somit gewissermaßen einen Einblick in das Leben im Archaikum, lange bevor es irgendeine Form höheren Lebens gab.

Zeitmarken der Erdgeschichte

Spuren ihrer Ahnen tragen alle Organismen durch ihre Erbanlagen in sich. Doch wenn man davon absieht, gibt es nur von einem Bruchteil der jemals auf der Erde existierenden Lebewesen sichtbare Spuren in der Gegenwart. Meist sind es versteinerte Überreste, die uns einen Eindruck ihrer Körpergestalt und ihrer Lebensweise vermitteln. Solche Überreste vorzeitlichen Lebens, die wir Fossilien nennen, bestehen manchmal aus dem ursprünglichen Material der Organismen, aus haltbaren Hartteilen wie Schalen, Knochen oder Zähnen. Andere Lebensspuren sind Fuß- oder Fraßspuren, Umrisse von Blättern oder Weichteilabdrücke von Körpern, die auf nachgiebigen Sedimenten starben.

Doch sind Fossilien nicht unbedingt nötig, um Aussagen über die Evolutionsereignisse innerhalb einer Gruppe machen zu können. Dies ist auch möglich durch gezielte Vergleiche der heute lebenden Pflanzen und Tiere. Fossilien sind aber eine unbedingte Voraussetzung für die zeitliche Einordnung des Evolutionsgeschehens.

Keinerlei Hartteile bilden die ausschließlich meeresbewohnenden Quallen (*Scyphozoa*). Deshalb gibt es von ihnen ausschließlich fossile Abdrücke. Besonders gut erhalten sind die Exemplare von *Rhozostomites admirandus* in den Plattenkalken von Solnhofen aus dem Oberen Jura. Zwar zeigen die heutigen Quallen einen für Vielzeller besonders einfachen Körperbau. Lediglich zwei Zellschichten halten die gallertartige Masse zusammen, die zu mehr als 95 Prozent aus Wasser besteht. Aufgrund des spärlichen fossilen Materials lässt sich nicht entscheiden, ob Lebende Fossilien unter ihnen sind. Eine Erinnerung an die Urmeere längst vergangener Zeiten lassen sie aber allemal aufkommen, sieht man die Tiere wie kleine Sonnen durch die Weiten des Ozeans gleiten. Es gibt Arten unter ihnen, deren Größe zwei Meter überschreitet und die mehr als eine Tonne wiegen und andere, die gerade einmal einen Durchmesser von einem Millimeter erreichen.

Mit langen Tentakeln fangen sie Plankton und Jungfische und saugen es durch ein Mundrohr in den großen fallschirmähnlichen Körper, in dem die Verdauungs- und Geschlechtsorgane liegen. Ein weitmaschiges Nervennetz durchzieht den ganzen Körper und verdichtet sich dort, wo Sinneszellen liegen. Die Würfelquallen (*Cubozoa*) besitzen sogar schon Augen aus Hornhaut, Linse und Netzhaut.

Dagegen sind die festsitzenden Seeanemonen (*Actinaria*) viel ursprünglicher gebaut und kämen als Lebende Fossilien eher in Frage, zumal man die Gattung *Xianguangia* schon aus dem Kambrium kennt.

Nur ein sehr lückenhaftes Bild der Evolution liefern uns die Fossilien und dies wird sich trotz weiterer Funde auch in Zukunft kaum ändern. Man kennt weniger als 200 000 ausgestorbene Arten von einer Gesamtzahl, die wenigstens 10 Millionen, vermutlich aber ein Vielfaches davon, umfasst hat.

Voraussetzung für die Entstehung von Fossilien ist die rasche Einbettung in Schlamm oder Sand, um vom Sauerstoff abgeschlossen zu werden. Das Sediment muss schnell erhärten und darf nicht durch Erosion oder geotektonische Veränderungsprozesse, wie beispielsweise eine Gebirgsfaltung, zerstört werden. Sehr alte Gesteine enthalten schon deswegen nur sehr wenige Fossilien, weil die unruhige Erde immer wieder in Bewegung ist. Und schließlich spielt der Zufall beim Auffinden von Fossilien eine nicht unwesentliche Rolle.

Im günstigsten Fall bleiben Ganzkörperfossilien als Einschlüsse in Bernstein, Eis oder Salz erhalten. In ariden Gebieten können durch Austrocknen Mumien konserviert werden.

Meist bleiben von Lebewesen nur die Hartteile erhalten. Bei einer Versteinerung dringen Minerallösungen in die Hartteile ein und ersetzen das ursprüngliche Material. Bei Schalenträgern wie den Ammoniten entstanden häufig Steinkerne. Dabei hat sich der Hohlraum der Schale nach dem Absterben des Tieres mit umgebendem Sediment gefüllt, das die Innenseite der Schale mit allen Einzelheiten zeigt.

Werden Pflanzenreste luftdicht abgeschlossen, kommt es zur Inkohlung. Bei starker Erwärmung unter mächtigen Deckschichten entweichen Wasserstoff und Sauerstoff, während der pflanzliche Kohlenstoff als Kohle erhalten bleibt.

Das Alter eines Fossils lässt sich nach verschiedenen Methoden datieren. Da sich Sedimente nicht kontinuierlich ablagern, bildet das entstehende Gestein unterscheidbare Schichten oder Straten. Mittels so genannter Leitfossilien, die für bestimmte Gesteinsschichten kennzeichnend sind, ist eine relative Altersbestimmung möglich. Als Leitfossilien sind aber nur Arten geeignet, die möglichst weltweit nur kurze Zeit vorkamen. Die Schichtenfolge, in der, schließt man tektonische Störungen aus, die jüngeren Schichten über den älteren liegen, erlaubt allerdings nur die relative Aussage, dass die Fossilien der oberen Schichten jünger als die der tieferen sind.

Die absolute Altersdatierung von Fossilien kann durch radiometrische Methoden erfolgen, mit denen man das Alter der Schicht und dadurch indirekt das der eingeschlossenen Fossilien exakt misst. Dabei macht man sich die Tatsache zunutze, dass radioaktive Isotope unabhängig von äußeren Einflüssen mit konstanter Rate zerfallen. Bei der Kalium-Argon-Methode beispielsweise rechnet man mit 1,3 Milliarden Jahren, bis die Hälfte des ursprünglich vorhandenen Kalium-40 zu Argon-40 zerfallen ist. Die Halbwertszeit ist für jedes Isotop charakteristisch. Der apparative Aufwand der Methode ist beträchtlich, was verständlich wird, wenn man weiß, dass das als Uhr geeignete Kalium-40 nur 0,118 Promille des gesamten Kaliums ausmacht.

Die Chronik der Rekonstruktionen fossiler Lebewesen zeigt einen ständigen Wechsel der Darstellungen. Dies hat neben kulturellen Einflüssen vor allem mit wissenschaftlichem Fortschritt zu tun, mit ständig neuen Funden, mit neuen Erkenntnissen der Physiologie, der Anatomie und der Biomechanik. Doch schon für die ersten Präparatoren galt die Erkenntnis: Ändert sich ein Teil des Organismus, hat dies Folgen für die übrigen Organe. Nach dem Korrelationsprinzip kann man also aus dem Aufbau und der Struktur eines isolierten Fossilfundes auf den Gesamtorganismus schließen.

Bei der Deutung vergangener Lebensformen bezieht man sich auf das Wissen über heute lebende Organismen und auf die heute ablaufenden geologischen Prozesse. Trotz aller Grenzen, die diesem methodischen Ansatz des Aktualismus inne sind, erlauben gemeinsam mit dem rekonstruierten Fossil gefundene Pflanzen, Tiere und die Besonderheiten des Gesteins Rückschlüsse auf die einstige Umwelt dieses Lebewesens. Und hier sind es besonders die lebensnahen Rekonstruktionen, die uns Menschen, die die meisten Informationen visuell aufnehmen, helfen, fossile Lebensgemeinschaften besser verstehen zu können.

Das moderne Artkonzept, nach dem Ernst Mayr Arten als potentielle Fortpflanzungsgemeinschaften definiert, kann bei fossilen Lebewesen so nicht angewandt werden. Fossilien lassen logischerweise nicht die Prüfung zu, ob eine Paarung ähnlicher, inzwischen ausgestorbener Organismen fruchtbare Nachkommen erbracht hätte. Wenn Paläontologen trotzdem von Arten sprechen, schließen sie von körperlichen Merkmalen auf eine möglicherweise erfolgreiche Fortpflanzung.

Und hier zeigt sich nochmals, dass der Streit um die Zuordnung einer Art, Gattung oder Gruppe zu den Lebenden Fossilien nicht allzu eng geführt werden sollte. Der Vergleich der Jetztformen mit den fossilen Vorfahren berücksichtigt bis heute so gut wie ausschließlich das äußere Erscheinungsbild, den Phänotyp, und nicht die Erbanlagen, den Genotyp, oder gar das Genom der gesamten Population, das sich sehr wohl im Verlauf der Stammesgeschichte auch bei den so genannten Lebenden Fossilien mehr oder weniger verändert hat.

Überlebensstrategien in der Sackgasse?

Die passive Verteidigungsstrategie der Schildkröten existierte bereits lange vor den Dinosauriern und konnte sich auch gegenüber den Säugetieren behaupten. Mit Ausnahme der Jungtiere, deren Panzer noch nicht ausgehärtet ist und die daher eine leichte Beute für Möwen, Ratten oder Raubfische sind, bietet der Schildkrötenpanzer Schutz vor Fressfeinden ebenso wie vor Verdunstung und Überhitzung. Er besteht aus dem Rücken- und Bauchschild, die zwischen den Vorder- und Hinterbeinen durch eine Brücke mittels Knochennähten, Sehnen und Knorpel verbunden sind. Die äußere Schicht des Panzers wird von Hornschildern aus Schildpatt gebildet. Getrennt durch eine Schicht lebender epidermaler Zellen liegen darunter Knochenplatten, in die verbreiterte Dornfortsätze der Wirbelsäule, Rippen und Teile des Schultergürtels einbezogen sind.

Bei Gefahr werden Kopf, Beine und Schwanz unter den Panzer eingezogen, wobei dies die verschiedenen Arten in unterschiedlicher Weise bewerkstelligen.

Abb. 6: Der Knochenpanzer der Seychellen-Riesenschildkröte (*Aldabrachelys elephantina*) besitzt eine Wabenstruktur mit Lufteinschlüssen. Andernfalls wäre der bis zu 130 Zentimeter lange Panzer der größten Landschildkröte der Erde viel zu schwer.

Zeugnis, dass Evolution stattfindet, liefern die Populationen der Galapagos-Riesenschildkröte (*Geochelone elephantopus*) auf den 1000 Kilometer vor der Küste Ecuadors liegenden vulkanischen Galapagos-Inseln. Sie gehören zwar noch einer einzigen Art an, befinden sich aber infolge geographischer Isolation auf dem Weg der Artaufspaltung. Jede der Inseln, die kleinklimatisch teilweise stark voneinander verschieden sind, beherbergt ihre eigene Rasse oder Unterart, die sich nach der Form ihrer Panzer leicht unterscheiden lassen.

Lebensweise und Panzerausbildung zeigen häufig eine Parallelentwicklung. Bei der Seychellen-Riesenschildkröte (*Aldabrachelys elephantina*), die auf ihrer Inselgruppe ohne natürliche Feinde lebt, ist der knöcherne Teil des Panzer auffallend zurückgebildet [Abb. 6]. Sie wurde dadurch wesentlich beweglicher, aber auch leichter verletzlich. Den Knochenanteil nahezu vollständig zurückgebildet haben die Weichschildkröten, deren ledrige Rückenhaut als Schutz kaum noch eine Rolle spielt. Dafür sind diese Tiere aber außerordentlich gewandt.

Die Schildkröten als ganze Gruppe dürfen aufgrund ihrer vielfältigen Anpassungen nicht als Lebende Fossilien betrachtet werden.

Säugetiere mit Panzer sind die amerikanischen Gürteltiere und die Schuppentiere Afrikas und Asiens, die aufgrund der auf Insekten spezialisierten Nahrung zwar ein ähnliches Gebiss aufweisen, sonst aber nicht näher miteinander verwandt sind.

Die Gürteltiere (*Dasypodidae*) gehören zusammen mit den Faultieren (*Bradypodidae*) und den Ameisenbären (*Myrmecophagidae*) zur Ordnung der Zahnlosen (*Edentata*). Dabei trifft

Abb. 7: Mit seinem feinen Geruchssinn kann das Neunbinden-Gürteltier (*Dasypus novencinctus*) Insekten, Würmer und Schnecken im nächtlichen Urwaldboden aufspüren.

die Bezeichnung Zahnlose nur für die völlig zahnlosen Ameisenbären zu, Faul- und Gürteltiere besitzen noch einfache Stiftzähne und das Riesengürteltier sogar um die 100 Zähne, eine für Säuger ungewöhnlich hohe Zahl. Daher ist auch die Bezeichnung Nebengelenkträger (*Xenarthra*) kennzeichnender für die Ordnung, bei der im Gegensatz zu allen anderen Säugetieren an den hintersten Brust- und Lendenwirbeln noch zwei zusätzliche Gelenkpaare auftreten.

Alle rezenten Arten der Nebengelenkträger sind letzte Relikte einer großen Formenfülle im Tertiär Südamerikas. Ihre Vorfahren lebten bereits am Ende der Kreidezeit, die sich nach der Isolierung des Kontinents in der Abgeschiedenheit ungestört entfalten konnten.

Ein Mosaik kleiner Knochenplatten in der ledrigen Haut machen das Gürteltier ungleich beweglicher als ein starrer Panzer dies erlauben würde. Mehrere Hautfalten unterbrechen die verknöcherte Lederhaut und bilden arttypische Plattengürtel, die Rücken und Lenden schützen. Auch Stirn und Schnauze werden von einem Schild aus kleinen Knochenplatten bedeckt und selbst der Schwanz ist nicht ungeschützt [Abb. 7].

So altertümlich das äußere Bild der Gürteltiere erscheint, im Bereich der Fortpflanzung haben sie zwei fortschrittliche Merkmale entwickelt. Zum einen können die Weibchen bei ungünstigen Umweltbedingungen die Einnistung befruchteter Eizellen verzögern – bis zu drei Jahre soll dies möglich sein. Als andere Eigenart teilt sich bei allen Gürteltieren das befruchtete Ei mindestens noch einmal ganz durch, so dass bei Gürteltieren eineiige Zwillinge, Drillinge, Vierlinge oder gar Zwölflinge die Regel sind.

Das pleistozäne Riesen-Gürteltier *Glyptodon* überlebte bis in die Neuzeit. Die südamerikanischen Indios benutzten den drei Meter langen Panzer des nashorngroßen Tieres als Grabbedeckung oder als Hüttendach. Der Panzer umschloss als starre gürtellose Kuppel den Körper des Tieres vom Hals bis zur Schwanzwurzel, was sich letztlich im Existenzkampf als ungünstig erwies. Das heute lebende Riesengürteltier (*Priodontes giganteus*) wiegt über einen Zentner und kann sich bei einer Körperlänge von mehr als einem Meter mit seinen kräftigen Armen und Klauen erstaunlich schnell in die Erde eingraben.

Mit über sieben Meter Körperlänge größer als ein Elefant wurde im Pleistozän in Südamerika das Riesenfaultier (*Megatherium*). Mit ihm zusammen streifte das nur wenig kleinere *Mylodon* durch die Pampa, das sich so lange hielt, bis sich die ersten Menschen in Südamerika niederließen. In Patagonien fand man in einer Höhle ein fossiles Exemplar, das eindeutig von Menschenhand erlegt worden war. Fossile Reste kleinerer Faultiere fand man auch in den Asphaltsümpfen von Rancho La Brea nahe bei Los Angeles.

Ob das bodenbewohnende Riesenfaultier (*Grypotherium domesticum*) zur Zeit der Entdeckung Amerikas durch die Europäer noch in Patogonien lebte, ist nicht sicher. Ganz sicher aber blieb es bis in die Nacheiszeit erhalten.

Überleben durch Langsamkeit ist das Erfolgsrezept ihrer heutigen Verwandten. Das Zweizehenfaultier (*Choloepus didactylus*) verbringt den größten Teil seines Lebens scheinbar unbeweglich im Geäst der Laubbäume. Seine Gliedmaßen, die in zwei riesigen spitzen Krallen enden, sind so an das hängende Leben angepasst, dass es mit weniger Anstrengung verharren kann, als die meisten anderen Tiere beim Stehen benötigen. Niemals vollführt es eine unnötige Bewegung und genau diese Passivität entzieht es den Augen eines möglichen Raubfeindes. Selbst Körperreinigung ist ihm fremd, so dass sein langes Fell bald mit grünen Algen durchwirkt ist – eine zusätzliche Tarnung. Aber nicht nur die äußeren Tätigkeiten verrichtet es in Zeitlupe, auch die inneren Lebensprozesse des Pflanzenfressers sind ungewöhnlich langsam. Atmung und Verdauung sind so träge, dass sich das Tier kaum öfter als einmal wöchentlich entleert.

Lebende Legenden

Auf der Suche nach Fabelwesen sind rings um den Erdball Kryptozoologen unterwegs. Welche der fantastischen Tiere, von denen zahllose Legenden berichten, existieren wirklich? Dass Riesentintenfische und Pottwale sich in der Tiefsee Kämpfe auf Leben und Tod liefern, gilt als sicher. Zwar hat noch niemand einen solchen Gigantenkampf beobachtet, Untersuchungen an toten Walen erbrachten aber eindeutige Spuren. Immer wieder findet man im Magen von Walen abgebissene Fangarme des oft fälschlicherweise als Riesenkraken bezeichneten Riesenkalmars (*Architeuthis*). Seine Saugnäpfe, von denen manche den Umfang eines Fußballes erreichen, haben mit ihrem messerscharfen Zahnrand in der Haut manches Wales unzählige Narben hinterlassen. Der größte Riesenkalmar, der jemals angeschwemmt wurde, hatte eine Rumpflänge von sechs Metern und zwölf Meter lange Fangarme, die an der Wurzel mehr als oberschenkeldick waren.

Das Einhorn des Mittelalters wurde mit Beginn der Aufklärung als Narwal identifiziert, Seejungfrauen entpuppten sich als Seekühe und beim Yeti dürfte es sich wohl eher um ein Phantasieprodukt höhenkranker Bergsteiger und abergläubischer Bergbewohner handeln als um einen Überlebenden des *Gigantopithecus,* des riesigen Menschenaffen, von dem man fossile Kiefer in China und Indien gefunden hat. Oder aber man benennt den sandfarbenen Isabellbraunbären des Tien Schan und des Pamirs, die helle Varietät des Braunbären (*Ursus arctos*), als Yeti. Seine Spuren im Schnee erinnern zumindest entfernt an menschliche Fußabdrücke. Vom Vetter in Amerika, dem Bigfoot mit der Schuhgröße 60, gibt es zwar eine ganze Sammlung von Gipsabdrücken der Fährten, aber irgendein ernst zu nehmender Beweis für seine tatsächliche Existenz wurde noch nie erbracht.

Dass nicht alle Legenden lügen zeigte sich, als 1860 ein viele Meter langer Riemenfisch auf den Bermudas strandete und eine Vorstellung der „Großen Seeschlange mit dem Pferdekopf" vermittelte oder als um 1900 kurz nacheinander im afrikanischen Regenwald Waldelefant, Okapi und Berggorilla entdeckt wurden.

Doch während Biologen, ob Abenteurer oder Kryptozoologen, in den Kongosümpfen nach einem angriffslustigen saurierähnlichen Ungeheuer aus der Vorzeit fahnden, erfreuen sich die Fremdenverkehrsmanager rund um Loch Ness, dass der Glaube an das langhalsige Phantom Nessie, eine Art Plesiosaurus oder Elasmosaurus, Jahr für Jahr zahlreiche Touristen in den Norden Schottlands bringt. Sie wollen lieber nicht wissen, dass es ein Tier wie Plesiosaurus im Loch Ness unmöglich geben kann. Loch Ness gibt es erst seit 12 000 Jahren, so dass die Saurier über 60 Millionen Jahre irgendwo im Meer versteckt überlebt haben müssten, wo ihre ökologische Nische längst durch Seehunde, Wale und Fische besetzt ist, bevor sie als wärmeliebende Kriechtiere in das kalte Wasser des schottischen Sees einwandern konnten.

2 Der Kontinent der Lebenden Fossilien

Abb. 8: Im Roten Zentrum des australischen Outback ruht der gewaltige Sandstein-Monolith Ayers Rock, Touristenmekka und Heiligtum der Aborigines zugleich.

Am grünen Rand des roten Kontinents

Im Osten Australiens liegen die höchsten Gebirge des Kontinents. Hier fällt im Vergleich zum Westen, Süden und dem wüstenhaften Innern verhältnismäßig viel Niederschlag. Regen, der sonst in Australien eher Mangelware ist, wird vom Südostpassat reichlich herangeführt, stellenweise 3000 Millimeter und mehr im Jahr. Zwar haben die Siedler mehr als drei Viertel der australischen Regenwälder abgeholzt oder niedergebrannt, die verbliebenen Restbestände, die inzwischen in die Liste des Welterbes der Naturschätze aufgenommen wurden und für die Holzwirtschaft tabu sind, beherbergen aber immer noch eine enorm artenreiche Tier- und Pflanzenwelt, die zunimmt, je weiter man vom Süden kommend nordwärts geht.

Im tropischen Regenwald der Nordostküste trifft man unter einem fast lichtundurchlässigen Kronendach 50 Meter hoher Baumriesen entlang der wenigen Wanderpfade schon nach einigen hundert Metern mehr Pflanzenarten an, als es in Mitteleuropa überhaupt gibt. Rund 800 verschiedene Baumarten bilden einen stockwerkartig aufgebauten Regenwald mit zahllosen Orchideen, Farnen, Moosen und Flechten. Weiter südlich geht der Tropenwald in einen fast ebenso artenreichen subtropischen Regenwald mit zahllosen Würgefeigen und hochstämmigen Eukalyptusbäumen über und schließlich weit im Süden in einen artenarmen warmgemäßigten Wald mit Südbuchen.

Die Regenwälder der Ostküste beherbergen rund ein Drittel aller australischen Beuteltier- und Reptilienarten. Riesenflughunde hängen zu Tausenden in hohen Bäumen, zwischen deren Ästen irgendwo Baumkängurus, Baumpythons und Nektarvögel versteckt sind. Auf Sandbänken sonnen sich Süßwasserkrokodile, die im Mündungsbereich der Flüsse ihren Lebensraum mit den Salzwasserkrokodilen teilen. Die subtropischen Wälder sind berühmt wegen ihres Vogelreichtums. Häufig anzutreffen sind Seidenlaubenvögel, Königssittche, Blauwangenloris sowie die lauten eisvogelartigen Kookaburras und mit etwas Glück kann man auch einen Schwarzleierschwanz beobachten.

Halbwüste und Wüste mit einem jährlichen Niederschlag von weniger als 200 Millimetern kennzeichnen dagegen das Innere Australiens. Trockenresistente Gräser, die im Land Mitchell-Gräser und Spinifex genannt werden, umfassen in Wirklichkeit eine breite Palette

Abb. 9: Große Ohren und lange Hinterbeine, mit denen er zwischen Spinifex hoppelt, verleihen dem Hasenbeutler, der in Australien Bilby genannt wird, ein hasenartiges Aussehen.

Abb. 10: Der Dornteufel ist mit keiner anderen Echsenart in Australien zu verwechseln. Vermutlich schützt ihn seine stachelige Haut davor, von Schlangen und größeren Echsen gefressen zu werden.

krautiger Gewächse, deren Hauptmerkmal dünne scharfrandige Blätter sind. Bäume sind eher selten, während die 200 Arten der australischen Akazie oft eine ausgedehnte Strauchvegetation, die Mulga, bilden. Der kleinste Regenschauer erweckt die ruhenden Blumensamen dieser Trockengebiete in eine blühende, in ihrer Farbenvielfalt verwirrende Landschaft, wenn auch nur für kurze Zeit. Während viele Pflanzenarten die Zeit bis zum nächsten Regen ausschließlich in Form von Samen überdauern, müssen zahllose Wüstentiere auch in den ausgedehnten Trockenzeiten ausreichend Nahrung finden. Meist kommen sie erst in der Nacht aus ihren Bodenverstecken, doch hin und wieder sieht man auch tagsüber einen Hasenbeutler (*Macrotis lagotis*) [Abb. 9] vorüberhoppeln oder den skurril aussehenden Dornteufel (*Moloch horridus*) [Abb. 10] beim Sonnenbaden.

Die einzigartige Tierwelt Australiens konnte sich entwickeln, weil der australische Kontinent vom übrigen Gondwanaland wegdriftete, bevor die fortschrittlichen plazentalen Säugetiere ihren Siegeszug antraten. Ungestört von konkurrierenden Säugern und fleischfressenden Raubtieren entwickelten sich endemische Arten, die nur auf diesem Kontinent vorkommen. Die australische Fauna gehört mit der von Neuguinea, Neuseeland und einigen Pazifikinseln zur Faunenregion *Notogaea* (griechisch: Südland). Diese zeichnet sich einerseits durch das Vorkommen eierlegender Säugetiere und Paradiesvögel und andererseits durch das Fehlen von Affen und Huftieren aus.

Bereits vor 50 Millionen Jahren wurde das prähistorische Australien vom übrigen Südkontinent, zu dem bis dahin auch Neuseeland, Afrika, Indien, Südamerika und die Antarktis gehörten, abgetrennt. Seine endgültige Form erhielt Australien aber erst mit Ende der letzten Eiszeit, als durch den Anstieg des Meerwasserspiegels auch Neuguinea und Tasmanien vom Festland isoliert wurden.

Bewegungen der Erdplatten – das sind kilometerdicke feste Lithosphärenplatten, die die Kontinente und die Ozeanböden bilden – werden durch Strömungen im heißen, zähflüssigen Erdmantel verursacht. Bei den Plattenbewegungen, die heute im Zentimeterbereich pro Jahr ablaufen, unterscheidet man auseinander driftende Platten, wie im Mittelozeanischen Rücken, kollidierende Platten, durch die es wie am Himalaya zur Auffaltung von Gebirgen kommt, und Platten, die aneinander vorbeigleiten. Spannungen im Kontaktbereich der Platten, wie beispielsweise an der San-Andreas-Störung in Kalifornien, werden durch Erdbeben abgebaut.

Vor 225 Millionen Jahren, in der Perm-Trias-Übergangszeit bildeten alle Kontinente eine einzige zusammenhängende Landmasse, den Urkontinent Pangaea, der von einem einzigen Urozean Panthassa umspült wurde. Vor 180 bis 150 Millionen Jahren zerfiel Pangaea allmählich in zwei große Kontinente. Der Südkontinent Gondwanaland driftete nach Süden, der Nordkontinent Laurasia nach Norden. Vor 60 bis 50 Millionen Jahren zerfiel schließlich auch Gondwana. Im frühen Tertiär trennten sich sowohl Madagaskar und Indien vom Südkontinent, bald darauf entstanden Südamerika, Afrika, Australien und Antarktika.

Säugetiere, die Eier legen

Nebelverhangene Berggipfel, steile Schluchten und nahezu undurchdringlicher Regenwald abseits der wenigen Pfade begegnen dem Wanderer im Eungella-Nationalpark. Nur wenige Kilometer von den sonnenverwöhnten Touristenzentren entlang der nahe gelegenen Ostküste Australiens entfernt bildet die mystische Bergwelt des mit subtropisch-tropischem Regenwald bewachsenen Lands der Wolken, was „Eungella" in unserer Sprache bedeutet, einen atemberaubenden Kontrast. Die in tieferen Lagen wachsenden tropischen Baumarten werden in höheren Regionen von subtropischen Bäumen abgelöst. Eungella liegt im Grenzbereich zwischen Tropen und Subtropen.

Die meisten Besucher ziehen in den Nationalpark, um die am Ufer des *Broken River* lebenden Schnabeltiere zu sehen. Schnabeltier-Beobachtungen erfordern am Morgen frühes Aufstehen oder viel Geduld in der Abenddämmerung. Die Tiere sind sehr scheu und daher sollte man nicht allzu enttäuscht sein, wenn sich die „Beobachtung" lediglich auf eine kleine Regung an der Wasseroberfläche beschränkt. Immerhin scheinen sich die Schnabeltiere im *Broken River* so weit an Touristen gewöhnt zu haben, dass sie nicht immer unverzüglich abtauchen, wenn ein Mensch am Flussufer erscheint.

Zwischen den Füßen der Dinosaurier schwimmend führten die ersten Schnabeltiere schon vor 100 Millionen Jahren ein verstecktes Leben. Das Schnabeltier *(Ornithorhynchus anatinus)* [Abb. 11] lebt amphibisch in ufernahen selbst gegrabenen Erdlöchern entlang der Binnengewässer von Ost-Australien und Tasmanien. Dabei kommt es in den eiskalten Bergbächen der australischen Alpen ebenso zurecht wie in den warmen Flüssen des tropischen Queensland. Ein dichtes eingefettetes Fell schützt vor Kälte. Zwischen den Zehen sind Schwimmhäute gespannt, die das Tier im Wasser ebenso schnell voranbringen wie der biberähnliche Schwanz. An Land faltet sich die Schwimmhaut der Vorderfüße zusammen, um beim Gehen und Graben nicht hinderlich zu sein. Das Männchen besitzt an den Hinterfüßen einen hohlen Sporn, in den der Ausführgang einer Giftdrüse mündet. Das giftige Sekret kann einen Hund töten und beim Menschen schmerzhafte Schwellungen hervorrufen. Erwachsene Männchen wiegen bei einer Körperlänge von rund 50 Zentimeter etwa 1,7 Kilogramm, die Weibchen sind mit 43 Zentimeter und einem Gewicht von 0,9 Kilogramm deutlich kleiner.

Abb. 11: Schnabeltiere sind eigentümliche Säugetiere. Fell und Ruderschwanz erinnern an einen Biber, Schnabel und Schwimmhäute an eine Ente, ebenso wie die Ablage von Eiern. Nachdem die Jungen von der Muttermilch entwöhnt sind, durchwühlen sie wie ihre Eltern den schlammigen Untergrund ihres Heimatgewässers und seihen Fressbares heraus.

Mit seinem entenähnlichen, doch ledrigweichen Schnabel sucht das Schnabeltier in den Dämmerstunden am Gewässergrund nach Insekten, Schnecken und Würmern. Beim Tauchen überdeckt eine Hautfalte Augen und Ohren.

Elektrische Signale der Beutetiere, ausgelöst durch deren Muskelbewegugnen, nimmt das Schnabeltier auf, wenn es mit geschlossenen Augen, Ohren und Nasenlöchern bei der Unterwasserjagd auf Nahrungssuche ist. Der weiche Schnabel registriert die winzigen elektromagnetischen Felder, die von Kleinlebewesen am Gewässerboden erzeugt werden. Dass es nicht der Tastsinn sein kann, mit dem das Tier seine Beute lokalisiert, zeigt sich daran, dass es schon aus einiger Entfernung zielgenau auf seine Nahrung zuschwimmt.

Die Sensoren für seinen Elektrosinn sind auf der Oberseite seines Schnabels in Drüsen eingebettet und somit vor dem Austrocknen an Land geschützt. Versuche haben gezeigt, dass die Tiere noch Spannungsunterschiede vom fünfzigtausendsten Teil eines Volts registrieren können, einer winzigen Spannung, wie sie beispielsweise der Schwanzmuskel einer Süßwassergarnele beim Vorwärtshüpfen erzeugt. Auf elektrische Stimuli reagiert das Schnabeltier mit einem blitzartigen Kopfreflex hin zur Spannungsquelle.

Ein Elektrosinn ist bisher nur von einigen Fisch- und Amphibienarten bekannt. Die Elektrorezeptoren der Schnabeltiere sind aber grundlegend verschieden und haben sich wohl im Laufe der Evolution unabhängig von denen der Fische und Amphibien entwickelt.

In eigens angelegten Brutbauten legt das Weibchen ein bis drei dotterreiche beschalte Eier ab. Während der etwa 20 Tage dauernden Tragzeit im Mutterleib hat sich das befruchtete Ei durch Sekrete der Gebärmutterdrüsen ständig vergrößert. Der Brutbau ist mit Blättern, die zugleich für die nötige Luftfeuchtigkeit sorgen, ausgepolstert. Bei Temperaturen von 32 °C in der Höhle brütet das Weibchen die Eier mit seiner Körpertemperatur rund zehn Tage lang aus. Der Dottervorrat des Eies reicht aus, um den sich entwickelnden Embryo zu ernähren.

Die frisch geschlüpften Jungen tragen auf dem Oberkiefer anfangs noch einen Eizahn und ähneln neugeborenen Beuteltieren.

Gleich nach dem Schlüpfen saugen die Jungen Milch, die die auf dem Rücken liegende Schnabeltiermutter aus Drüsen am Bauch auspresst. Zitzen fehlen und die beiden Milchfelder sind von Fell überdeckt, im Innern sind die Milchdrüsen strukturell aber ähnlich gebaut wie die der anderen Säugetiere. Selbst die hormonelle Steuerung der Milchausschüttung verläuft gleich: Auf Saugreize hin schüttet die Hirnanhangdrüse das Hormon Oxytocin aus, welches das Einschießen der Milch in die Milchfelder bewirkt.

Nach einem viertel Jahr wird das Jungtier entwöhnt und muss nun selbstständig nach Nahrung tauchen.

Heute streng geschützt hat sich der Bestand der Schnabeltiere erfreulicherweise gut erholt, nachdem die Tiere um die Jahrhundertwende wegen ihres weichen Fells fast ausgerottet waren. Inzwischen sind Schnabeltiere im Osten Australiens sogar Stadtbewohner geworden, wie jüngste Untersuchungen in den Gewässern von Melbourne ergaben. In mehr als der Hälfte der Bäche im Einzugsbereich von über drei Millionen Menschen konnte man Schnabeltiere nachweisen, manche nur wenige Kilometer von der Innenstadt entfernt.

Trotz aller entwicklungsgeschichtlichen Überbleibsel seiner Kriechtiervorfahren ist das Schnabeltier also ein bestens an seinen Lebensraum angepasstes, zwar hoch spezialisiertes, aber dennoch erfolgreiches Säugetier.

Der Kurzschnabeligel (*Tachyglossus aculeatus*) [Abb. 12] zeigt eine ganz andere Lebensweise als sein entenschnabeliger Verwandter. Er liebt als Einzelgänger das Unterholz und frisst vorwiegend Termiten und Ameisen, die er mit seiner langen klebrigen Zunge aus den Gängen der Nester herausangelt. Ameisenigel heißt der Schnabeligel deswegen auch. Auf Nahrungssuche streift

Abb. 12: Wie unser einheimischer Igel kann der Kurzschnabeligel seine harten und sehr spitzen Stacheln bei Gefahr aufrichten und sich zugleich einrollen.

er zügig durch den Busch, wendet Steine und untersucht verrottendes Holz nach Insektenlarven. Seinen mächtigen Klauen kann auch der härteste Termitenbau nicht lange widerstehen. Meist sind es halb zerstörte Termitenhügel oder Kotbrocken, die von seiner Anwesenheit in einem Areal zeugen. Das Tier selbst führt ein so heimliches Leben, dass nur wenige Menschen es jemals im Freiland beobachten konnten.

Der 30 bis 40 Zentimeter große Landbewohner gräbt sich bei Gefahr in Sekundenschnelle mit seinen spatenartigen Klauen in die Erde ein. Wenn er sich wie unser heimischer Igel einrollt, reicht meist schon sein Stachelpanzer mit den bis zu sechs Zentimeter langen aufgerichteten Dornen als Schutz. Man findet die Tiere in ganz Australien und Tasmanien verbreitet, vom Regenwald bis zur Wüste, vom Hochgebirge bis an die Küste.

In eine Felltasche am Bauch bugsiert das Weibchen gleich nach der Ablage das kleine reptilienähnliche Ei mit gummiartiger Schale. Die beutelähnliche Mulde hat sich gegen Ende der Schwangerschaft durch das Anschwellen der Milchdrüsen und das Zusammenziehen von Längsmuskeln unter der Bauchhaut gebildet. Der elliptische Brutbeutel ist tief genug, um das darin befindliche Ei beim Umherstreifen zur Nahrungssuche sicher zu halten. Nach etwa zehn Tagen schlüpft das Junge, nachdem es mit dem schmelzüberzogenen Eizahn auf seiner Schnauze die zähe dreischichtige Eischale aufgeschlitzt hat. Die Milchdrüsen der Mutter münden auf beiden Seiten des Brutbeutels in ein Milchfeld aus 100 und mehr Poren. Zum Saugen klammert sich das Neugeborene an Haarbüschel im Milchfeld fest. Seine Zunge ist so geformt, das es richtig saugen kann und nicht bloß die Milch aufleckt, wie in älterer Literatur oft behauptet.

Auch wenn die Jungen schließlich zu groß für den Bauchbeutel sind, werden sie weiter von der Mutter gesäugt. Irgendwo in einem Hohlraum versteckt, besucht die Mutter in der Regel einmal am Tag ihr Junges, das dann bis zu 20 Prozent seines Gewichts an Milch aufnimmt. Bevor seine Stacheln nicht eine wirklich schützende Länge erreicht haben, ist das Jungtier jedoch nicht einmal in seinem Versteck sicher vor großen Waranen oder Schlangen.

Der Langschnabeligel (*Zaglossus bruijni*), der in den Bergwäldern Neuguineas lebt, trägt einen wesentlich längeren Röhrenschnabel und hat auch die längeren Beine. Im Übrigen weist er aber wie sein australischer Vetter auch die gleiche Mischung von ursprünglichen Säuger- und Reptilienmerkmalen auf, die sowohl die Ameisenigel (*Tachyglossidae*) wie auch die Schnabeltiere (*Ornithorhynchidae*) als Ursäuger kennzeichnen.

Eine unbekannte Fossilgeschichte haben Schnabeltier und Schnabeligel gemeinsam. Man fasst sie zur Gruppe der Kloakentiere (*Monotremata*) zusammen, die durch eine Reihe ursprünglicher Merkmale gekennzeichnet ist und die heute nur noch in kleinen Populationen in der australischen Region vorkommt. Ihr Name rührt daher, dass sie nur eine rückwärtige Körperöffnung für die Ausscheidungen des Darmes, der Nieren und der Geschlechtsorgane besitzen. Diese Kloake genannte Körperöffnung haben sie mit Kriechtieren und Vögeln ebenso gemeinsam wie die Eiablage. Zwar besitzen die Weibchen Milchdrüsen, Brustzitzen aber fehlen ihnen. Auch die Zähne fehlen oder werden frühzeitig zurückgebildet, stattdessen überziehen schnabelartige Hornscheiden die Kieferknochen. Die Körpertemperatur schwankt um die 32 °C und liegt damit weit unter der der Echtsäuger. Trotzdem ist die Thermoregulation weit besser als lange Zeit angenommen. Dies verdanken die Tiere zum einen ihrem hervorragend isolierenden Fell, zum anderen können die Tiere den Grundumsatz ihres Stoffwechsels schnell erhöhen, wenn die Umgebungstemperatur absinkt.

Der Bau des Schultergürtels dagegen erinnert stark an den der fossilen Therapsiden, jener frühen Reptilien, die als Stammgruppe der Säugetiere angesehen werden.

Auf zellulärer Ebene zeigt sich, dass beispielsweise die Spermien des Schnabeltiers ähnlich denen vieler Reptilien einen fädig ausgezogenen Kopfteil besitzen, während die Anordnung der innerzellulären Bewegungsorganellen, die der Mikrotubuli, typisch für Säugerspermien sind. Auch bei den Chromosomen zeigt sich eine Mischung von Säuger- und Kriechtierkennzeichen. Kloakentiere besitzen zum einen große, säugetiertypische Makrochromosomen und zugleich kleine Mikrochromosomen, wie sie ganz typisch für Kriechtiere sind und sonst bei Säugetieren nicht vorkommen.

Modelle früher Säugetiere. Obwohl über fossile Vorfahren der Kloakentiere so gut wie nichts bekannt ist, kann man Schnabeligel und Schnabeltier als Lebende Fossilien bezeichnen, zeigen sie doch modellhaft, wie die Vorfahren der modernen Säugetiere im Erdmittelalter einst ausgesehen haben könnten.

Trotz aller Spezialisierungen wie der Verlängerung des Gesichtsschädels, der Rückbildung des Gebisses, den Schwimmhäuten zwischen den Zehen des Schnabeltieres oder den Stacheln des Ameisenigels repräsentieren die Kloakentiere ein ähnlich ursprüngliches Entwicklungsniveau wie die frühen Säugetiere. Sie vermitteln einen Eindruck des Evolutionsstadiums, das zu jenem Zeitpunkt vorlag, als sich die frühen Säugetiere von den Reptilien abspalteten. Die Kloakentiere haben im Verlauf der stammesgeschichtlichen Entwicklung viele Kennzeichen ihrer mesozoischen Kriechtier-Vorfahren beibehalten, zeigen heute also ein Mosaik aus Säugetier- und Reptilienmerkmalen. Trotzdem sind sie enger mit Beutel- und Plazentatieren verwandt als mit irgendeiner Gruppe der Reptilien.

Funde eines Unterkieferrestes in kreidezeitlichen Sedimenten belegen ein Mindestalter der Kloakentiere von 100 Millionen Jahren. Also haben Säugetiere schon lange vor dem Tertiär in Australien gelebt. Weitere Fossilfunde zeigen außerdem, dass die früheren Schnabeltiere noch als Erwachsene Zähne besaßen, ähnlich denen der heutigen Jungtiere vor der Entwöhnung. Die Rückbildung der Zähne bei den rezenten Schnabeltieren ist also stammesgeschichtlich noch jung. Diese Zahnlosigkeit ist andererseits ein Grund für die spärlichen Fossilfunde, sind doch von vielen frühen Säugetieren meist nur Zähne und Kieferknochen fossil überliefert.

Kindheit im Beutel

Uralt und doch modern sind die Beuteltiere Australiens. Aus den seltenen Fossilfunden der Kreidezeit ist bekannt, dass sich damals zwei fortschrittliche Säugetiergruppen entwickelten: die Beuteltiere (*Marsupialia*) und die ältesten plazentalen Säugetiere (*Eutheria*). Ein Lebendes Fossil aus dieser Zeit ist das amerikanische Opossum (*Didelphis*), ein in vielfacher Hinsicht ursprüngliches Säugetier.

Im frühen Tertiär entwickelten sich die Beuteltiere in Amerika zu einer großen Blüte. Von dort aus gelangten sie vermutlich über die damals noch nicht abgetrennte Antarktis auch nach Australien. Diese Wanderer waren sicherlich weniger spezialisierte Formen, sondern eher Generalisten, entsprechend den heute noch lebenden Beutelratten. Da sie auf dem australischen Kontinent mit Ausnahme der Kloakentiere keine anderen Säugetiere antrafen, war eine erneute evolutionsbiologische Entfaltung, eine so genannte adaptive Radiation, möglich.

Beuteltiere werden eigentlich zweimal geboren: das erste Mal, wenn sie nahezu im Embryonalzustand nach nur wenigen Tagen Tragzeit völlig unterentwickelt zur Welt kommen. Der Entwicklungszustand eines neu geborenen Opossums entspricht etwa dem eines zehn Tage alten Rattenembryos oder eines zwei Monate alten menschlichen Embryos. Die Sinnesorgane der sehr kleinen nackten Jungen sind so gut wie nicht entwickelt, als Ausscheidungsorgan arbeitet noch die Urniere und die Hinterbeine sind kurze Stummel. Lediglich die Vorderbeine und die Krallenhände sind so weit ausgebildet, dass die wurmähnlichen Embryonen den Weg von der mütterlichen Geburtsöffnung bis zum Beutel zurücklegen können.

Dort werden sie über eine längere Zeit getragen und ernährt, bis ihre embryonale Entwicklung vollständig abgeschlossen ist. Erst danach verlassen sie erstmals den Beutel, in den sie aber anfangs immer wieder zurückkehren. Bei manchen Arten wachsen die Jungen an einer der je nach Art zwischen 4 und 30 im Beutel liegenden Zitzen regelrecht fest.

Die Entwicklung der unreif geborenen Jungtiere im Beutel ist ein ursprüngliches Merkmal der Säugetiere. Während der Tragzeit wird der Embryo in der Gebärmutter aus einem Dottersack ernährt, in den Bauchwanddrüsen ein milchähnliches Sektret abgeben. Der Dottersack funktioniert wie eine einfache Plazenta, indem er Nährstoffe, Atemgase und Ausscheidungsprodukte zwischen mütterlichem und embryonalem Blutkreislauf austauscht. Da aber zwischen den Blutgefäßen kein so enger Kontakt besteht wie in einer Plazenta, dem Mutterkuchen der Echtsäuger, ist die Ver- und Entsorgung des Embryos nur in begrenztem Umfang möglich. Bei den Plazenta-Säugern dagegen ist es durch eine kompliziert gebaute Gebärmutter und die Ausbildung eines Mutterkuchens während einer langen Schwangerschaft möglich, dass bei der Geburt fast selbstständig lebensfähige Junge zur Welt kommen, die schon wie erwachsene Tiere aussehen können.

Die Abstammung von gemeinsamen Vorfahren von Beuteltieren und Plazenta-Säugern gilt heute als gesichert, uneins ist man sich aber darüber, ob beide das Lebendgebären, die Viviparie, von den Vorfahren bereits übernommen haben oder ob die Viviparie in beiden Säugergruppen unabhängig voneinander entstanden ist. Trifft das Erste zu, hätten die Plazentalier die ursprüngliche Viviparie stark weiterentwickelt, während die Beuteltiere sie weitgehend beibehalten haben.

Auf jeden Fall aber leben die Beuteltiere in Bezug auf ihre Fortpflanzung noch mit einer Lebensweise, mit der sie schon vor Jahrmillionen angefangen haben zu existieren. Die plazentalen Säugetiere haben auf den anderen Kontinenten mit ihrer moderneren Art der Fortpflanzung zwar sehr viel größere Entfaltungsmöglichkeiten gefunden, auf ihrem Kontinent aber konnten die Beuteltiere sehr viele Formen hervorbringen, die ebenso erfolgreich das leisten können, was die Plazenta-Säugetiere erreichten.

Die adaptive Radiation der Beuteltiere

Als geologisch junge Formen, die überwiegend während der jüngeren Tertiärzeit entstanden sind, kann man die australischen Beuteltiere trotz aller Ursprünglichkeit ihrer Fortpflanzung, der sehr kleinen Schädelhöhle und der Anzahl der Zähne als Gesamtgruppe nicht als Lebende Fossilien bezeichnen.

Für einige Arten aber trifft die Bezeichnung Lebendes Fossil sicherlich zu. Das gilt für das Moschus-Rattenkänguru (*Hypsiprymnodon moschatus*) ebenso wie für den Tasmanischen

Beutelteufel (*Sarcophilus harrisi*) und mit Einschränkungen wohl auch für den erst vor wenigen Jahrzehnten ausgerotteten Beutelwolf (*Thylacinus cynocephalus*).

Die Artenvielfalt der Beuteltiere ist das Ergebnis einer Millionen Jahre dauernden abgetrennten Entwicklung von der Evolution auf den anderen Kontinenten, in der sich die australische Tierwelt über eine lange Zeit nahezu ungestört von außen entfalten konnte.

In der Triaszeit bildeten sich vor rund 220 Millionen Jahren in Nordamerika aus der Reptiliengruppe der *Therapsiden* die frühen Säugetiere heraus. Bis zum Ende der Kreidezeit blieben die Säugetiere eine kleine unbedeutende Tiergruppe, doch als im frühen Tertiär vor etwa 65 Millionen Jahren die Dinosaurier ausstarben, wurden sie die beherrschende Tiergruppe auf der Erde. Die bis dahin wenigen Populationen der frühen Säuger spalteten sich in immer neue Unterarten und Arten auf unter gleichzeitiger Ausbildung verschiedener ökologischer Nischen; das heißt, jede neue Art nutzt den Lebensraum in einer für sie besonderen Weise. Mutationen und Rekombinationen des Erbgutes brachten ständig neue Phänotypen hervor, von denen es immer wieder einer gelang, eine noch freie ökologische Nische zu besetzen. Man spricht von adaptiver Radiation.

Die anfangs unspezialisierten Urbeuteltiere wurden fast überall auf der Erde rasch durch die adaptive Radiation der plazentalen Säuger verdrängt. Bevor die bald sehr erfolgreichen Plazentasäuger aber Australien erreichten, hatte dieses sich zusammen mit der Antarktis von Gondwanaland losgelöst.

In der Isolation konnten sich nun konvergent zu den Plazentatieren entsprechende Formen und Lebensweisen bei den australischen Beuteltieren entwickeln. Unter ihnen findet man wie bei den modernen Plazentaliern Insektenfresser, Beutegreifer, Weidegänger, Aasfresser, baum-, boden- und wasserlebende Formen.

Eine erstaunliche Konvergenz zeigt sich, vergleicht man Australiens Beuteltiere mit bestimmten Formen der höher entwickelten Plazentasäuger, die andernorts ganz ähnliche ökologische Planstellen besetzen. Solche Konvergenzen drücken sich auch in den deutschen Namen für die betreffenden Beuteltiere aus, nennt man diese doch Beutel*wolf*, Beutel*hörnchen*, Beutel*ratte*, Beutel*maulwurf* oder Koala*bär*.

Da die Beuteltiere und die Plazentatiere vergleichbare ökologische Nischen inne haben, spricht man in diesem Zusammenhang auch von Stellenäquivalenz.

Üblicherweise werden neun Beuteltier-Familien unterschieden: Opossummäuse, Beutelratten, Raubbeutler, Ameisenbeutler, Nasenbeutler, Plumpbeutler, Kletterbeutler, Beutelmaulwürfe und Kängurus.

Raubbeutler erlebten in der erdgeschichtlichen Epoche des Miozäns, also vor 25 bis 5 Millionen Jahren, eine Blütezeit. Australien war bevölkert von Fleisch fressenden Riesen-Rattenkängurus, Riesen-Beutelmardern, Beutellöwen und Beutelwölfen, die allesamt heute ausgestorben sind.

Das größte Rattenkänguru *(Propleopus oscillans)* erreichte bis zu 60 Kilogramm Gewicht und lebte wahrscheinlich noch, als die ersten Menschen den australischen Kontinent erreichten. Als Lebendes Fossil überdauerte in den Regenwäldern von Queensland das Moschus-Rattenkänguru (*Hypsiprymnodon moschatus*). Das etwa ein halbes Kilogramm schwere rattenähnliche Tier sucht am Boden nach allerlei Pflanzenmaterial, aber auch nach Insekten, Würmern und anderen Kleintieren, die es mit den Vorderbeinen herausscharrt. Die kleinen Rattenkängurus können nicht auf den Hinterbeinen hüpfen, wie dies ihren

Abb. 13: Rattenkängurus werden aufgrund besonderer Merkmale im Bau des Schädels und des Fußes als eigene sehr ursprüngliche Familie Potoroidae von den übrigen Kängurus abgetrennt. Das Kaninchenrattenkänguru (*Potorus tridactylus*) lebt im küstennahen Südost-Australien.

großen ausgestorbenen Verwandten wohl auch nicht möglich war.

Der letzte Beutelwolf wurde um 1930 auf Tasmanien erlegt, nachdem er, zu Unrecht als Schafjäger verdächtigt, auf dem Kontinent schon vorher verschwunden war. Vielfach wird behauptet, der Beutelwolf hätte auf dem Festland dem Dingo, einer verwilderten Haushundrasse, weichen müssen, mit dem er angeblich nicht konkurrieren konnte. Im tasmischen Exil konnte er sich aber weiter behaupten, bis 1936 das letzte Tier im Zoo von Hobart starb. Inwieweit die Berichte von jüngeren Beobachtungen von Beutelwölfen ernst zu nehmen sind, ist schwer abzuschätzen, in keinem Fall ist ein neuerer Fund aber sicher belegt.

Als Hetzjäger war der Tasmanische Beutelwolf (*Thylacinus cynocephalus*) weniger gut angepasst als Wolf und Haushund und er war wohl auch kein Rudeljäger. Seine Beine waren kurz, die Schulterhöhe betrug etwa 60 Zentimeter. Wie ein Känguru konnte er auf den Hinterkeulen und dem steifen Schwanz sitzen und aus dieser Position heraus einige Meter weit springen.

Heute ordnet man den Beutelwolf einer eigenen Familie der Beutelwölfe (*Thylacinidae*) zu.

Beuteltiere ohne Beutel findet man unter den winzigen Beutelmäusen, die als Insektenjäger eine nächtliche Lebensweise führen. Die Jungen klammern sich wie die mancher Affen am Fell der Mutter an. Beutelmäuse gehören zur Familie der Raubbeutler (*Dasyuridae*), von denen mehr als 60

Abb. 14: Ob es wohl noch lebende Beutelwölfe gibt? Der letzte Tasmanische Tiger, wie er auch genannt wird, starb 1936 im Zoo von Hobart auf Tasmanien.

Arten beschrieben sind, wie der Tasmanische Beutelteufel und die Beutelmarder. Allen gemeinsam ist ein ausgesprochenes Beutegreifergebiss, das allerdings mit drei Schneidezahnpaaren im Unterkiefer anders gebaut ist als das der plazentalen Raubtiere. Bei den Raubbeutlern handelt es sich um altertümliche Formen, von denen sich die spezialisierten Gebisse und Zehenstrukturen der anderen Beuteltiergruppen ableiten.

Abb. 15: Beutelmarder sind nach dem Beutelteufel die größten noch lebenden Fleisch fressenden Beuteltiere. Gesicherte Vorkommen des Tüpfelbeutelmarders gibt es heute nur noch auf Tasmanien.

Beutelmarder übertreffen heute an Artenvielfalt alle anderen Raubbeutler. Der Tüpfelbeutelmarder (*Dasyurus quoll*) [Abb. 15] stellt einen entwicklungsmäßig ursprünglichen Typ der australischen Beuteltiere dar. Er erinnert im Aussehen an unsere Marder und ist wie diese nachtaktiv. Obwohl die Weibchen nur sechs Zitzen haben, gebären sie bis zu 24 Junge, von denen die überzähligen kurz nach der Geburt zugrunde gehen oder von der Mutter aufgefressen werden.

Kein geschickter Jäger ist der auf dem Festland ausgestorbene, auf Tasmanien aber noch weit verbreitete Beutelteufel (*Sarcophilus harrisii*) [Abb. 16]. In der Größe stimmt er in etwa mit unserem Dachs überein, in der Gestalt erinnert er an einen kleinen Bären. Erstaunlicherweise stimmt die Konvergenzbildung mit den tropischen Bären

Abb. 16: Der Beutelteufel kommt aufgrund seiner hohen Anpassungsfähigkeit mit den vom Menschen veränderten Umweltbedingungen auf Tasmanien gut zurecht. Ähnlich wie die Hyänen ernährt er sich von Aas, macht aber vom Käfer bis zum Schaf auch Jagd auf lebende Beute.

nicht nur in der Form überein, sondern auch im weißen Halbmondfleck auf der Brustseite, wie er für Malaienbären und Kragenbären typisch ist.

Der Beutelteufel ernährt sich in erster Linie von Aas, aus dem er große Portionen herausreißt und gierig verschlingt. Wie viele kleinere Beuteltiere kann auch der Beutelwolf sein Maul als Imponier- und Drohgebärde bis zu 180° weit aufreißen. In die Enge getrieben bleibt er gegenüber Haushunden und erst recht Hauskatzen immer der Sieger.

Kängurus und Koala sind zwar die bekanntesten Repräsentanten der australischen Fauna, als Lebende Fossilien können sie aber nicht gelten. Als absoluter Nahrungsspezialist lebt der Koala oder Beutelbär (*Phascolarctos cinereus*) [Abb. 17] in einer gefährlichen Abhängigkeit von wenigen Eukalyptusarten. Von den rund 600 Eukalyptusarten kann er nur die Blätter von rund 35 verwerten und davon wiederum bevorzugt er gerade einmal drei Spezies, den Manna- oder Zuckereukalyptus (*Eucalyptus viminalis*), den Gefleckten Eukalyptus (*E. maculata*) und den Rötlichen Eukalyptus (*E. rostrata*), bei denen er wiederum an ein und demselben Baum nur Blätter eines bestimmten Alters frisst.

Andere Eukalyptusarten sind durch einen zu hohen Gehalt an Ölen mit giftigen Substanzen auch für ihn, wie für alle anderen Tiere, giftig. Das Eukalyptusöl enthält neben vielen anderen Stoffen auch Cineol und Phellandren. Cineol wirkt lähmend auf das Nervensystem, Phellandren erhöht die Körpertemperatur. Koalas können die schädliche Wirkung der Öle neutralisieren, was ihnen eine reichhaltige und bis zum Eingreifen des Menschen überreichliche Nahrungsquelle erschlossen hat.

Abb. 17: Der Koala kann mit seinen kräftigen Krallen vorzüglich klettern. Die meiste Zeit des Tages verbringt er dösend oder schlafend in einer Astgabel.

Hüpfen auf zwei Beinen scheint eine erfolgreiche Evolutionsstrategie zu sein, wie die zahlreichen Arten der Kängurus beweisen. Mit Ausnahme der Baumkängurus bewegen sich alle Kängurus oder Springbeutler (*Macropodidae*) zweibeinig springend fort. Die Vorderbeine sind verkürzt, die Hinterbeine, an denen die vierte Zehe kräftig ausgebildet ist, sind stark verlängert. Mit wenigen Ausnahmen sind die in kleinen Trupps lebenden geselligen Tiere reine Pflanzenfresser, die sich in die unterschiedlichen australischen Lebensräume eingenischt haben.

Die Baumkängurus fanden den Weg von der Savanne zurück in den Wald, von wo aus vor 50 Millionen Jahren die Vorfahren aller Kängurus sich an ein Leben am Boden anpassten. In den Regenwäldern Neuguineas und Nordostaustraliens leben die heutigen Baumkängurus als wenig geschickte Kletterer. Baumakrobaten wie die Urbeutler brauchten sie aber auch nicht mehr zu werden, fehlen in den Wäldern Neuguineas doch gefährliche Feinde.

Die Verdrängung der Beuteltiere hat begonnen, als vor etwa 30 Millionen Jahren die ersten Echten Säugetiere, die plazentalen Säugetiere, von Norden her in die Abgeschiedenheit des australischen Kontinents eindrangen. Kleine Nagetiere erkämpften sich nach und nach eine Existenz neben den Kloakentieren und Beuteltieren, Flughunde und Fledermäuse fanden sich rasch zurecht.

Sehr viel später gelangte der Mensch und noch viel später eine Haushundrasse auf den Kontinent. Wohl seit etwa 40 000 Jahren leben die Aborigines, die australischen Ureinwohner, auf dem Kontinent. Lange Zeit nahm man an, dass mit ihnen auch ein Haushund kam, der verwilderte und sich zum australischen Wildhund, dem Dingo, entwickelte. Neuere Skelettfunde beweisen aber, dass der Dingo vom indischen Wolf abstammt und vor 4000 Jahren von indischen Händlern oder asiatischen Seefahrern nach Australien gebracht wurde. Erst seit dieser Zeit tritt er auch in Höhlenzeichnungen der Ureinwohner auf.

Zweihundert Jahre Verfolgung liegen hinter dem Dingo [Abb. 18]. Vor 100 Jahren baute man quer durch Australien den mit 5000 Kilometer Länge größten Zaun der Welt, um die Dingos von den Lämmern der Schafherden fernzuhalten. Ein folgenschwerer Fehler: Die bevorzugte Jagdbeute des Dingos, die Gras fressenden Kängurus, nahmen nun derart überhand, dass mehr Schafe an Futtermangel starben als jemals zuvor dem Dingo zum Opfer fielen.

Seit einigen Jahren findet ein Umdenken statt und mancher moderne Australier hält im Outback (Hinterland) jetzt den Dingo sogar wieder als Haustier.

Gleich welcher Hunderasse der Dingo auch angehört, er ist auf jeden Fall ein Mit-

Abb. 18: Einst bewohnte der Dingo, der einzige Wildhund Australiens, den ganzen Kontinent. Heute hat er sich aufgrund starker Bejagung aus den landwirtschaftlich genutzten Gebieten in abgelegene Landstriche zurückgezogen.

glied der Art *Canis familiaris* und wird heute als Unterart des Haushundes, als *Canis familiaris dingo*, angesehen.

Verantwortlich für das Aussterben des Beutelwolfes ist der Dingo aber eher nicht. Zu verschieden waren Jagdzeit, Nahrungswahl und Lebensraum der beiden. Wer immer den Dingo für das Verschwinden vieler Beuteltiere verantwortlich macht, vergisst, dass erst mit der Besiedlung durch die europäischen Einwanderer die große Gefahr für die Natur Australiens begann. Die ersten Siedler sahen in den Beuteltieren entweder Fell-Lieferanten oder Schädlinge, ungeheuer große Schafherden weideten das Gras ab, Kaninchen fraßen Grasland zu Wüste, eingeführte Füchse, Katzen, Hunde und Ratten brachten in kürzester Zeit eine Jahrmillionen alte Lebensgemeinschaft von Pflanzen und Tieren so aus dem Gleichgewicht, dass mehrere Tierarten ausstarben, andere in höchste Gefahr gerieten. Erst um 1930 ergriff man nach 140 Jahren Landverwüstung und Jagd erste Schutzmaßnahmen. Für den Beutelwolf aber scheinen sie zu spät gekommen zu sein – oder gibt es vielleicht doch noch ein heimliches Reliktvorkommen?

Eine Unterlegenheit der Beuteltiere gegenüber den Echtsäugern lässt sich kaum beweisen. Beim Fuchskusu (*Trichosurus vulpecula*) wurde nachgewiesen, dass sein Erbmaterial ständigen Änderungen unterliegt, eine nachteilige Konstanz, die zu entwicklungsgeschichtlicher Trägheit führen könnte, gibt es bei ihm also sicher nicht. Die hüpfende Fortbewegungsweise der Kängurus ist ab einer Geschwindigkeit von über 15 Stundenkilometern energetisch günstiger als der vierbeinige Galopp der Huftiere, und beim Vergleich der relativen Hirngewichte oder der Ausprägung des Großhirns sind die Werte zwischen Beutel- und Plazentatieren nicht allzu verschieden. Das Opossum in Nordamerika dehnt gegenwärtig sogar sein Verbreitungsgebiet weit nach Norden aus.

Andererseits konnten in Südamerika, wo es eine reiche Entfaltung der Echtsäuger gibt, nur die Beutelratten bis heute überleben.

Die ausgedehnte Habitatzerstörung durch das schnelle Vordringen von Ackerbau, Weidewirtschaft und Wald-Monokultur war für das Zurückdrängen der Beuteltiere entscheidender als eine Konkurrenz durch moderne Plazentalier. Innerhalb der sehr kurzen Zeit von nicht einmal 200 Jahren konnten sich viele Beuteltiere nicht an die tief greifenden Veränderungen ihrer Umwelt anpassen. Darüber hinaus zeigen Fossilfunde, dass ihre Artenvielfalt seit dem Mittleren Miozän, also lange vor dem Erscheinen des Menschen, ständig abnahm. Verantwortlich dafür waren eine zunehmende Austrocknung des Kontinents sowie mehrere, teilweise kurz aufeinander folgende Eiszeiten.

Die Verwandten in Amerika

Die ökologische Nische der Fleisch- und Insektenfresser konnten die amerikanischen Beuteltiere besetzen, weil unter den tertiären Säugetieren Südamerikas die Raubtiere und Insektenfresser fehlten. Durch das Einwandern zahlreicher Arten von Echtsäugern im Spättertiär wurden die Beuteltiere immer mehr eingeschränkt und schließlich überlebten bis heute lediglich zwei Familien mit rund 75 Arten, die Opossummäuse und die Beutelratten. Aus 70 bis 80 Millionen Jahre alten nordamerikanischen Fossilfunden ist eine reichhaltige Beutelrattenfauna bekannt, die sich schließlich nach Südamerika und Europa ausbreitete. In Europa und Nordamerika starben die Beutelratten vor 15 Millionen Jahren aus. Erst während des späten Pleistozäns wanderten die Opossums wieder nach Nordamerika ein und mit dem Menschen kamen sie auch nach Madagaskar und Neuseeland.

Hunderte Kilometer nordwärts ist in den letzten 80 Jahren das Nord-Opossum (*Didelphis virginiana*) [Abb. 19] in Gebiete eingewandert, die es zuvor noch nie bewohnte. Äußerlich erinnert das 40 Zentimeter lange und zwei bis fünf Kilogramm schwere Tier mit seinem nackten Greifschwanz an eine große Ratte. Aus seinem eigentlichen Lebensraum, tropischen Wäldern und Buschlandschaften, ist es als Kulturfolger dem Mensch in seine Siedlungen gefolgt und bis ins südliche Kanada vorgedrungen, wo es selbst bei Frosttemperaturen von −7 °C auf nächtliche Futtersuche geht. Das Virginia- oder Nord-Opossum bewohnt die unterschiedlichsten Lebensräume von der Küste bis in 2800 Meter Höhe, vom Urwald bis in die Großstadt. Es zeigt sich als Meister der Lebensraumeroberung und der Anpassung. Die Konkurrenz mit den Echtsäugern bestehen die Opossums problemlos. Und dies trotz eines ausgesprochen kleinen Gehirns. Entsprechend eingeschränkt ist ihr Verhaltensrepertoire und ihre Lernfähigkeit. Die Tiere zeigen abgesehen von der Mutter-Kind-Beziehung kaum soziale Kontakte untereinander.

Abb. 19: Das Nord-Opossum oder Virginia-Opossum lebt von allen Beuteltieren am weitesten nördlich und hat inzwischen sogar Kanada erreicht.

Bei Gefahr in Ohnmacht fallen ist die erfolgreiche Strategie, mit der das Opossum so gut wie jedem Angreifer entkommt. Bei einem Angriff reagiert es zunächst zischend und knurrend mit einem Gegenangriff. Mit seinen zahlreichen kleinen, aber sehr scharfen Zähnen kann es schmerzhafte Bisse zufügen. Bringt seine Gegenwehr aber keinen Erfolg, fällt das Opossum plötzlich um und bleibt mit aus dem offenen Mund heraushängender Zunge schlaff und scheinbar leblos liegen. Selbst wenn es gebissen wird, zeigt es keine Reaktion.

Was den Totstellreflex auslöst, ist noch nicht eindeutig geklärt. Um Selbsthypnose, wie man es oft in nichtwissenschaftlichen Artikeln liest, handelt es sich sicher nicht. Untersuchungen der Gehirnaktivitäten ergaben, dass sich das Elektroenzephalogramm bei einem wachen und einem sich tot stellenden Tier so gut wie nicht unterscheidet. Aus der Gehirnaktivität lässt sich also schließen, dass das Tier weder gelähmt ist noch sein Bewusstsein verloren hat, sondern sich vielmehr darüber im Klaren ist, was mit ihm passiert. Warum reagiert es dann aber nicht auf Schmerzen? Spürt es diese nicht oder weiß es doch nicht, dass es gebissen wird? Die Antwort darauf steht noch aus. Auf jeden Fall braucht es anschließend eine ganze Weile, um wieder zum aktiven Leben zu erwachen.

Wie Schnabeltiere und Ameisenigel, hat das Opossum eine Kloake mit Schließmuskel, in die After- und Harn-Geschlechtsöffnung münden. Nach einer Tragzeit von 13 Tagen, der kürzesten Trächtigkeit, die von Säugetieren bekannt ist, bringt das Weibchen bis zu 20 winzige Junge, die zusammen gerade drei bis vier Gramm wiegen, zur Welt. Diese kleinen

Würmchen, die auf einem Kaffeelöffel Platz hätten, finden selbstständig ihren Weg in den Beutel der Mutter. Der rund acht Zentimeter weite Weg ist der gefährlichste ihres Lebens und etwa die Hälfte der Embryonen geht dabei zugrunde. Nach einer neun bis zehn Wochen dauernden Entwicklung im Beutel machen die Jungen ihren ersten Ausflug auf dem Rücken der Mutter. Einen Monat lang werden sie noch gesäugt, bevor sie dann feste Nahrung aufnehmen.

Morphologische Ähnlichkeiten mit den ältesten fossilen Beuteltieren berechtigen die Zuordnung der Opossums zu den Lebenden Fossilien. Chromosomenanalysen und Fossilfunde zeigen aber, dass das Nord-Opossum sich erst vor weniger als 100 000 Jahren vom Zentralamerikanischen Opossum (*Didelphis marsupialis*) abgespalten und als eigene Art entwickelt hat. Insofern ist es eine besonders junge Art. Auch das Kriterium eines reliktenhaften Vorkommens gilt immer weniger, schließlich breitet sich das Opossum gegenwärtig mit erstaunlicher Geschwindigkeit auf dem nordamerikanischen Kontinent aus.

Die Opossummäuse der Hochanden gehören zu einer ursprünglichen Gruppe von Beuteltieren, die lange vor den australischen Verwandten entstanden sind. Über die Lebensweise und die Bestände der etwa 10 bis 14 Zentimeter langen und zwischen 15 und 40 Gramm schweren Tiere ist wenig bekannt. Mit ihren langen Schneidezähnen machen sie nächtliche Jagd auf Insekten und andere kleine Wirbellose. Die Ecuador-Opossummaus (*Caenolestes fuliginosus*) lebt in den kalten Nebelwäldern der feuchten Anden, die Peru-Opossummaus (*Lestoros inca*) bevorzugt die trockenen Bereiche der zentralen Hochanden.

Lurchfische im Tropenfluss

Unter Umweltbedingungen wie im Devon vor 400 Millionen Jahren lebt der Australische Lungenfisch (*Neoceratodus forsteri*) [Abb. 20] in den Flüssen im tropischen Osten von Queensland. Das Wasser ist warm und sauerstoffarm und hin und wieder trocknet das Flussbett bis auf wenige tiefe Kolke vollständig aus. Für einen normalen Fisch ist eine solche Umgebung tödlich, nicht aber für einen Lungenfisch. Über innere Nasenöffnungen kann er atmosphärische Luft atmen und je wärmer und damit sauerstoffärmer das Wasser wird, umso höher ist seine Atemfrequenz. Sogar im frischen Süßwasser kommt der Fisch regelmäßig an die Wasseroberfläche, um nach Luft zu schnappen. Der Lungenfisch besitzt einen unpaaren Lungensack, der an der Bauchseite des Vorderdarmes entspringt, dann aber sekundär auf die Rückenseite verlagert liegt.

Abb. 20: Eine eher plumpe Gestalt mit paddelförmigen Paarflossen und großen Schuppen unterscheiden den Australischen Lungenfisch von den anderen rezenten Lungenfischen.

Heute gibt es nur noch wenige Vertreter der Lungenfische (*Dipnoi*): die Gattung *Protopterus* in Afrika, der Schuppenmolch in Brasilien und die australische Gattung *Neo-*

ceratodus. Dipnoi bedeutet Doppelatmer und bringt zum Ausdruck, dass diese Fische Lungen als Ergänzung ihrer Kiemen benutzen, wenn im sauerstoffarmen Wasser die Kiemenatmung erschwert ist.

Als Ahnen der Amphibien wurden die Lungenfische lange Zeit angesehen, ähneln sich beide doch in vielen Baumerkmalen und im Entwicklungsmodus. Die Bildung weniger, aber dotterreicher Eier haben Lungenfische und Amphibien gemeinsam. Lungenfische atmen wie Amphibien, indem sie Maul und Kiemenraum mit Luft füllen und dann die Luft mit Hilfe ihrer Mundmuskulatur in die Lungen pumpen.

Bei den Lungenfischen ist ein doppelter Blutkreislauf angedeutet. Das vom Herzen kommende Blut fließt über den hinteren Kiemenbogen zur Lunge und von dort zum Herzen zurück. Dort wird es am sauerstoffarmen Blut, das vom Körper herkommt, vorbeigeleitet, bevor es über die übrigen Kiemenbögen zum Körper zurückgeführt wird.

Aufgrund des Schädelskeletts und des Gebisses betrachtet man die Lungenfische heute nicht mehr als direkte Vorfahren der Landwirbeltiere, sondern als einen Seitenzweig.

Die devonischen Vorfahren aus der Gattung *Dipterus* waren ebenso wie der heutige *Neoceratodus* mit großen kräftigen Schuppen bedeckt und besaßen ebenso vier Flossen, die winzigen Füßchen ähneln. Ihr Schwanz war heterozerk gebaut, das heißt mit ungleichseitig nach oben gestellten Schwanzwirbeln, während bei den rezenten Knochenfischen eine Entwicklung zur äußeren Symmetrie, zu einer homozerken Schwanzflosse, stattgefunden hat.

Zwei Haupttypen von Knochenfischen werden nach der Form ihrer Flossen unterschieden: die Strahlenflosser oder *Actinopterygier* und die Fleischflosser oder *Sarcopterygier*. Während die Strahlenflosser die wichtigste und die artenreichste Gruppe der Fische darstellen, existieren von den Fleischflossern nur noch wenige Arten wie die Lungenfische oder der Quastenflosser (*Latimeria*). Auf den ersten Blick erkennt man sie an der Form ihrer paarigen Flossen, die einen Saum aus feinen Flossenstrahlen besitzen, während der Mittelteil der Flosse muskulös und mit Knochen verstärkt ist.

Die devonischen Lungenfische waren aggressive Räuber, die mit ihren kräftigen Malmzähnen hartschalige Weichtiere und andere Beute zerkleinerten.

Am ähnlichsten den devonischen Verwandten ist der Australische Lungenfisch und als echtes Lebendes Fossil unterscheidet er sich von den Lungenfischen der Gattung *Ceratodus* aus der Triaszeit im äußeren Erscheinungsbild so gut wie gar nicht. Im Gegensatz zu den aalartigen und fast nackten südamerikanischen und afrikanischen Lungenfischen ist sein Körper eher plump und mit großen runden Schuppen bedeckt. Seine spitz zulaufende Schwanzflosse ist aus der Verschmelzung von Rücken-, Schwanz- und Analflosse entstanden. Bei den paddelförmigen Brust- und Bauchflossen ist der fleischige Teil mit Schuppen bedeckt. Zum Schwimmen bewegt der Fisch seine Paddelflossen alternierend wie Gliedmaßen und hin und wieder wischt er sich mit ihnen ähnlich wie ein Salamander über den Kopf. Obwohl er im Wasser seine gliedmaßenähnlichen Flossen am Gewässergrund wie Beine benutzt, sind sie außerhalb des Wassers nicht kräftig genug, um ihn zu tragen. Daher geht der Australische Lungenfisch auch nicht an Land und in trockener Luft stirbt er in wenigen Stunden.

Im Gegensatz zu seinen Vorfahren ist sein Skelett kaum noch verknöchert, sondern sekundär wieder überwiegend knorpelig.

Obwohl der Australische Lungenfisch am stärksten an das Wasser gebunden ist und bei ihm die Luftatmung nur sehr schwach ausgeprägt ist, wird er aufgrund seines Körperbaus, insbesondere seiner Flossen, als der urtümlichste Vertreter der Gruppe angesehen.

Lungenatmung im Trockenschlaf ermöglicht dem Afrikanischen Lungenfisch (*Protopterus*) dagegen ein Überleben beim Austrocknen seines Wohngewässers. Der aalförmige Fisch hat fadenförmige paarige Flossen und paarige, beiderseits neben dem Vorderdarm liegende Lungensäcke. Sein Herz ist in vier Teilen gekammert, so dass Lungenkreislauf und normaler Kiemen- und Körperkreislauf voneinander getrennt sind. Die kaulquappenähnlichen Larven besitzen zunächst äußere Kiemen, deren Aufgabe allmählich von Lungen und inneren Kiemenkammern übernommen wird.

Lungenfische der Gattung *Protopterus* besiedeln in vier Arten flache langsam fließende Gewässer in weiten Teilen Afrikas, von denen viele oft monatelang trocken fallen. Selbst mitten in der Wüste hat man in Seen, die es immer nur für kurze Zeit gibt, Lungenfische gefunden. Wenn beim Einsetzen der Trockenzeit der Wasserspiegel fällt, graben sie sich einen fast metertiefen Schacht in den Schlamm. Aus Morast, Körperschleim und Wasser bildet der Fisch einen Kokon, in dem er mit dem Kopf nach oben verharrt. In Mundnähe bleibt eine kleine Öffnung zum Luftschacht. Allmählich geht der Stoffwechsel zurück, das Tier verfällt in Trockenstarre. Die wenige Energie, die zum Überleben noch nötig ist, liefert der Abbau von Muskelgewebe.

Bis zu vier Jahren kann ein Lungenfisch in seiner selbst gebauten Schleimkapsel überdauern. Wenn es schließlich irgendwo am Rande der Wüste regnet und ein trocken gefallenes Flussbett Wasser an die Senke heranführt, löst sich die Kapsel im Boden auf und der Fisch kommt zum Vorschein.

In den Sümpfen des südamerikanischen Gran Chaco lebt der Schuppenmolch (*Lepidosiren paradoxa*). Er unterscheidet sich in seiner Lebensweise kaum von seinen Verwandten in Afrika. Lediglich die Ausbildung eines Kokons während der Trockenstarre gelingt ihm nicht.

Verharren im Schlamm als Schutzsystem, um die Trockenzeit zu überdauern, wurde bereits im Devon, dem Zeitalter der Fische, von manchem Dipnoer angewandt. In devonischen Schichten wurden in kapselartigen Steinschichten Lungenfischfossilien gefunden, die belegen, dass die Strategie sehr alt ist, aber nur zum Erfolg führt, wenn das Wasser wieder rechtzeitig zurückkehrt.

Urzeitpflanzen im Eukalyptuswald

Im Unterholz des lichten Trockenwaldes leuchten hellgrün die großen, einfach gefiederten farnähnlichen Blätter der Palmfarne (*Cycadaceae*) [Abb. 21] zwischen den Stämmen der Eukalyptusbäume. Der säulenförmige unverzweigte Stamm der Palmfarne ist fast zwei Meter hoch und von einem Schuppenpanzer bedeckt, der von den Blattbasen gebildet wird. Diese bleiben auch erhalten, nachdem die Blätter abgefallen sind, und tragen zur Stabilisierung des Stammes bei.

Eine spezielle Symbiose zwischen den Wurzeln der Palmfarne und Stickstoff bindenden blaugrünen Bakterien (*Cyanobacteria*) ermöglichen ein Überleben auf dem wenig fruchtbaren und von häufigem Buschfeuer verbrannten Boden. Vom Habitus her erinnern die Cycadeen an Palmen, doch sind sie viel enger mit dem Ginkgobaum und den Nadelbäumen verwandt. Wie andere Nacktsamer (*Gymnospermae*) auch, bilden sie Samenanlagen und Pollen in Zapfen auf getrennten männlichen und weiblichen Pflanzen. Bei den meisten Arten sind die Fortpflanzungsorgane zu Zapfen an der Stammspitze vereint. Die Zahl der Samenblätter ist meist geringer als die der Staubblätter. In den Samenanlagen wird eine Flüssigkeit abgeschieden, die es den Samenzellen ermöglicht, zur Eizelle zu schwimmen. Diesen ursprünglichen Befruchtungsweg haben die Palmfarne von ihren Farn-Vorfahren übernommen und ebenso beibehalten wie die heutigen Ginkgobäume.

Abb. 21: Palmfarne erinnern in ihrem Aussehen zwar an Palmen oder an Baumfarne, sind mit beiden aber nicht näher verwandt. Obwohl sie einen baumförmigen Habitus besitzen, erreichen sie selten mehr als 2 m Höhe. Fast alle Arten sind an trockene Standorte angepasst.

Die heute noch lebenden Cycadeen mit neun Gattungen und 65 Arten sind Reste einer alten Pflanzengruppe, die vor 160 Millionen Jahren auf der Erde weit verbreitet war.

Lange bevor der alte Superkontinent auseinander brach, bildeten im Karbon und Perm Baumfarne eine der wichtigsten vegetationsbildenden Pflanzengruppen. Heute spielen sie im Unterwuchs des tropischen Regenwaldes im Nordosten Australiens nur noch eine untergeordnete Rolle, doch können einige Arten wie *Cyathea cooperi* oder *Dicksonia antarctica* unter günstigen Bedingungen 12 bis 15 Meter Höhe erreichen.

Ganzjährige beständig hohe Luftfeuchtigkeit und ausgeglichene Temperaturen sind eine wichtige Voraussetzung für das Gedeihen der Baumfarne. Man findet sie daher vor allem in tropischen Bergwäldern der Südhalbkugel, während sie auf der Nordhemisphäre wegen ihrer Empfindlichkeit gegen Austrocknung weitgehend fehlen. Denn obwohl Baumfarne bereits innere Leitungsbahnen entwickeln, fehlt ihnen ein ausgeprägtes Wurzelsystem ebenso wie eine echte Rinde. Am Erdspross bilden sich aber häufig zusätzliche Wurzeln (Adventivwurzeln), die den Stamm verdicken und schützen.

Fossilfunde der palmzweigartigen Blätter der Cycadeen hat man inzwischen zahlreich entdeckt und sie zeigen, dass sich die Palmfarne kaum verändert haben, es sich bei ihnen also um echte Lebende Fossilien handelt.

Die Farnpflanzen hatten ihre Bedeutung eingebüßt und die Flora wurde von nacktsamigen Blütenpflanzen (*Gymnospermae*) geprägt, als Australien sich vom übrigen Gondwana-Kontinent löste. Es gab zwar schon bedecktsamige Blütenpflanzen (*Angiospermae*), doch fielen diese zunächst gegenüber den verbreiteten Nacktsamern nicht ins Gewicht. Schließlich blieben nur noch wenige Vertreter der Nacktsamer aus den Familien der *Podocarpaceae*, *Cycadaceae* und *Araucariaceae* erhalten, während die Bedecktsamer heute die Flora Australiens bestimmen.

Eine dämmrigfeuchte Atmosphäre umgibt den Wanderer, der in den vorzeitlichen gemäßigten Regenwald mit uralten von Moos überwucherten Südbuchen (*Nothofagus*) an der Südostküste des Kontinents eindringt. Südbuchen wachsen sehr langsam und mancher Baum ist 3000 Jahre und älter. Bei solcher Langlebigkeit ist eine geringe Fortpflanzungsrate zu verkraften und tatsächlich findet man in den Wäldern Jungwuchs so gut wie kaum.

Südbuchen oder Scheinbuchen, wie man sie auch nennt, zählen wie die europäischen Buchen und Eichen zur Familie der *Fagaceae*. Sie kommen außer in Südost-Australien auch in Neuseeland, Neuguinea und im südlichen Südamerika vor, weisen also auf die alte Gondwana-Verbreitung hin. Pollen- und Fossilienfunde bestätigen diesen archaischen Ursprung.

Schmuck-Tannen nennt man die Araukarien auch, die in einigen Regenwäldern im Nordosten wachsen, obwohl diese Bäume mit den Tannen der Nordhalbkugel nicht enger verwandt sind. Die Struktur ihrer Nadeln zeigt, dass die Araukarien (*Araucariaceae*) eine ursprüngliche Gruppe innerhalb der Nadelbäume darstellen. Die Kauri-Fichten (*Agathis australis*), die heute auf die Nordinsel Neuseelands beschränkt sind, kennt man als Fossilien schon aus dem Jura. Ihre Langlebigkeit ist legendär, begannen einige der Baumgiganten doch schon vor Beginn unserer Zeitrechnung zu wachsen. An den zunächst spindeldürren Jungbäumen fallen nach einem halben Jahrhundert die unteren Äste ab und der Stamm beginnt sich zu verdicken. Trotz eines erstaunlich flachen Wurzelwerks wächst die Krone im

Abb. 22: Eingedrungene Kieselsäure hat den fossilen Araukarienstamm im amerikanischen Ginkgo Petrified Forest von innen stark verfestigt. Deutlich kann man die Jahresringe und die Markstrahlen erkennen.

Laufe der Jahrhunderte bis 50 Meter hoch. Immer wieder wird die Rinde in großen Schuppen abgestoßen und so von Epiphyten und Lianen frei gehalten.

Araukarien kommen in mehreren Arten im südlichen Amerika, Australien und Neuseeland vor, zeigen also auch die für viele ursprüngliche Pflanzengruppen typische „antarktische" Verbreitung.

Versteinerte Wälder, genauer gesagt verkieselte Baumstämme, kennt man aus vielen Gegenden der Erde. Das bekannteste Beispiel ist der „Petrified Forest" aus der Obertrias von Arizona [Abb. 22]. Oft handelt es sich dabei wie bei den Kieselhölzern aus dem Keuper des Schwäbischen Waldes um Stammstücke von Araukarien. In die im Holz vorhandenen natürlichen Hohlräume ist gelöste Kieselsäure eingedrungen und hat diese schließlich ausgefüllt. Die feinen Holzstrukturen sind dabei nicht selten so gut erhalten, dass man Markstrahlen und Jahresringe erkennen kann.

Mit einem Wachstum von zwei Zentimeter im Jahr brauchen die Grasbäume ebenfalls sehr lange, bis sie ihre volle Größe erreicht haben. Aber selbst nach 600 Jahren geht ihre Stammhöhe selten über drei Meter hinaus. Oben sitzt ein Schopf von vierkantigen halmartigen Blättern und wenn schließlich aus der Mitte des Blattschopfes ein Blütenschaft mit zahlreichen kleinen Blüten entspringt, wird sofort deutlich, dass der Südliche Grasbaum (*Xanthorrhoea australis*) mit Gräsern wenig gemein hat. Die meisten Botaniker stellen die Grasbäume zu den Liliengewächsen, doch ist die Zuordnung dieser mit einer Gattung und etwa 15 Arten sehr isoliert stehenden Pflanzenfamilie unsicher. Sicher aber ist ihre Zuordnung zu den lebenden Pflanzenfossilien, die ihr Aussehen seit Jahrmillionen kaum verändert hat und die heute auf Australien und Tasmanien beschränkt ist.

Ein Leben mit dem Feuer ist für Grasbäume der Eukalyptus-Trockenwälder der Regelfall. Die Blätter und das Holz des Eukalyptus enthalten Harze und Öle, die das Feuer rasch und heiß brennen lassen. Das Feuer versengt aber nur die Stammaußenseiten, während die inneren Gewebe unverletzt bleiben. Grasbäume sind nicht nur sehr feuerresistent, sondern blühen in der Regel auch nur nach einem Buschfeuer. Und dann erleben sie vielfach einen regelrechten „Wachstumsschub", soweit bei ihrem langsamen Wachstum dieses Wort überhaupt angebracht ist.

Schraubenbäume findet man im Norden Australiens überall dort, wo es besonders feucht ist, sei es an der Küste, an Binnengewässern oder in Gebieten, wo der Grundwasserspiegel hoch ist. Schraubenbäume der Gattung *Pandanus* kennt man fossil auch von Europa aus der Zeit der Oberkreide. Die schraubige Stellung der Blätter am Stamm gab der Pflanzengruppe, die zu den eher ursprünglichen einkeimblättrigen Bedecktsamern gerechnet werden muss, ihren Namen. Bei so gut wie allen Arten fehlt eine Blütenhülle, die Früchte sind vielfach zu einem ananasartigen Fruchtstand vereinigt.

Schraubenbäume sind wie die Südbuchen zwar archaische Formen, die weite Verbreitung und der Artenreichtum der Gattungen sprechen aber gegen eine Zuordnung zu lebenden Pflanzenfossilien.

Ein ursprünglicher Habitus, der an Schachtelhalme oder Nacktsamer erinnert, täuscht bei den Kasuarinen (*Casuarinaceae*) an Australiens Küsten eine besonders ursprüngliche Stellung innerhalb der Bedecktsamer vor. Der einfache Blütenbau mit Windbestäubung ist aber ebenso wie die Rückbildung der Blätter und andere Besonderheiten als evolutionsbiologisch junger Reduktions- und Spezialisierungsprozess zu verstehen.

Von Brückenechsen und Brückentieren

Abb. 23: Als Folge einer viele Millionen Jahre dauernder Isolierung im Südpazifik ist die Pflanzenwelt Neuseelands einzigartig. 75 Prozent aller Blütenpflanzen, Farne, Moose und Flechten gibt es nur hier. In den undurchdringlichen Regenwäldern im Südwesten des Landes ragen bis zu 15 Meter hohe Baumfarne auf.

Die Echse aus der Jurazeit

Durch 1600 Kilometer Meer von Australien getrennt bilden die Inseln Neuseelands einen weiteren Schauplatz der Evolution, auf dem mit der Brückenechse ein letzter Vertreter einer anderswo vor 135 Millionen Jahren ausgestorbenen Reptiliengruppe überdauert hat.

Die Nordinsel wird von mächtigen Vulkankegeln und Plateaus mit heißen Springquellen, Sinterterrassen und Schlammvulkanen beherrscht, während die Südinsel vom Gebirgszug der Südlichen Alpen durchzogen wird. Etwa 20 Dreitausender krönen die Ketten der Südinsel, darunter der Mount Cook, der mit 3764 Metern höchste Berg Neuseelands. Zwischen ausgeprägten Gletschern und tiefen Fjorden wachsen ausgedehnte Regenwälder, in denen die flugunfähige Wekaralle und der Kiwi zu Hause sind. Der trockene Osten mit seinem weiten Grasland war Heimat der riesigen Moas. Abgesehen von drei seltenen Fledermausarten, von denen eine inzwischen ausgestorben ist, gab es vor Eintreffen des Menschen keine Säugetiere auf Neuseeland. In den Gewässern um Neuseeland leben allerdings zahlreiche Robben, Delphine und Wale.

Wie eine Arche Noah der Urzeit hat Neuseeland eine einzigartige Pflanzenwelt aus Gondwanaland mitgenommen. Drei Viertel aller Bäume, Blumen, Farne, Moose und Flechten sind endemisch, das heißt, sie wachsen nur hier. Vor rund 75 Millionen Jahren versanken die letzten Landbrücken zu Australien, so dass Schlangen, Säugetiere und viele Blütenpflanzen, die erst später nach Australien gelangten, Neuseeland nicht mehr erreichen konnten.

In den Regenwäldern des Nordens und an der Westküste der Südinsel, wo sich die Wolken des von Westen kommenden Meerwindes abregnen, findet man besonders viele der botanischen Raritäten. Die zu den Drachenbäumen gehörenden Cabbage Trees (*Cordyline australis*), Wahrzeichen der neuseeländischen Flora, wachsen im Süden sogar unweit vom ewigen Eis und Schnee der Gletscher. Hier wächst auch *Dawsonia superba*, das mit 50 Zentimetern Höhe größte Moos auf der Erde.

Auf der Nordinsel bilden Lianen und Aufsitzerpflanzen, Epiphyten, im tropischen Regenwald des Tieflandes eine bemerkenswerte Vielfalt. Mit allein 170 Arten von Farnpflanzen ebenso vielfältig ist der Bewuchs des Unterholzes. Hier wächst das Blatt des Farnes, den die einheimischen Maori mangemange nennen, in der Mittelrippe zu einer 20 Meter langen Liane und damit zum längsten Blatt im Pflanzenreich.

Abb. 24: Die größten Bestände der Brückenechse gibt es heute auf den Mercury-Inseln. Nachdem dort die Kiore-Buschratte ausgerottet wurde, erholten sich die Populationen der Tuatara schnell wieder.

Als letzter Schnabelkopf ist die Brückenechse (*Sphenodon punctatus*) [Abb. 24] ein Überbleibsel der Familie der Schnabelköpfe (*Rhynchocephalia*), die vor über 200 Millionen Jahren lange vor der Zeit der großen Entfaltung der Kriechtiere lebten. Ihre Blütezeit hatten die Schnabelköpfe vor 170 Millionen Jahren, ungefähr zur gleichen Zeit, als die ersten Schildkröten auftraten. Fossilfunde aus Europa, Südamerika, Südafrika und Asien belegen eine beachtliche Formenvielfalt, bevor sie vor rund 60 Millionen Jahren mit Ausnahme von Neuseeland schließlich überall auf der Welt ausgestorben sind.

Die bis zu einem drei viertel Meter lange und ein Kilogramm schwere Tuatara, wie die Brückenechse auch heißt, war einst über ganz Neuseeland verbreitet, wurde dort aber durch Ratten, Wiesel und Ziegen sowie durch Bejagung verdrängt. Heute kennt man noch etwa 30 Populationen mit vielleicht 100 000 Individuen auf den Inseln vor der Nordostküste Neuseelands und auf den Eilanden der Cook-Passage, wo man die Tiere hin und wieder beim Sonnenbaden sehen kann. Die überwiegend nacht- und dämmerungsaktiven Tiere teilen sich häufig mit Sturmvögeln die unterirdische Behausung. Meist liegen die Höhlen, die den Vögeln zum Brüten dienen, unter dem Laubdach niedriger Gehölze, um die herum mit der Zeit ein Labyrinth von Gängen entstanden ist.

Äußerlich scheint der Unterschied zwischen der Tuatara und einer gewöhnlichen Echse nicht sehr groß, doch eine genauere Untersuchung zeigt so viele Unterschiede, dass man für sie sogar eine eigene Ordnung erstellte. Der Name Schnabelköpfe bezieht sich auf den ungewöhnlichen Bau des Oberkiefers, dessen Vorderteil schnabelförmig abwärts gebogen ist.

Unterschiedliche Färbung und Körperproportionen bei verschiedenen Brückenechsen führten dazu, zunächst mehrere Arten zu benennen. Es zeigte sich aber, dass innerhalb von Populationen die Unterschiede in der Körperfarbe zwischen grün, grau bis rostrot und das Ausmaß der eingestreuten hellen Flecken mindestens ebenso verbreitet sind wie die Kontraste zwischen den Populationen, so dass man allgemein von einer einzigen Art *Sphenodon punctata* ausging.

Neuere Untersuchungen, bei denen neben morphologischen Kennzeichen auch die genetischen Unterschiede beispielsweise anhand von Blutuntersuchungen berücksichtigt wurden, zeigten, dass die Population auf der North-Brother-Insel in der Cook-Straße doch erheblich abweicht. Es scheint gerechtfertigt, diese Population als *Sphenodon guntheri* als eigene Art auszuweisen.

Reichlich Nahrung im mineralreichen Guanoboden finden die grabenden und wühlenden Echsen in den von Sturmvögeln gegrabenen Gängen. Hier gibt es verschiedene Wirbellose in großer Zahl und auch Küken und Jungvögel ihrer Wohnungsnachbarn frisst die Tuatara gerne.

Die Zähne der Brückenechse sind nicht in Zahnhöhlen eingelassen, sondern sitzen in Reihen fest auf den Kieferrändern. Alle Zähne sind zu einem sägeartigen Grat fest miteinander verwachsen, was einen Zahnwechsel unmöglich macht.

Kleine Beute wird mit der Zunge aufgenommen, größere harte Objekte werden in Stücke zersägt. Dazu wird der höckrige Unterkiefer zwischen zwei Zahnreihen im Oberkiefer hin und her bewegt. Bei älteren Tieren ist das Gebiss oft so stark abgekaut, dass sie schließlich nur noch mit den Rändern ihrer Kiefer kauen können.

Auf nächtlicher Lauerjagd hilft ihre doppelte Netzhaut, mit zwei Typen von unterschiedlich lichtempfindlichen Sinneszellen, die das Tier befähigen, außer bei Helligkeit auch in der Dunkelheit gut zu sehen. Hinter der Netzhaut befindet sich eine lichtreflektierende Schicht, die eingedrungenes Licht ein zweites Mal durch die Lichtsinneszellen zurückwirft.

Aufgrund der anatomischen Besonderheit, bei der die Schläfengrube durch eine zweite Knochenbrücke überdeckt wird, erhielt das Tier den deutschen Namen Brückenechse. Die doppelten Jochbögen bilden entsprechend zwei Schläfenfenster. Dieses Merkmal besitzen zwar noch die Krokodile, den Echsen und Schlangen aber ging es verloren.

Auch das übrige Skelett zeigt archaische Züge. Das Quadratbein ist am Schädel fest verankert, während die Hinterleibs- oder Bauchrippen nicht wie die übrigen gewöhnlichen Rippen des Tieres mit der Wirbelsäule verbunden sind; die Wirbel sind wie bei den Fischen beidseitig uhrglasförmig eingewölbt.

Der über Nacken und Rücken verlaufende Kamm aus verlängerten flachen Dornen erinnert an Vertreter mancher Saurierfamilien. Der Eingeborenenname Tuatara, was soviel heißt wie Stachelträger, bezeichnet diese kleinen beweglichen Hornplatten. Die Schuppen liegen der Haut fest an und ihre Hinterenden überdecken sich nicht dachziegelartig, wie dies bei anderen Reptilien der Fall ist.

Der blinde Rest eines dritten Auges auf dem Scheitel, das Parietalorgan, unter einer nur mit Bindegewebe bedeckten Schädelöffnung, hilft dem Tier wahrscheinlich bei der eingeschränkten Temperaturregulierung und beeinflusst über die Schilddrüse die Geschlechtsreife und die Fortpflanzungszeit.

Das Scheitelauge besitzt zwar noch eine Linse, eine Netzhaut und Nervenverbindungen zum Gehirn, doch schon kurze Zeit nach dem Schlüpfen werden die Schuppen über dem Organ undurchsichtig. Laborversuche zeigten, dass das Parietalorgan keine Sehleistung vollbringt, es andererseits aber die Hormonproduktion im Gehirn beeinflusst.

Ein solches Stirnauge, bei dem eine Ausstülpung der Oberseite des Zwischenhirns das Schädeldach erreicht, ist auch bei einigen anderen niederen Wirbeltieren, Fischen, vielen Amphibien und echten Echsen, wie beispielsweise unserer Blindschleiche, verbreitet, bei denen sich sogar noch eine Lichtempfindlichkeit des dritten Auges nachweisen lässt.

Man unterscheidet bei diesem Anhang des Zwischenhirns einen höher gelegenen Teil, das Scheitelauge oder Parietalorgan, und einen tiefer gelegenen Teil, die Epiphyse, das

Pinealorgan. Dort wo man äußerlich auf dem Schädel zwischen den normalen Augenhöhlen eine Öffnung erkennt, spricht man von einem dritten Auge. Der Bau des Scheitelauges und der entsprechende Bau der Epiphyse weisen darauf hin, dass bei ursprünglichen Wirbeltieren auf dem Scheiteldach ein zweites Augenpaar ausgebildet war, was auch Fossilfunde sehr früher Fische belegen.

Wie bei allen Reptilien sind auch bei der Tuatara Aktivitäten von der Außentemperatur abhängig. Allerdings entwickeln die Tiere ihre größte Betriebsamkeit zwischen 17 und 20 °C, im Gegensatz zu den meisten anderen Kriechtieren, die sich zwischen 25 und 38 °C am wohlsten fühlen. Bei der südlichsten Population wurde sogar eine Vorzugstemperatur von nur 12 °C ermittelt. Die Tuatara ist damit wohl die am wenigsten wärmebedürftige Kriechtierart. Dementsprechend langsam laufen auch die Stoffwechselvorgänge bei ihr ab.

Fehlende Begattungsorgane bei den Männchen gelten als ein weiteres charakteristisches Merkmal, um die Schnabelköpfe von den übrigen Reptilien abzutrennen. Selbst bei den Nachfahren der ursprünglichsten Kriechtiere, den Schildkröten, ist ein unpaarer Penis vorhanden, bei Echsen und Schlangen ist dieser sogar – bei Wirbeltieren einzigartig – paarig ausgebildet.

Bei Brückenechsen jedoch wird der Samen durch festes Aneinanderpressen der Kloakenöffnungen übertragen. Die Männchen werden deutlich größer und oft mehr als doppelt so schwer wie die Weibchen und auch der Nacken- und Rückenkamm ist bei ihnen viel auffälliger.

Vor der Balz haben die Männchen ein Territorium abgegrenzt, das die Reviere mehrerer Weibchen einschließt. Mit Imponierverhalten wird dann versucht, die Weibchen anzulocken. Männliche Konkurrenten werden durch Aufrichten des Stachelkammes und Aufblasen des Kehlsackes eingeschüchtert. Kommt es doch zu einem Kampf, verbeißen sich die Tiere im Nacken oder Kopf des Gegners, wobei Verletzungen im Gesicht, gebrochene Kiefer und abgerissene Schwänze nicht selten sind.

Schon kurze Zeit nach der Paarung trennen sich beide Tiere, eine Paarbindung findet nicht statt.

Gleichsam in Zeitlupe verläuft die Entwicklung der Brückenechse. Zwar paaren sich die Tiere in jedem Sommer, doch legen die Weibchen nur alle drei bis vier Jahre Eier ab. Diese werden erst acht Monate nach dem Eindringen der Samenflüssigkeit in den Körper des Weibchens im Boden abgelegt. Für wenige Tage bewacht die Mutter ihr Gelege, da andere Weibchen versuchen, das Gelege freizulegen, um ihre Eier dort einzubringen. Kommt es dabei zu einer Auseinandersetzung, ist der entstehende Beschädigungskampf eher noch härter als der zwischen den Männchen. Damit hat sich die Brutfürsorge dann aber erschöpft.

Bis die Jungen schlüpfen, dauert es 12 bis 15 Monate. Mit einem Hornzahn auf der Schnauzenspitze schneiden sie sich wie junge Krokodile und Schildkröten durch die pergamentartige Eischale. Zunächst sind die Jungtiere tagaktiv, was sie vor den Nachstellungen ihrer nachtaktiven älteren Artgenossen schützt. Dieses fressen nämlich auch sehr gerne junge Brückenechsen.

Bis sie ihre Geschlechtsreife erreichen, vergehen auf den südlichen Inseln rund 12, auf den nördlichen bis zu 20 Jahre. Dafür aber ist ihre Lebenserwartung mit 75 und mehr Jahren relativ hoch. Allerdings scheinen einige Inselbestände regelrecht überaltert, so dass der Zusammenbruch einzelner Inselpopulationen droht.

Der Rückgang der Schnabelköpfe in der Kreidezeit fällt mit dem Aufschwung der Dinosaurier zusammen. Doch während diese schließlich völlig ausstarben, konnte sich ein Angehöriger der Rhynchocephalen bis in die Jetztzeit hinüberretten.

Das Aussterben der Dinosaurier hat sicherlich mehrere Ursachen und vermutlich wurden noch viel mehr Thesen darüber aufgestellt. Die lange Zeit gängige These, die Säugetiere hätten die Saurier verdrängt, wurde durch Dinosaurierfunde in Neuseeland ins Wanken gebracht. Als die Inseln sich endgültig von Gondwana trennten und auch die nun gefundenen Dinosaurier mitnahmen, hatten Säugetiere Neuseeland noch gar nicht erreicht. Ebenso kommt als Erklärung eine veränderte Vegetation und damit ein Nahrungsmangel nicht in Frage, da die Flora Gondwanalands auf Neuseeland noch sehr lange überdauerte.

Der Einschlag eines größeren Kometen auf der Erde gilt als modernere und plausiblere Erklärung. Der durch den kosmischen Zwischenfall aufgewirbelte Staub gelangte zusammen mit vulkanischer Asche in die Atmosphäre und verdunkelte die Sonneneinstrahlung für längere Zeit.

Anhaltspunkte dafür, warum durch das Impaktereignis dann vor allem die Dinosaurier ausstarben, während andere Kriechtiere, Vögel, Säuger und Amphibien ebenso überlebten wie Insekten und die meisten übrigen Wirbellosen, liefern Untersuchungen an Brückenechsen: Bei Tieren, die am Southland Museum in Invercargill aufgezogen wurden, führte geringe UV-Strahlung sehr schnell zu Vitamin-D-Mangelrachitis, die die Echsen mit schwerer Knochenerweichung noch vor Erreichen der Geschlechtsreife sterben ließen. Darüber hinaus zeigten Laborversuche, dass Lichtmangel die Produktion der Botenstoffe in der Pinealdrüse verringert. Die Tiere fallen in eine winterschlafähnliche Starre, bei Jungtieren unterbleibt die Reifung der Keimdrüsen.

Abb. 25: Die Brückenechse *Homoeosaurus pulchellus* aus den oberjurassischen Plattenkalken von Solnhofen weist große Ähnlichkeit mit dem heute lebenden Sphenodon auf. Das kleine fossile Reptil ist von der Schädel- bis zur Schwanzspitze kaum 15 cm lang.

Zweihundert Millionen Jahre unverändert geblieben ist die Brückenechse sicher nicht, wenn auch der Körperbauplan oberflächlich betrachtet kaum Unterschiede zwischen der rezenten Tuatara und der fossilen Scheinbrückenechse (*Homoeosaurus pulchellus*) [Abb. 25] aus den Solnhofener Plattenkalken zeigt, so dass man die Tuatara wohl mit Recht als den einzig echten noch lebenden Saurier bezeichnen darf.

Ab der Oberkreide sind keine Fossilien von Brückenechsen mehr bekannt, doch kennt man aus dem Oberjura vor 150 Millionen Jahren mehrere Gattungen wie *Homoeosaurus*, *Leptosaurus* und *Pleurosaurus*, die alle eine enge Verwandtschaft mit ihren heute noch lebenden Nachfahren belegen.

Nachtaktiv im Regenwald

In Erdlöchern des Urwaldbodens oder unter umgestürzten Baumstämmen versteckt sich der Streifenkiwi (*Apteryx australis*) [Abb. 26] am Tage, um die Nacht auf der Suche nach Würmern, Schnecken und Insekten zu verbringen. Dabei benutzt er seinen langen tastempfindlichen und biegsamen Schnabel, um seine Beute in der mächtigen Humusschicht des Waldbodens aufzustöbern. Hin und wieder hört man im nächtlichen Baumfarnwald das Niesen des Kiwis, womit er Erdkrümel aus den kleinen Nasenlöchern an der Schnabelspitze befördert. Der Kiwi hat ein für Vögel außergewöhnlich stark entwickeltes Riechhirn. Während sich die meisten Vögel optisch orientieren, erkennt der Kiwi Nahrung und Gefahr mit seinem ausgeprägt guten Geruchssinn und den am Schnabel sitzenden Tastborsten, mit deren Hilfe er sich auch in der Dunkelheit problemlos orientieren kann.

Abb. 26: Mit seinem schnepfenähnlichen Schnabel stochert der nachtaktive Kiwi im weichen Erdreich der neuseeländischen Wälder. Das Weibchen des Streifenkiwi wird über 50 cm groß, das Männchen bleibt etwas hinter dieser Höhe zurück.

Die sehr einfachen Federn erinnern eher an Haare, insbesondere die borstenförmigen Tastfedern am Schnabelgrund. Die Federn besitzen zwar noch einen Hauptschaft, die Äste sind aber nicht miteinander verhakt, so dass die Vögel recht zottig aussehen. Ihre Schwungfedern sind so weit zurückgebildet, dass sie nutzlos sind. Die nicht einmal fünf Zentimeter langen Flügelstummel, die an der Spitze mit Krallen versehen sind, bleiben im struppigen Federkleid verborgen.

Die ungewöhnliche ovale Körperform beruht auf dem flachen Brustbein, dem Fehlen eines Schwanzes und den weit nach hinten verlagerten Beinen. Kiwis können zwar schnell laufen, eine längere Fluchtstrecke erübrigt sich aber meist in ihrem unübersichtlichen Lebensraum, in dem lange Zehen ein Einsinken im sumpfigen Untergrund verhindern.

Ein bemerkenswert großes Ei, das mit etwa 450 Gramm ein Viertel des Körpergewichts wiegt, legt das hühnergroße 1,7 Kilogramm schwere Kiwi-Weibchen. Zum Vergleich dazu wiegt ein Straußen-Ei nur zwei Prozent des Gewichts der Straußenhenne. Die sesshaften Tiere verbringen ihr ganzes Leben paarweise in einem abgegrenzten Territorium. In diesem 2 bis 50 Hektar großen Gebiet hat das Pärchen mehrere Erdhöhlen und Verstecke angelegt, die als Schlaf- und Nisthöhlen benutzt werden. Der Eingang zum Versteck ist mit Blättern gut getarnt und endet über einen langen Tunnel in einer Kammer, die beiden Tieren Platz bietet.

Bevor es im Frühling zur Paarung kommt, umkreisen sich beide längere Zeit, wobei sie leise vor sich hin grunzen. Etwa zwei Wochen vor der Eiablage beginnt das Männchen das Nest, meist eine über viele Jahre benutzte Höhle, mit Moos, Flechten und Gras auszupolstern. Gleich nach der Ablage des in der Regel einzigen Eies verlässt das Weibchen die Bruthöhle und überlässt dem Männchen das Brutgeschäft, bleibt aber nicht allzu weit entfernt in einer Wohnhöhle. Beim Großen Fleckenkiwi brüten in der Regel allerdings beide Elternteile. Fast drei Monate wird das Männchen auf den Eiern hocken, bevor die Jungen mit vollem Federkleid als kleines Abbild der Eltern schlüpfen. Schon nach einer Woche gehen die Jungen mit den Eltern auf nächtliche Nahrungssuche und etwa 14 Tage später machen sie sich selbstständig und suchen ein eigenes Revier.

Zu den Flachbrustvögeln (Ratitae) gehören neben dem Kiwi die ebenfalls flugunfähigen Emus, Nandus, Kasuare [Abb. 27] , Strauße sowie die ausgestorbenen Madagaskarstrauße und die neuseeländischen Moas. Alle echten Ratiten sind flugunfähig und besitzen ein flaches Brustbein ohne einen kielförmigen Brustbeinkamm, wie er für die flugfähigen Vögel typisch ist.

Die Fossilgeschichte der Ratiten ist lang. Man kennt zahlreiche Funde aus der späten Kreidezeit in Europa und der Mongolei. Trotzdem weiß man über die Evolution der Flachbrustvögel wenig. Es ist nicht einmal die Frage geklärt, ob es sich um eine sehr alte ursprüngliche Gruppe handelt, die das Fliegen nie erlernte, oder ob sie sich erst in jüngster Zeit auf Flugunfähigkeit spezialisiert haben. Ein Blick auf das Kleinhirn der Ratiten zeigt aber, dass es sich von den flugfähigen Vögeln kaum unterscheidet und das reduzierte Flügelskelett folgt dem gleichen Grundschema wie das der fliegenden Arten. Andererseits fehlen den Langknochen größtenteils die für Flugvögel typischen Luftsäcke.

Zwei anatomische Merkmale trennen die Kiwis von den anderen Ratiten: Die Flügel, die beim Emu und Kasuar noch klein vorhanden sind, sind beim Kiwi nur noch Rudimente und während bei den meisten Vögeln nur noch der linke Eierstock arbeitet, besitzen Kiwi-Weibchen funktionstüchtige paarige Eierstöcke. Ganz sicher sind die Kiwis besonders ursprüngliche Ratiten, was auch für die ebenfalls urtümlichen Moas gilt. Dabei zeigt ein Vergleich der DNA von Moas und Kiwis, dass beide keine engen verwandtschaftlichen Beziehungen besitzen. Die Moas haben sich wohl schon sehr früh von der Linie, die zu den Kiwis führt, abgespalten.

Abb. 27: Sein helmartiger Knochenkamm auf dem Kopf macht den Kasuar unverwechselbar. Er ist ein reiner Regenwaldbewohner, den man als Dickichtschlüpfer selbst im dichtesten Gestrüpp der Regenwälder von Nordost-Queensland und Neuguinea findet.

Drei rezente Arten von Kiwis sind bekannt. Der Kleine Fleckenkiwi oder Zwergkiwi (*Apteryx owenii*) lebt ausschließlich auf Kapiti Island in der Cook-Straße, den Großen Fleckenkiwi oder Haastkiwi (*A. haastii*) kann man in den Bergregionen Westlands finden und der am weitesten verbreitete Braune Kiwi oder Streifenkiwi (*A. australis*) lässt sich sogar hin und wieder tagsüber auf Stuart Island beobachten.

Mangels Feinden das Fliegen verlernt haben nicht nur die Kiwis, sondern auch der Eulenpapagei oder Kakapo, der schwerste Papagei der Erde, die Schnepfenstrauße, die Moas und die Takahe-Rallen.

Der Kakapo (*Strigops habroptilus*) bildet zwar noch kräftige Schwingen aus, doch zum Fliegen taugen sie nicht mehr so richtig. Sie helfen dem Vogel, von dem wohl nur noch wenige hundert Exemplare leben, lediglich dabei, den Sturzflug von einem Baum etwas abzufangen. Mit seinen kräftigen Füßen kann der Eulenpapagei weit wandern und verlässt für Tage und Wochen sein Revier, um schließlich wieder zurückzukehren. Der Zweck dieser Wanderungen ist der Wissenschaft bis jetzt noch unklar. Zur Paarungszeit hört man den dumpfen Balzruf des Männchens weit durch den nächtlichen Urwald hallen. Dieses *booming* genannte Verhalten scheint aber völlig unregelmäßig zu sein. Jahrelang ertönt kein einziger Ruf, in einem anderen Jahr balzt der Vogel gleich zweimal. Die Weibchen legen aber nur in dem Jahr Eier ab, in dem das *booming* zu hören ist.

Das Klimaphänomen El Niño sowie menschliche Hilfe haben die Situation des vom Aussterben bedrohten Kakapos vorübergehend verbessert. Nachdem über Jahre das dumpfe Liebesstöhnen des Männchens vergeblich ertönte, hat jetzt ein natürliches Aphrodisiakum die paarungsfaulen Weibchen lustbereit gestimmt. El Niño sorgte für einen feuchtwarmen Winter und einen heißen Sommer, in dem auf den Rimu-Bäumen ausreichend Früchte heranreifen konnten. Die unreifen Beeren fördern den Geschlechtstrieb der Weibchen, reif ernähren sie die Vogelmutter und deren Jungvögel. Damit die Weibchen zur Futtersuche nicht zu lange dem Nest fernbleiben und Eier oder Küken auskühlten, stellten Helfer nährstoffreiche Zusatznahrung in Nestnähe auf, schwache Vögel werden in einer Kakapo-Station aufgepäppelt.

Die Weka-Ralle (*Gallirallus australis*), ebenfalls eine flugunfähige Vogelart, wandert mit gesenktem Schnabel durch das Unterholz auf der Suche nach Wirbellosen, Eidechsen, Jungvögeln und Beeren.

Die Takahe (*Notornis mantelli*), die bunt gefärbte Ralle mit roten Füßen und rotem Schnabel, die einen auffallenden Kontrast zum blau schillernden Brust- und Nackengefieder und den grünen Flügeln bilden, galt bis vor einigen Jahrzehnten als ausgestorben. Umso größer war die Überraschung, als man 1948 an der Südwestspitze der Südinsel den Vogel wieder entdeckte. Heute leben hier mehrere hundert Takahes.

Mit der Ankunft des Menschen in Neuseeland änderte sich die Situation für die Vogelwelt dramatisch. Zuerst brachten die Maoris die polynesische Ratte und den polynesischen Hund mit, später kamen mit den Schiffen von Cook und den Walfängern Wanderratten und Hauskatzen, bevor schließlich Frettchen, Hermeline, Wiesel und Opossum eingeführt wurden. Allen gemeinsam war, dass sie die einheimischen Vögel nachdrücklich reduzierten.

Auch die größten der am Boden lebenden flugunfähigen Weidegänger hatten nach Ankunft des Menschen keine Chance mehr. Der größte Moa war mit bis zu viereinhalb Metern Höhe *Dinornis maximus*, der kleinste *Anomalopteryx parva*. Zahlreiche Knochenfunde aus den Sumpfgebieten Neuseelands, wo die schweren Tiere vermutlich versanken, ermöglichen eine exakte Rekonstruktion des größten Vogels, der je auf der Erde gelebt hat.

Anders als bei Strauß und Emu, die in der offenen Savanne ihren Feinden durch schnelles Laufen entkommen mussten, entwickelte sich beim Moa eine gemächliche Fortbewegungsweise. Der schwergewichtige Körper wurde auf kurzen stämmigen Läufen ausbalanciert. Die Entwicklung zur Flugunfähigkeit brachte eine völlige Spezialisierung auf Pflanzennahrung mit sich. Jetzt war ein großer schwerer Blinddarm, in dem Bakterien die schwer verdauliche pflanzliche Zellulose aufbereiten, kein Problem mehr.

Das Schicksal des Aussterbens will die neuseeländische Regierung dem Kiwi, ihrem Wappenvogel des Staates, ersparen. Speziell ausgebildete Fängertrupps suchen die Vögel in durch landwirtschaftliche Kultivierung gefährdeten Biotopen, um sie anderswo wieder auszusetzen. Der Kleine Fleckenkiwi konnte so auf Kapiti Island gerettet werden, wo sich die ursprüngliche Inselpopulation von gerade noch fünf Tieren inzwischen auf über 1000 Kiwis vermehrt hat.

Vom einzigen Bergpapagei der Welt, dem Kea (*Nestor notabilis*), ist die Anzahl noch recht hoch. Der Vogel nistet im obersten Bergwald und zieht im Sommer auf Nahrungssuche weit über die alpinen Matten, oft nahe bis an die Schneegrenze heran. Diese neugierigen und verspielten Tiere haben sich aber inzwischen so sehr an den Menschen, von dem es immer wieder etwas zu fressen gibt, gewöhnt, dass sie außerhalb der menschlichen Siedlungen und Touristengebiete so gut wie ganz verschwunden sind. Jungvögel, die früher bei den Alten noch einige Zeit nach dem Flüggewerden lernen konnten, wie man sich von der Tierwelt der Berge ernährt, haben heute dafür keine Vorbilder mehr. Die überall angebrachten Schilder mit der Bitte an die Urlauber, Keas nicht anzufüttern, haben bis jetzt nichts genützt.

Die meisten der 65 Landvögel-Arten sind im Regen- und Bergwald Neuseelands endemisch. Ihre enge Vernetzung mit dem Biotop wird auch dadurch deutlich, dass mehr als die Hälfte der neuseeländischen Bäume auf die Samenverbreitung durch Waldvogelarten angewiesen ist.

Die Insel der Drachen

5500 Kilometer weiter nordwestlich liegen die Kleinen Sunda-Inseln, ein Archipel aus Hunderten von mehr oder weniger kleinen Eilanden. Inmitten einer mit Inseln übersäten Meeresenge zwischen Sumbawa und Flores liegt Komodo, die Heimat der größten Echse der Erde, des Komodowarans (*Varanus komodoensis*) [Abb. 28]. Der Komododrache galt noch vor 100 Jahren als Fabelwesen, bevor er von Perlenfischern, die in einer stürmischen Nacht am Strand Schutz suchten, entdeckt wurde.

Komodo, das sich in Nord-Süd-Richtung 30 Kilometer erstreckt und am breitesten Punkt 16 Kilometer weit ist, wird von einer starken trügerischen Meeresströmung von den größeren Nachbarinseln isoliert. Die zerklüfteten Hügel, die bis in 735 Meter Höhe reichen, sind von dornigem Gras und Laub werfenden Wäldern bestanden, die nach oben zu immer lichter werden, in Meeresnähe aber mit buschigem Unterholz bewachsen sind. Hier leben Wildschweine, Hirsche und Wasserbüffel, Buschhühner bauen ihre Bruthügel, gelbbrüstige Kakadus schießen in raschem Flug von Baum zu Baum und überall hört man die lärmenden Mönchsvögel.

An der Küste liegt das einzige Dorf mit 500 Einwohnern, Nachkommen von Einwanderern aus Sumbawa und verbannten Sträflingen, denen die unfruchtbare Insel wenig bietet und die sich daher vom Fischfang ernähren.

Abb. 28: Trotz seines ursprünglichen Aussehen ist der Komodowaran ein ausgesprochen modernes Reptil, dessen Vorderhirn eine ungewöhnlich starke Oberflächenfurchung aufweist.

Ein schmaler zwei Kilometer langer Pfad führt vom Lager der Naturschutzbehörde zu einer Aussichtsplattform, unterhalb deren immer mindestens ein Dutzend riesige Waranechsen liegen, die auf die regelmäßig wiederkehrende Fütterung warten.

Das verängstigte Meckern der Ziege weist den Weg zur Futterstelle, wo sich mehrere Dutzend Kreuzfahrt- und Rucksacktouristen versammelt haben. Nachdem ein Wildhüter die Kehle der Ziege durchtrennt hat, wirft er den Kadaver in die kleine Schlucht unter der Aussichtsterrasse. Von überall robben die bis dahin reglos wartenden Warane flink heran und verbeißen sich in ihrem Opfer. Mit blutverschmiertem Maul reißen sie große Fleischstücke heraus und nach nicht einmal einer halben Stunde ist von der Ziege nichts mehr übrig. Mancher Beobachter fragt sich angewidert, was die zweimal wöchentlich gebotene Drachen-Show in einem Nationalpark eigentlich soll. Aber es scheint dies eine Möglichkeit zu sein, Öko-Tourismus genannt, die in ihrem Bestand bedrohten Komodowarane zu schützen. Die hohen Parkgebühren, die überhöhten Ziegenpreise und die Abgaben der Kreuzfahrt-Reedereien ermöglichen die Konkurrenz mit den chinesischen Wunderheilern, die die Tiere vor nicht allzu langer Zeit an den Rand der Ausrottung brachten. Für die asiatische Medizin lässt sich nämlich aus Komodowaranen, wie aus vielen anderen gefährdeten Arten auch, allerlei scheinbar Heilsames herstellen und in ganz Asien teuer verkaufen.

Tausende von Besuchern aus aller Welt kommen jedes Jahr nach Komodo, meist nur für einige Stunden, bevor ihr Kreuzfahrtschiff wieder ablegt. Nur wenige nehmen die mehrtägigen Strapazen auf sich, um von Bali oder Java aus nach Komodo zu gelangen, um die Tiere in ihrem natürlichen Habitat zu erleben. Aber alle bringen Geld, das dem Erhalt des Nationalparkes dient. Die Parkverwaltung gibt den Bestand der Tiere im gesamten Schutzgebiet, zu dem neben der Nachbarinsel Rindja und einigen kleineren Eilanden auch die Westküste von Flores gehört, mit 5700 Exemplaren an, wovon 2900 auf Komodo leben sollen; Wissenschaftler sprechen aber von höchstens 1000 Waranen.

Zehn Mahlzeiten im Jahr reichen dem Komodowaran. Er kann auf Vorrat fressen, fasst doch sein dehnbarer Magen Fleisch bis zu 80 Prozent seines Körpergewichts. Während Raubtiere wie Löwen und Tiger von einem Riss wenigstens ein Viertel übrig lassen, verwertet der Waran mit über 90 Prozent seine Beute so gut wie ganz. In Notzeiten begnügt er sich mit einigen größeren Insekten und Aas und als Energiesparmodell unter den Fleischfressern kann er wochenlanges Fasten ohne weiteres überstehen.

Sein massiger Körper mit über drei Meter Länge und sein Gewicht, das bis 150 Kilogramm erreichen kann, sind die hervorstechendsten Merkmale. Riesige Kieferladen mit gezackten, nach hinten gebogenen Zähnen, mächtige Krallen und muskulöse Beine, die den tonnenförmigen, kampfvernarbten Körper tragen, wirken furchteinflößend auf den, der sich dem Tier im freien Gelände plötzlich gegenübersieht. Und Furcht ist auch angebracht, ist der Biss doch so gut wie immer lebensgefährlich, da der Speichel eine hoch infektiöse Bakterienmixtur enthält. Große Beute wie Wasserbüffel oder Hirsche erbeutet der Waran meist dadurch, dass er sie lediglich durch einen Biss verletzt und dann der Duftspur des tödlich infizierten, immer schwächer werdenden Tieres folgt. Kleinerer Beute lauert er bewegungslos im Savannengras auf, um sie dann blitzschnell zu attackieren.

Beim Verschlingen großer Beute reißt der Komodowaran das Fleisch mit den Zähnen und den Krallen herunter und verschlingt die großen Stücke unzerkaut. In dieser Hinsicht unterscheidet er sich wie die anderen Warane von den übrigen Echsen und gleicht den Schlangen. Man nimmt an, dass die Warane der Stammgruppe nahe stehen, aus der die Schlangen hervorgegangen sind. Dies belegt auch die tief gespaltene Zunge, die bei Waranen und Schlangen besonders lang ist und im Zusammenspiel mit dem Jacobson'schen Organ eingesetzt wird, um der Duftspur der Beute zu folgen. Angeblich können die Echsen auch noch den Geruch trächtiger Ziegen, die von den Dorfbewohnern zum Schutz auf Nachbarinseln gebracht werden, über das Meer hin riechen. Trotz der starken Meeresströmung finden sich immer wieder mehrere Räuber ein, um sich an den jungen Zicklein zu stärken. Angeblich bis zu elf Kilometer weit sollen Komodowarane eine Mahlzeit riechen können.

Als besonders schlaue Reptilien haben die Komodowarane ein Gehirn, dessen Vorderhirn deutlich stärker gefurcht ist als bei allen anderen Kriechtieren. Darauf beruht vermutlich ihr besonders gutes Ortsgedächtnis, was die Tiere befähigt, Schwimmausflüge zwischen den Inseln zu unternehmen, in der Trockenzeit auch noch die letzten Wasserlöcher zu finden und ihre Körpertemperatur fast so exakt zu regulieren, wie dies bei den gleichwarmen Säugern und Vögeln der Fall ist. Um nicht zu überhitzen, suchen sie Erdlöcher im Wald auf, in die sie auch kriechen, um die am Tage aufgenommene Wärme über Nacht zu konservieren. Auch bei der Brutpflege leisten die Warane für Reptilienverhältnisse Beachtliches: Manches Weibchen vergräbt seine Eier statt im trockenwarmen Savannensand in den Bruthügeln von Großfußhühnern. Die truthahnähnlichen Vögel scharren vor Brutbeginn unzählige Blätter und anderes Pflanzenmaterial zu großen Hügeln zusammen, in die sie ihre Eier ablegen. Das verrottende organische Material wird durch den bakteriellen Stoffwechsel erwärmt, wobei die Hühner die Temperatur im Hügel durch Abtragen oder Auflegen von Laub exakt regulieren. Statt nun das Vogelgelege zu plündern und dabei zu zerstören, haben die Komodowarane irgendwann gelernt, die Vorzüge der warmen Brutkammern für ihre Nachzucht zu nutzen. Da ein Waran-Weibchen, das seine Eier bei den Buschhühnern untergebracht hat, den Hügel für einige Wochen bewacht und vor Zerstörung durch Eiräuber schützt, haben auch die Vögel einen gewissen Vorteil. Ob man in diesem Fall von Symbiose sprechen kann scheint ungewiss. Irgendwann verdünnt der tropische Regen den

Geruch des Warangeleges so weit, dass er nicht mehr nach außen dringt. Bald darauf vergessen die Weibchen ihre Eier und geben die Bewachung auf.

Nach rund neun Monaten schlüpfen bis zu 30 kleine Warane aus dem Bruthügel. Die 40 Zentimeter langen Jungtiere sind vor ihren Eltern und deren Verwandten nicht sicher. Bevor sie einen Meter lang sind, leben sie deshalb als geschickte Kletterer vorwiegend auf Bäumen, wo sie den schweren älteren Tieren deutlich überlegen sind.

Komodowarane können flink laufen, auf zwei Beinen gehen, sich durch den Boden graben und gut schwimmen und tauchen.

Als schlaue Tiere haben inzwischen auch die meisten Warane auf Komodo gelernt, dass Eigeninitiative beim Nahrungserwerb in der Nähe des Nationalparklagers nicht nötig ist. Die Parkranger gehen deshalb dazu über, immer seltener zu füttern und die Touristen etwas weiter weg zu Aussichtspunkten zu führen, wo sich die Echsen in natürlicher Umgebung beobachten lassen.

Die letzten Drachen, aber keine Dinosaurier sind die Riesenechsen von Komodo. Komodowarane und Dinosaurier haben allerdings gemeinsame Vorfahren, die Diapsiden. Deren namengebendes Merkmal sind die beiden Schläfenfenster mit den von den Brückenechsen her bekannten beiden knöchernen Schädelbrücken. Sie traten im späten Karbon vor rund 300 Millionen Jahren auf und während sich eine Gruppe aus ihnen zu den Archosauriern mit Krokodilen und Dinosauriern entwickelte, gingen aus einer anderen Abstammungslinie die Schuppenkriechtiere mit Echsen und Schlangen hervor. Aus sehr ursprünglichen Schuppenkriechtieren spalteten sich dann sehr früh vor 250 Millionen Jahren am Ende des Erdaltertums die Vorfahren der Warane ab, aus der vor 40 bis 25 Millionen Jahren in Asien die Gattung *Varanus* hervorging.

Der Komodowaran gehört zur Gruppe der Monitorechsen, die in ganz Asien, Afrika und Australien verbreitet sind. Trotz ihrer räumlichen Beschränkung scheint die genetische Vielfalt des Komodowarans noch so groß, dass eine unmittelbaren Bedrohung der Tiere nicht anzunehmen ist, obwohl es sich nur noch um Restbestände einer einst weiter verbreiteten Art handelt. Nach dem Washingtoner Artenschutzübereinkommen (CITES) ist der Komodowaran aber mit Recht streng geschützt.

Komodowarane sind ganz sicher keine Lebenden Fossilien im engeren Sinne. Ihre besonderen Leistungen aber, wie beispielsweise die Regulierung der Körperwärme und ihr gut entwickeltes Lernvermögen, geben modellhaft eine Vorstellung von einer besonders hoch entwickelten Reptiliengruppe. Damit wird leichter verständlich, dass aus einer anderen Reptiliengruppe, den permischen *Therapsiden*, die noch höher entwickelten Säugetiere entstanden.

Historiker sehen im Komodowaran, dessen gelb gefärbte, bis zu eineinhalb Meter lange, gespaltene Zunge man für Feuer hielt, das Vorbild für den chinesischen Drachen.

Für den Riesenwuchs der Warane gerade auf Komodo sollen Zwergelefanten verantwortlich sein. Ein eineinhalb Meter großer Zwergelefant (*Stegodon sompoensis*) hat während des Pleistozäns mit Sicherheit auf Flores gelebt, während andere Großsäuger wie Hirsch und Wasserbüffel erst mit dem Menschen vor wenigen tausend Jahren auf die Inseln kamen. Bei der Jagd auf eine so große Beute ist der Energieverbrauch im Verhältnis zum Energiegewinn beim Verzehr relativ gering, vorausgesetzt der Jagderfolg ist sicher. Um aber eine so große Beute, wie dies auch ein Zwergelefant noch ist, auf den Boden zu werfen, muss auch der Räuber entsprechend groß sein. Da es keine anderen großen Beutegreifer wie Tiger oder Leoparden gab, die als Nahrungskonkurrenten in Frage kamen, verlief eben die Evolution der Warane in Richtung Riesenhaftigkeit. Dabei ist der Komodowaran gegenüber *Megalania prisca*, einer vor 25 000 Jahren ausgestorbenen australischen Waran-Art mit sechs Metern Länge und über 600 Kilogramm Gewicht, geradezu schmächtig.

Inseln sind sensible Naturparadiese, die besondere Lebensbedingungen bieten, wie die typischen Veränderungen der Körpergröße belegen. Dabei ist die Veränderung in beide Richtungen zu beobachten, zum Riesenwuchs wie zum Zwergwuchs. Für Elefanten, die Pflanzen in riesigen Mengen fressen, besteht auf kleinen Inseln mit begrenzten Nahrungsreserven ein Selektionsdruck in Richtung Größenabnahme. Neben Zwergelefanten kennt man von Inseln auch Zwergflusspferde, Zwerghirsche und Zwergschweine. Bei fehlender Badegelegenheit lässt sich ein kleinerer Körper bei hohen Außentemperaturen leichter kühlen, und der fehlende Feinddruck durch große Raubtiere macht ein großes Körpervolumen überflüssig. Eine Verzwergung vermindert in der Regel auch die Tragzeit der Weibchen. Über eine kürzere Reproduktionsphase kann die Population so nun auf Umweltveränderungen schneller und flexibler reagieren.

Leguane, Schildkröten und Warane andererseits neigen zum Gigantismus, ebenso wie viele Insekten. So kennt man von Neuguinea eine Riesengespenstheuschrecke, von St. Helena einen Riesenohrwurm und von Neuseeland die Riesenweta. Diese Riesenheuschrecken sind mit einer Körperlänge bis 10 Zentimeter und einem erdgeschichtlichen Alter von 190 Millionen Jahren gewissermaßen die Dinosaurier unter den Insekten. Wechselwarme Tiere können bei Nahrungsmangel den Stoffwechsel eher drosseln und als Riesen eine Fastenzeit leichter überstehen als dies gleichwarmen Tieren möglich ist. Der zeitweilige Nahrungsmangel ist vielleicht auch die Erklärung dafür, dass kleine Säuger und Vögel eine gegenläufige Tendenz zu größeren Gleichwarmen zeigen und auf Inseln eher zu einer Größenzunahme neigen: Kleinere Tiere haben eine höhere Stoffwechselrate und daher pro Gewichtseinheit auch einen höheren Nahrungsbedarf. So benötigt beispielsweise ein indischer Elefant rund ein Prozent seines Körpergewichts als tägliche Nahrung, eine Spitzmaus schon 100 Prozent und eine Zwergspitzmaus gar 200 Prozent ihres Körpergewichts. Als Konsequenz daraus ergibt sich, dass ein größeres Tier längere Zeit ohne Nahrung auskommt.

Vögel verlieren auf Inseln häufig ihre Flugfähigkeit, wie die neuseeländischen Moas, die Kasuare von Neuguinea, der Dodo von Réunion oder die Kormorane von Galapagos belegen. Schließlich ist das Fliegen, eine besonders viel Energie verbrauchende Fortbewegungsweise, ohne bodenlebende Raubfeinde nicht mehr von allzu großem Nutzen.

Die Inselbiogeographie liefert Gesetzmäßigkeiten, nach denen eine Insel umso mehr Tierarten beherbergt, je größer sie ist und je näher sie am Festland liegt. Sehr kleine Populationen verarmen genetisch und sterben schließlich aus, wenn nicht Neuankömmlinge den lokalen Genpool immer wieder auffrischen. Daher sind die Regenwälder Madagaskars deutlich artenärmer als die der weiter vom Festland entfernten Inseln Réunion und Mauritius.

Da auf Inseln die Populationsdichte der Tiere in der Regel über die Ressourcen und nicht über den Feinddruck durch Predatoren reguliert wird, ist das ökologische Gleichgewicht meist sehr labil. Unter größeren Tieren kommt es immer wieder durch starke Vermehrung zu Hungerkatastrophen. Zusätzliche Eingriffe durch den Menschen wirken sich dann besonders dramatisch aus. Eingeschleppte Tierarten können ganze Lebensgemeinschaften vernichten, die seit Jahrmillionen bestanden. Mit an vorderster Stelle stehen dabei die Wanderratten. Durch den Schiffsverkehr verbreitet, rauben sie Vogelnester aus, jagen Insekten,

Amphibien und Kriechtiere und fressen Pflanzen und deren Samen. So konnte die Brückenechse auf Neuseeland mit den Ratten nicht koexistieren und musste sich auf letzte rattenfreie Inselrefugien zurückziehen. Solche, heute vom Menschen aktiv geschützte Refugien ermöglichen vielleicht auch das Überleben des Kakapo, des Zwergkiwis und der Riesenweta.

Wie schnell eine Insel besiedelt wird zeigt Krakatau. Diese in der Sundastraße gelegene Vulkaninsel explodierte am 27. August 1883, wobei große Teile der Insel verschwanden. Die restlichen Inselteile, die von einer bis zu 100 Meter dicken Schicht aus Bimsstein und Vulkanasche bedeckt waren, wurden zur Wüste, in der die Monsunregen tiefe Erosionsfurchen hinterließen. Drei Jahre später war die gesamte Insel mit Blaualgen, Cyanobakterien, bedeckt, zwischen denen Moos- und Farnsporen sowie Samen von Blütenpflanzen ein Substrat zum Keimen fanden. Ein Vierteljahrhundert später findet man über 250 Tierarten, die meisten sind Insekten, aber auch mehrere Vogelarten und zwei Reptilien, ein Python und ein Waran, fanden den Weg von Java oder Sumatra auf die Insel. Fünfzig Jahre nach der Katastrophe zählte man 47 Arten von Wirbeltieren, die wie die Vögel und Fledermäuse fliegend ihre neue Heimat fanden oder wie zwei Rattenarten auf Treibgut die Insel erreichten. Von den fast 400 Pflanzenarten wurden die meisten mit dem Wind verfrachtet, andere als Samen vom Meer angeschwemmt oder von Tieren auf die Insel gebracht. Inzwischen hat ein lichter Wald das vorübergehend wachsende Grasland verdrängt.

Für jeden, der sich mit evolutiven Fragen befasst, sind Inseln ein interessanter Forschungsgegenstand. Sei es, dass Inseln Rückzugsgebiete für konservative Formen sein können oder das sie neue ökologische Nischen bieten, die eine adaptive Radiation neuer Arten ermöglicht. Gerade deshalb war der Ausbruch des Krakatau für die Wissenschaft gewissermaßen ein großes Experiment, an dem die Wiederansiedlung des Lebens genau verfolgt werden konnte, während die Vorgänge bei der Besiedlung von Galapagos oder den anderen zahllosen Inseln in den Weltmeeren nur theoretisch erörtert und begründet werden können. Seevögel gehörten wohl immer zu den ersten Besuchern, doch stets spielte der Zufall eine wesentliche Rolle. Genetische Drift oder Gendrift nennen die Biologen ein solch zufälliges Ereignis, bei dem eine Teilpopulation in einen neuen isolierten Lebensraum verschlagen wird und dort aufgrund anderer Selektionsfaktoren zu einer eigenständigen Entwicklung gelangt. Aufgrund der Kleinheit des Genpools und der Verhinderung von Genaustausch mit anderen Populationen kann die Anpassung und damit die Neubildung von Rassen und Arten oft viel schneller verlaufen als am Festland. Inseln sind daher reich an endemischen Arten, gewissermaßen biologischen Sonderlingen, die es nur dort gibt.

Bindeglieder für den Stammbaum

Trotz mehrerer spezieller Suchexpeditionen ist das Leben des Taubwarans (*Lanthanotus borneensis*) immer noch weitgehend unbekannt. Im Norden der Insel Borneo, heute Kalimantan, sucht er nachtaktiv mit seiner Grabschnauze im Boden und im Wasser nach Beute, Würmern und Schnecken. Das dunkelbraun gefärbte Tier wird etwa 40 Zentimeter lang. In den größeren Schuppen liegen Vertiefungen, die wahrscheinlich Tastfunktion besitzen. Ein äußerlich sichtbares Trommelfell fehlt ihm zwar, doch kann der Taubwaran sehr wohl Töne wahrnehmen.

Der gute Schwimmer bewegt sich im Wasser mit seitlichen Schwingen vorwärts. Dabei setzt er die Vorderbeine zur Steuerung ein, die Hinterbeine dienen dem Vortrieb. In schnell strömendem Wasser verwendet er seinen Schwanz als Greifanker. An Land setzt das lang gestreckte Tier seine Beine kaum ein und sein Bauch schleift am Boden.

Aufgrund der Form seines Körpers, der sehr kurzen Beine und der Bezahnung ergibt sich eine verwandtschaftliche Beziehung zu den giftigen Krustenechsen. Insgesamt aber steht der Borneo-Taubwaran unter den heute lebenden Echsen recht isoliert und ist wahrscheinlich ein direkter Nachkomme der Aigialosaurier, die schon aus der Kreidezeit Europas bekannt sind und vor rund 100 Millionen Jahren ausstarben.

Zusammen mit den Krustenechsen und den Waranen gehören die Taubwarane zu einer Gruppe, die den Vorläufern der Schlangen sehr nahe stehen. Insbesondere der Taubwaran vermittelt eine Vorstellung von der Stammform, aus der sich die Schlangen entwickelten, und die ihre Beine schließlich vollständig zurückbildeten und sich nur noch durch schlängelndes Kriechen fortbewegten.

Wie den Schlangen, denen sogar das Mittelohr fehlt, fehlt dem Taubwaran eine Ohröffnung und am unteren Augenlid besitzt er ein halb durchsichtiges Fenster, das als Vorläufer der bei den Schlangen über die Augen verwachsenen durchsichtigen Lider gelten kann. Wie Schlangen können die Taubwarane ihre Zunge weit vorstrecken und ihr Gehirn ist wie bei diesen mit einer festen knöchernen Kapsel umkleidet.

Brückentiere nennen die Evolutionsbiologen Übergangsformen wie den Taubwaran, die Merkmale von zwei benachbarten systematischen Gruppen aufweisen. Besser ist der Begriff *Mosaikformen,* zeigen sie doch ein Mosaik aus ursprünglichen und abgewandelten Eigenschaften. Sie sind in der Regel nämlich keine echten Übergangsformen, doch da sie aber von früheren tatsächlichen Bindegliedern abstammen, sind sie Modelle für diese. So vereinigt das zu den Kloakentieren zählende Schnabeltier Merkmale der Reptilien wie Kloake, schwankende Körpertemperatur und Eierlegen mit Säugermerkmalen wie Haarkleid und Milchdrüsen.

Das weltweit wohl bekannteste Beispiel eines fossilen Brückentieres ist der Urvogel *Archaeopteryx lithographica*. Alle Funde stammen aus marinen Ablagerungen des Oberen Jura in Franken. Die etwa 150 Millionen Jahre alten Fossilien zeigen ein Mosaik von Kriechtier- und Vogelmerkmalen. Federkleid, Schädelform mit großen Augen, Schulter- und Beckengürtel sowie die Gliedmaßen entsprechen dem Vogeltypus, während die Zähne, die lange Schwanzwirbelsäule, die nicht verwachsenen Mittelhandknochen und die Krallen an den drei Zehen der Vorderglieder reptilienhaft sind.

Aus dem Devongestein Grönlands kennt man *Ichthyostega*, eine Mosaikform, die zwischen Quastenflossern und Amphibien steht. Schädelbau, Wirbelsäule und die von Knochenstrahlen gestützte Schwanzwirbelsäule erinnern an Fische, während die fünfstrahligen Gliedmaßen und der Anschluss des Beckens an die Wirbelsäule amphibienartig ist.

In südafrikanischen Triassedimenten fand man *Cynognathus*, ein säugetierähnliches Reptil. Diese zu den Sauriern gehörenden *Theriodontier* besaßen als Säugermerkmale ein verschiedenzähniges Gebiss, sieben Halswirbel und ein sekundäres Kiefergelenk, während der übrige Skelettbau der eines Reptils war.

Die Feder macht den Vogel aus – das galt seit der Entdeckung des ersten *Archaeopteryx* im Jahre 1876. Jetzt fanden Forscher in China den befiederten Dinosaurier *Caudipteryx zoui*, der mit Sicherheit kein Vogel war. Er trug am Ende seines Wirbelschwanzes und an den mittleren Fingern der Hand einfach gebaute Federn. Der kleine Raubsaurier aus der Unter-Kreide hatte eine Körperlänge von 70 Zentimetern und gehört nach seinen Skelettmerkmalen eindeutig zu den Raubsauriern, genauer zu den *Maniraptora*. Er trug lediglich vier Zähne im Oberkiefer, seine langen Beine und das kräftige Fußskelett weisen ihn als schnellen Läufer aus. Die kurzen Fingerfedern an den ebenfalls sehr kurzen Armen machten ein Fliegen sicher unmöglich, aber zum Balancieren während des schnellen Laufs konnten sie womöglich eingesetzt werden. Die Federn sind symmetrisch gebaut und weniger aerodynamisch modern geformt wie die des *Archaeopteryx*. Da *Caudipteryx* später lebte als *Archaeopteryx*, scheidet er als möglicher Vorfahre des Juravogels aus. Während *Archaeopteryx* aufgrund zahlreicher Vogelmerkmale mit Recht als Urvogel gilt, war *Caudipteryx* zu seiner Zeit ein „Lebendes Fossil", ein Relikt einer frühen Stammgruppe der Vogelevolution, das sich noch lange halten konnte, als es schon eine Vielzahl verschiedener echter Vögel gab.

Zur Frage, wie die Vögel im Verlauf ihrer Stammesgeschichte zu ihrem Gefieder kamen, gibt es zahlreiche Hypothesen. Sieht man die Feder als Produkt des Eiweißstoffwechsels, ist die Federbildung eine Möglichkeit, überschüssige Schwefelverbindungen aus dem Aminosäurestoffwechsel auf einfache Weise loszuwerden.

Gegenüber diesem physiologischen Modell, das eine endogene Erklärung liefert, gehen andere Hypothesen von einer Umwelteinwirkung aus und betrachten die Federentstehung als Anpassung an äußere Gegebenheiten. Dabei vertreten die einen die These, die Feder sei aus vergrößerten Schuppen für den Gleitflug oder das bessere Abheben vom Boden aus schnellem Lauf heraus entstanden, andere stellen die Isolierwirkung des Gefieders für den gleichwarmen Vogelkörper in den Vordergrund. Ganz sicher spielen die vielfältigsten Farben, Muster und Strukturen der Federn im Kampf ums Dasein als Prachtkleid bei der Balz oder als Tarngefieder eine entscheidende Rolle.

Am Anfang waren die Schuppen, die den Federn in Vielseitigkeit, Konstruktion, Farben und Formen kaum nachstehen. Das Baumaterial sind bei beiden kompliziert miteinander verknüpfte Eiweißstoffe, die von der Haut unablässig neu gebildet werden. Was bei den Vögeln die Mauser, ist bei den Kriechtieren der Wechsel des Schuppenkleides, sei es, wie beim Chamäleon, in Fetzen oder als ganzes Natternhemd, wie bei den Schlangen. Da Schuppen nahezu wasserundurchlässig sind, schützen sie die Reptilien vor der Gefahr des Austrocknens. Bei Schlangen ersetzen die Bauchschuppen die Beine, bei Geckos dienen sie zum Haften und vielfach ist ihre Verwendung als Kennzeichen für Rang und Stärke eines Tieres oder zum Warnen und Tarnen. Dabei sind bei den Kriechtieren die Farben nicht bloß tote Stoffe, sondern vielfach lebende Strukturen. Ein Chamäleon kann die Verteilung der Farbträger in seiner Haut aktiv beeinflussen und mancher Leguan stellt bei der Balz durch Leuchtfarben auffallende Hautpartien zur Schau, die sonst gut am Körper versteckt sind, um sich der Umgebung optisch anzupassen.

Der Stammbaum der Reptilien beginnt im Oberkarbon, als erste Wirbeltiere das Festland eroberten. In ihrer Blütezeit im Erdmittelalter beherrschen sie über eine Zeitspanne von 150 Millionen Jahren so gut wie alle Lebensräume der Erde. In der Evolutionsgeschichte der Wirbeltiere nehmen die Kriechtiere eine Schlüsselstellung ein, sind doch schließlich auch die Vögel und die Säugetiere aus ihnen abzuleiten.

In der Erdneuzeit stellen die Reptilien allerdings nur noch eine artenarme Gruppe dar, die man in vier Ordnungen unterteilt, die Schildkröten (*Testudines*), die Krokodile (*Crocodylia*), die Schnabelköpfe (*Rhynchocephalia*) und die Schuppenkriechtiere (*Squamata*) mit den Echsen (*Sauria*), den Doppelschleichen (*Amphisbaenia*) und den Schlangen (*Serpentes*).

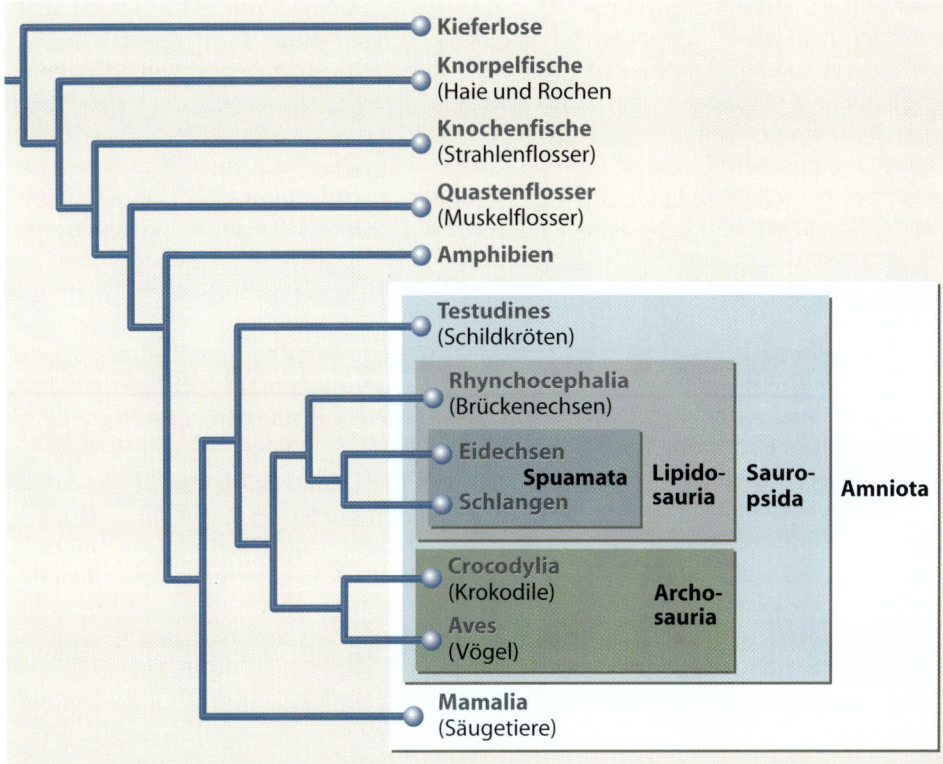

Abb. 29: Phylogenetische Klassifikation der Wirbeltiere. Eine phylogenetische Klassifikation bringt die stammesgeschichtlichen Beziehungen zum Ausdruck. Nach der Hennig'schen Systematik werden konsequent nur monophyletische Taxa gebildet, deren Arten eine geschlossene Abstammungsgemeinschaft bilden.

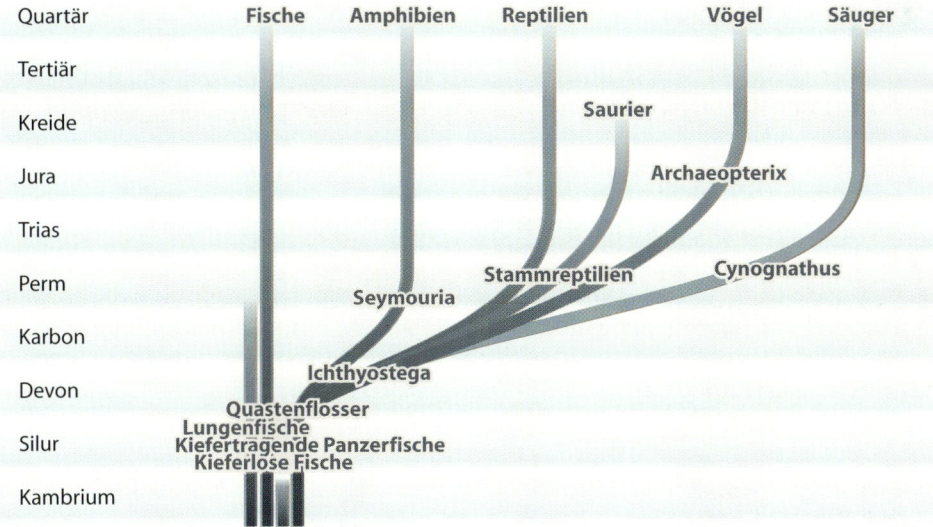

Abb. 30: Vereinfachte typologische Klassifikation der Wirbeltiere.

Verwandtschaftliche Beziehungen von Lebewesen werden üblicherweise in Stammbäumen dargestellt, denen morphologisch-anatomische, embryologische, stoffwechselphysiologische, cytologische und heute immer mehr auch molekulargenetische und biochemische Befunde zu Grunde liegen. Dabei halten konventionelle Stammbäume an herkömmlichen Gliederungen fest, die typologisch an Entwicklungsstufen und Merkmalen orientiert sind. So werden beispielsweise alle wasserlebenden Tiere mit Kiemen und Flossen als Fische bezeichnet. Diese typologische Sammelbezeichnung umfasst aber mindestens vier nicht näher miteinander verwandte Stammeslinien. Der Sammelbezeichnung Reptilien liegen wiederum nur ursprüngliche Merkmale ohne taxonomischen Wert zugrunde. Dass Vögel auf das Engste verwandt sind mit Krokodilen, wird so nicht deutlich.

Die phylogenetische Klassifikation ermittelt ursprüngliche (plesiomorphe) und abgeleitete (apomorphe) Merkmale und bestimmt Schwestergruppen aufgrund gemeinsamer abgeleiteter Merkmale (Synapomorphien), die auf jeweils nur eine gemeinsame Stammart zurückgehen. Es ist demnach zu fordern, dass nur in sich geschlossene Abstammungsgemeinschaften vorkommen dürfen, die auf eine Stammart zurückzuführen sind und zusammen alle bekannten Nachkommen dieser Stammart umfassen.

Ziel der von Hennig begründeten phylogenetischen Systematik ist der Aufbau eines Systems solcher ausschließlich monophyletischen (also von einer Stammart ausgehenden) Gruppen. Krokodile und Vögel sind demnach Schwestergruppen, die sich stammesgeschichtlich viel näher stehen als Krokodile und Eidechsen. Wendet man dieses System aber konsequent an, werden zahlreiche alte Gruppeneinteilungen, die aufgrund gemeinsamer ursprünglicher Merkmale allgemein geläufig sind, wie beispielsweise die Gruppe der Reptilien, eliminiert.

Halb Lurch, halb Kriechtier gilt *Seymouria baylorensis* aus den Permschichten von Texas als Modell des Bindegliedes zwischen den Amphibien und den Reptilien. Das Tier war 60 Zentimeter lang und hatte einen typischen Amphibienkopf, während das übrige Skelett reptilartig war. In welche der beiden Klassen nun *Seymouria* letztlich einzuordnen ist, bleibt unklar, da nicht bekannt ist, ob die Eier mit einer festen Schale an Land abgelegt wurden oder ob sich die Jungtiere wie die Amphibien im Wasser entwickelten. Das wirkliche Bindeglied zwischen Kriechtieren und Lurchen können die permischen Funde nicht sein, da der Übergang vom Amphibium zum Reptil sich schon früher im Karbon vollzogen hat.

Zu den ursprünglichsten Fröschen heute gehört der Urfrosch (*Leiopelma*), der nur noch in wenigen Landstrichen Neuseelands auftritt.

Leiopelma legt seine Eier in Felsspalten und unter Baumstämmen an feuchten Stellen ab, wo der Embryo zur weit entwickelten Kaulquappe heranwächst, bevor er als fast fertig entwickelter junger Urfrosch aus dem Ei schlüpft. Dabei hilft ihm sein kräftig entwickelter Muskelschwanz. Beim Hamilton-Urfrosch (*Leiopelma hamiltoni*) und beim Archey-Urfrosch (*Leiopelma archeyi*) klettern die Jungen auf den Rücken des Männchens, wo sie längere Zeit mitgetragen und feucht gehalten werden. Die ebenfalls sehr weit entwickelten Kaulquappen des Hochstetter-Urfroschs (*Leiopelma hochstetteri*) können besser schwimmen und verbringen die Zeit bis zur Metamorphose freischwimmend im Wasser, allerdings ohne in dieser Zeit zu fressen. Alle drei Arten bleiben mit höchstens fünf Zentimeter Körperlänge recht klein.

Der Urfrosch hat knorpelige Bildungen in seiner Bauchmuskulatur, die den Bauchrippen mancher Kriechtiere entsprechen. Während bei den anderen Fröschen das Schambein mit dem Becken verwachsen ist, ragt es beim Urfrosch frei nach vorne. Erwachsene Urfrösche besitzen zwar keinen Schwanz, behalten aber die Schwanzmuskeln aus dem Larvenstadium bei. Mit neun freien Wirbeln vor dem Kreuzbein haben sie einen Wirbel mehr als die anderen Froschlurche. Der Bau der Wirbel, deren Körper vorne und hinten leicht ausgehöhlt zu sein scheint, ist einzigartig bei den Froschlurchen und zeigt ebenfalls die Sonderstellung der Urfrösche. Ein Trommelfell fehlt ihnen ebenso wie eine Schallblase.

Fossile Alt-Urfrösche (*Notobatrachus*) aus dem frühen Jura Argentiniens vor bis zu 200 Millionen Jahren zeigen, dass sich der Urfrosch zumindest im Skelettbau seit dem Erdmittelalter so gut wie nicht verändert hat.

Eng verwandt mit den neuseeländischen Urfröschen ist der amerikanische Schwanzfrosch (*Ascaphus truei*), der in kalten Bergbächen des nordwestlichen Nordamerikas lebt. Sein so genannter Schwanz, der nur bei den Männchen vorkommt, ist in Wirklichkeit eine umgestülpte Kloake und dient als Begattungsorgan. Im schnell fließenden Bachwasser ist eine innere Befruchtung sicherer als dies eine äußere Besamung des Laiches wäre. Gleich nach dem Verlassen des Mutterleibes heften sich die Kaulquappen mit einem Saugorgan an einen Stein, um nicht von der Strömung fortgerissen zu werden.

Merkmale von Ringelwürmern und Gliederfüßern finden sich bei den Stummelfüßern (*Onychophora*) [Abb. 31]. Den Hautmuskelschlauch und die gleichmäßige Körpergliederung haben sie von ihren Ringelwurm-Vorfahren beibehalten, ihre Mundwerkzeuge und die Tracheenatmung sind Kennzeichen von Gliederfüßern. Stummelfüßer sind aber weder Anneliden noch Arthropoden oder deren Stammform, sondern sind als Mischtypus ein Relikt einer uralten Fauna.

Dabei zeigen sie auch eigenständige spezifische Merkmale wie ihre Stummelbeine, bei denen zwischen den sichtbaren Ringen keine Gelenkhäute ausgebildet sind. Stummelfüßer

Abb. 31: Der neuseeländische Stummelfüßer *Peripatus* ist weder ein Borstenwurm noch ein Gliederfüßer, sondern als Rest einer uralten Fauna ein Mischtypus, der Anneliden-Merkmale und Merkmale von Arthropoden zeigt.

tragen Antennen und besitzen spezielle Kieferhaken, Blasenaugen und Extremitäten mit Krallen. Ihre zahlreichen Tracheenröhren münden in Gruppen auf Stigmenplatten, die oftmals eingesenkt sind. Im Bauchmark liegen die Nervenzellen eher verstreut und sind nicht konsequent als segmentale Bauchganglien konzentriert. Beim Laufen heben die Stummelbeine den Körper vom Boden ab, der durch den Hautmuskelschlauch ziehharmonikaartig zusammen und auseinander gezogen wird. Untersuchungen der Beinmuskeln ergaben, dass es zwar Beuger zum Heben des Beines und Muskeln zum Vorschwingen gibt, aber keine Streckmuskeln. Das Bein wird vielmehr durch hydraulischen Druck gestreckt, der durch das Zusammenziehen des Hautmuskelschlauches erzeugt wird.

Stummelfüßer sind ausgesprochene Feuchtlufttiere, da ihre Chitinschicht kaum ein Tausendstel Millimeter dick ist und deshalb wenig Verdunstungsschutz bietet. Zudem besitzen ihre zahlreichen häutigen Tracheenbüschel keine Verschlusseinrichtungen und verlieren deshalb ebenfalls viel Feuchtigkeit.

Alle der etwa 90 Stummelfüßer-Arten leben in feuchten tropischen Wäldern und den gemäßigten Zonen des ehemaligen Gondwanalandes. Fossil kennt man sie seit dem Kambrium, als verwandte Arten auch die nördliche Erdhalbkugel weit verbreitet bewohnten. Heute überschreiten sie nur vereinzelt den Äquator nach Norden, wie in Mexiko, in Kamerun oder an einigen wenigen Stellen des südostasiatischen Raumes.

Im australisch-neuseeländischen Verbreitungsgebiet leben nur wenige Arten. Arten der Gattung *Peripatus* tragen zwischen 14 und 23 Paar Stummelfüße, denen ebenso viele Körpersegmente entsprechen. Die Segmentgrenzen sind wegen einer sekundären Ringelung der Körperoberfläche äußerlich aber nicht erkennbar. Die starken Kieferhaken im Mund stehen eventuell im Dienste einer einzigartigen Sexualtechnik dieser Tiere. Die Männchen nehmen mit den hakenartigen Strukturen Spermatropfen von ihrer Genitalöffnung auf und stecken diesen mit dem Kopf in die Genitalöffnung des Weibchens. Noch ungewöhnlicher scheint die Befruchtung bei einem afrikanischen Peripatus, der keine solche Kopfausformungen besitzt. Hier überträgt das Männchen seine Samenflüssigkeit einfach auf die Haut des Weibchens. Daraufhin bildet sich an dieser Stelle eine Öffnung in der dünnen Chitinhaut, durch die das Sperma in den weiblichen Körper eindringt und schließlich zu den Eierstöcken gelangt.

4 Im Urwald versteckt

Abb. 32: Auch heute noch ist der Flussweg der schnellste, um in weiten Teilen des Regenwaldes auf der malaiischen Halbinsel rasch voranzukommen. Allerdings ist es hinter der grünen Pflanzenmauer nicht ganz so undurchdringlich, wie es auf den ersten Blick scheint.

Auf Dschungelpfaden

Nach vielen Stunden im Langboot mit Außenbordmotor auf dem Sungai Tembeling, einem Strom mitten auf der malaiischen Halbinsel, erreicht man Taman Negara, den größten Nationalpark Malaysias. Der Fluss ist braun und trübe, Flussschlingen wechseln mit Stromschnellen. Das Flussufer ist von 70 bis 80 Meter hohen Baumriesen bestanden, eine undurchdringliche grüne Mauer zu beiden Seiten.

Nach dem Anlegen sind es nur wenige Schritte landeinwärts und der Wald wird lichter. Auf den wenigen Pfaden kommt man gut voran, aber selbst während der Mittagsstunden ist der Waldboden in fahles Dämmerlicht getaucht. Kaum mehr als ein Prozent der Lichtmenge, die oben auf die Baumkronen fällt, erreicht den Boden. Hier können nur noch Spezialisten überleben.

Der malaiische Urwald von Taman Negara gilt als der älteste der Erde. Seit rund 100 Millionen Jahren hat sich das Klima hier nicht wesentlich geändert. Während in den Kaltzeiten der Eiszeit die Tier- und Pflanzenwelt in den nördlichen Breiten mehrmals völlig verändert wurde, konnte sich die Natur Malaysias ungestört weiterentwickeln.

Die Vielzahl der Arten ist unüberschaubar. Auf einem Hektar Regenwald finden sich allein bis zu 275 verschiedene Baumarten. Im Regenwald Malaysias kennt man mehr als 5000 verschiedene Baumarten. In Europa sind es mit 160 Arten vergleichsweise wenig. Obwohl die gegenwärtigen Regenwälder nur 6 Prozent der Erdoberfläche einnehmen, beherbergen sie 20 Prozent aller bekannten Tierarten und 40 Prozent der Pflanzenarten der Erde. Zu den Gründen für die enorme Diversität in den Tropen gehört sicher das über eine sehr lange Zeit gleich bleibend warm-feuchte Klima. Während der Eiszeiten allerdings schrumpften die Tropenwälder beträchtlich; kleinere, voneinander isolierte Waldgebiete entstanden. In den auseinander gerissenen Refugien konnten sich verschiedene neue Arten entwickeln.

Neben dieser Artenentstehung infolge von Isolation ist wahrscheinlich das Evolutionstempo in den Tropen insgesamt höher. Die höheren Temperaturen und die stärkere UV-Strahlung steigern die Mutationsrate einerseits und verkürzen andererseits bei Pflanzen und wechselwarmen Tieren die Generationszeiten. Der allgemeine Mineralstoffmangel der tropischen Böden zwingt Pflanzen wie Tiere zur Spezialisierung, zur Nischenbildung, und die langen Zeiträume ließen ein Geflecht von Konkurrenz, Parasitismus und Symbiose entstehen, Wechselwirkungen, welche die Artenvielfalt begünstigten.

Ein Gefühl der Verlorenheit beschleicht den Wanderer in den ersten Stunden im Wald. Selbst nach mehreren Kilometern Fußmarsch trifft man so gut wie nie auf größere Tiere, dafür aber auf unzählige Termiten und Ameisen. Der Wald ist erfüllt mit den unterschiedlichsten Lauten: dem Summen der Insekten, den Flötentönen der Vögel und den Rufen der Gibbons.

Eine Eidechse fliegt vorbei, heftet sich an den nahe stehenden Baumstamm und ist schon wieder verschwunden. Die bis zu 25 Zentimeter langen Eidechsen der Gattung *Draco* sind vollendete Gleitflieger. Ihre „Flügel" sind verlängerte Rippen, die seitlich über den Körper hinausgewachsen sind. Zwischen ihnen spannt sich eine leuchtend gefärbte Haut, die beim Fliegen wie ein Fächer aufgespannt ist. Nach der Landung klappen die Rippen zurück. Die Flugechsen leben eigentlich in den Wipfeln der Urwaldbäume. Zahllose Baumfrösche, Geckos und Baumschlangen leben dort oben wie in einer anderen Welt. Auch der Maki, ein Halbaffe, der sein Fell als Flughaut ausspannen und von Baum zu Baum gleiten kann, lebt im obersten Stockwerk des Waldes.

Die Nacht im Urwald ist besonders aufregend. Kurz vor Einbruch der Dämmerung sollte man sein Ziel erreichen. In Taman Negara kann dies ein Beobachtungsturm auf einer Lichtung sein. Die einfachen Holztürme sind dort errichtet, wo noch Salz im Boden oder im Gestein vorkommt. Weil es so viel regnet, sind Mineralsalze im tropischen Regenwald Mangelware. Viele Säugetiere kommen deshalb in der Morgenfrühe oder am Abend hierher, um Salz zu lecken.

Still ist die Urwaldnacht eigentlich nie. Immer wieder ertönt ein schriller Schrei, alle Geräusche verstummen: ein Raubtier hat Beute gemacht. Kurze Zeit später schwillt der Lärm wieder an.

In der Feuchte des frühen Morgens ist der Waldboden mit Blutegeln übersät. Auf nahezu jedem Blatt sitzen die Blutsauger und strecken sich nach oben. Sobald sie einen Schuh erwischen, setzen sie sich darauf fest und wandern an Strümpfen und Hosenbeinen aufwärts. Selbst wenn die Strümpfe weit über die Hose nach oben gezogen und die Schuhe gut zugeschnürt sind, finden die Egel einen Zugang zur Haut, sei es durch die Ösen der Schuhe, am Hosenbund zwischen Hemd und Gürtel oder gar oben am Hemdkragen.

Einfache Windschirme der Orang Asli weisen auf die Nähe der Ureinwohner des malaiischen Dschungels hin. Die Orang Asli, die „Ur-Menschen", wie sie sich im Gegensatz zu den „Waldmenschen", den Orang Utans, selbst nennen, ziehen als Halbnomaden durch den Dschungel. Mit viel Glück trifft man auf einen der kleinwüchsigen Urwaldbewohner, die als Kleinfamilie, Mann, Frau und Kinder unterwegs sind. Die Männer sind lediglich mit einem Lendenschurz bekleidet, in dem ein langes Messer steckt, in einem Bambusbehälter befinden sich Giftpfeile sowie ein Blasrohr. Frauen und die Kinder sind völlig nackt. Sie tragen einen Bambuskorb mit frisch gepflückten Urwaldfrüchten. Die Orang Asli sind die Nachkommen früher Einwanderer, die überwiegend von Südchina herkamen. Es gibt aber erhebliche Unterschiede unter ihnen: Manche ähneln mehr den Inselbewohnern der Südsee, andere erinnern an die Khmer Kambodschas. Die meisten Orang Asli sind sesshaft geworden. Sie leben heute am Rande des Dschungels und bauen dort Mais, Reis und Maniok an. Keiner kennt den malaiischen Dschungel so gut wie sie, doch selbst sie wissen nur wenig über manche der besonders scheuen Tiere, wie dies der im Tropenwald lebende Bär ist, den wir Malaien- oder Sonnenbär nennen.

Tierbeobachtung im Regenwald ist gegenüber offenen Gebieten schwierig, einmal aufgrund der dichten Vegetation, zum anderen kommen die zahlreichen Arten nur in sehr geringer Individuenzahl vor. Das Nahrungsangebot ist längst nicht so üppig wie es scheint, die Schar der Konkurrenten ist groß und starke Bejagung hat manche Art stark dezimiert.

Um dennoch Aussicht auf eine Beobachtung von Tieren zu haben, sollte man zuerst mit den Parkrangern Kontakt aufnehmen. Sie kennen Wasser- und Salzstellen, wissen um bevorzugte Wildwechsel und um die Häufigkeit bestimmter Arten vor Ort. Gute Beobachtungszeiten sind die Morgen- und Abenddämmerung, wobei man längere Zeit ruhig verharren sollte, trotz Mücken und Blutegeln. Je weiter man sich von den überlaufenen Stellen um die Camps herum entfernt, umso größer sind die Erfolgsaussichten.

Bären im Tropenwald

Der Malaien- oder Sonnenbär (*Helarctos malayanus*) ist in Lebensweise, Körperbau und Körpergröße der miozänen Stammform der heutigen Großbären am ähnlichsten. Der erste bekannte Vertreter der Bären war *Ursavus elemesis*, ein schäferhundgroßer Allesfresser, der aus 37 Millionen Jahre alten Sedimenten in China bekannt ist. Wahrscheinlich war er ein geschickter Kletterer, und nach seinen Backenzähnen zu urteilen, ergänzte er seine Fleischnahrung durch Mischkost aus Früchten und Pflanzenfasern. Aus seinen Nachfahren gingen vermutlich die Bären im engeren Sinne, die *Ursinae*, hervor.

Der Malaienbär, der heute in den tropischen und subtropischen Regionen Südostasiens lebt, gilt als die am wenigsten erforschte Bärenart. Da er sich im dichten Dschungel weitgehend der direkten Beobachtung entzieht, wissen wir von seinem Verhalten in freier Wildbahn nur wenig. Man weiß noch nicht einmal, wie viele es von ihnen in den Wäldern von Malaysia, Birma, Thailand, Sumatra und Java gibt. Vielleicht sind es 5000, vielleicht noch 500 000 – reine Spekulation, so will es scheinen, Zahlen, die keiner belegen kann.

So wundert es auch nicht, dass über seine Gattungszugehörigkeit noch heftige Diskussionen geführt werden, ob er als eigenständige Gattung *Helarctos* zu sehen ist oder ob er mit den anderen Großbären in derselben Gattung *Ursus* eingeordnet wird. Da der Malaienbär sich aber in einigen wichtigen Merkmalen von den ursinen Bären unterscheidet, wird er hier als eigenständige Gattung benannt.

Der kleinste unter den Großbären ist der Malaienbär mit einem Gewicht von 45 Kilogramm und der Größe eines mittleren Hundes auf jeden Fall. Malaienbären gelten als die aggressivsten Bären. Sie greifen unvermutet und scheinbar grundlos an. Urwaldbewohner fürchten eine zufällige Begegnung mit ihnen mehr als mit jedem anderen Dschungeltier. Ihre kräftigen Kiefer und die scharfen Krallen sind wirkungsvolle Waffen. Das kurze glatte Fell stellt eine Anpassung an das feucht-heiße Klima dar. Auf den ersten Blick wirkt der kleine Malaienbär wie ein kurzgeschorener halbwüchsiger Braunbär. Eine helle V-förmige Zeich-

4 Im Urwald versteckt

Abb. 33: Dank seiner scharfen sichelförmigen Krallen ist der Malaienbär ein geschickter Kletterer. Als Baumbewohner sucht er seine Nahrung im Geäst und schläft auch auf Bäumen.

nung auf der Brust trug ihm den Namen Sonnenbär ein. Die Asiaten erkennen darin das Symbol der aufgehenden Sonne. Aber nicht alle Malaienbären weisen diese Zeichnung auf.

Mit seinen langen scharfen Krallen kann der Bär vorzüglich klettern. Die nackten Sohlen verbessern die Haftung. Er schläft und frisst in den Bäumen. Hauptsächlich ist er nachts unterwegs. Hoch oben in einer Baumkrone baut er sein Schlafnest, heute hier, morgen dort. Mit seiner langen Zunge holt er Termiten und andere Insekten aus ihren Bauten und Verstecken. Als Allesfresser verschmäht er Palmsprosse und Baumfrüchte ebenso wenig wie kleine Säugetiere und Vögel. In Kokosnuss- und Kakaoplantagen richtet er gelegentlich größere Schäden an.

Wenig bekannt ist das Sozialverhalten der Malaienbären. Die Tiere verhalten sich äußerst vorsichtig und warten mit der Nahrungssuche meist bis zur Dämmerung. Oft verraten nur Kratzspuren etwas über ihre Anwesenheit. Malaienbären haben keine feste Paarungszeit. Als Tropenbären sind sie keinem starken Wechsel der Jahreszeiten unterworfen. Die Tragzeit dauert 100 Tage. In einem Bodenversteck werden meist zwei Junge geboren. Sie kommen blind und nackt zur Welt und wiegen allenfalls 300 Gramm.

Männchen und Weibchen sind bei den Malaienbären etwa gleich groß. Andere Säugetiere, bei denen auch kein Größenunterschied zwischen den Geschlechtern auftritt, leben häufig als Paare in Einehe zusammen. Deshalb vermutet man, dass dies auch bei Malaienbären so ist. Aber, und das ist typisch für den Forschungsstand, vom kleinen Tropenbären weiß man auch in dieser Hinsicht reichlich wenig.

Schlechte Aussichten für den Malaienbären brachten ihn auf die Rote Liste der bedrohten Tierarten. Er darf weder in Malaysia noch sonst irgendwo gejagt werden. Doch seit ewigen Zeiten wird in Südostasien gewildert. Die Staaten dort sind zu arm, um dem Einhalt zu gebieten.

Noch viel bedrohlicher für den Malaienbären ist aber die fortschreitende Abholzung des Regenwaldes. Er braucht zum Überleben ein großes durchgehendes Waldgebiet von etwa 10 000 Hektar Fläche.

Die Zerstörung der Wälder hat viele Ursachen: Edelholzgewinnung für die Möbelindustrie der ganzen Welt, aber auch in größerem Ausmaß Brandrodung, um für die wachsende Bevölkerung Ackerland bereitzustellen. Und auf Plantagen mit Ölpalmen und Gummibäumen haben Urwaldbäume und Urwaldtiere nichts zu suchen.

In Bangladesh und Vietnam sind weit mehr als vier Fünftel des ursprünglichen Lebensraumes des Malaienbären schon verloren. Ob der Bär bei einer naturverträglichen Waldwirtschaft überleben kann, wissen wir nicht. Wissenschaftliche Forschungsergebnisse fehlen. Es ist kaum abzuschätzen, wie sich der Verlust bestimmter früchtetragender Baumarten oder der Rückgang von Wildbienen als Folge einer anderen Waldzusammensetzung auf den Malaienbären auswirken. Deshalb fällt es schwer, wirkungsvolle Schutzprogramme zu entwerfen und umzusetzen.

Noch sind 50 Prozent der Staatsfläche Malaysias von Dschungel bedeckt. Das ist ein höherer Waldanteil als in den meisten Industriestaaten. Doch Holz ist neben Erdöl das wichtigste Exportprodukt dieses Staates.

Die Entwicklungsgeschichte der Bären lässt sich auf eine etwa 40 Millionen Jahre alte wieselähnliche Ursprungsgruppe zurückverfolgen, aus der die heutigen Hunde- und Marderartigen, die Robben sowie die Klein- und Großbären hervorgingen. Seit etwa 30 Millionen Jahren verläuft die Evolution der Klein- und Großbären getrennt, vor rund 20 Millionen Jahren zweigte sich vermutlich der Ast ab, der zum heutigen Großen Panda führte und vor 10 Millionen Jahre begann die Aufspaltung der Entwicklungslinien zu den heutigen Großbären. Dabei bildete die Gruppe der Kurzschnauzenbären einen ersten eigenen Zweig.

Als echte Amerikaner blieb das Vorkommen der Kurzschnauzenbären ausschließlich auf den amerikanischen Kontinent beschränkt. Während der letzten Eiszeit lebte dort neben anderen Kurzschnauzenbären der inzwischen ausgestorbene Riesen-Kurzschnauzenbär (*Arctodus simus*), das größte räuberische Säugetier, das jemals an Land lebte. In seinen Schädelproportionen war er den heutigen Brillenbären sehr ähnlich, wenn auch die Backenzähne stärker ausgebildet waren und eine gegeneinander greifende Schere bildeten, was ihn als ausgesprochenen Fleischfresser ausweist. Seine langen Beine sprechen dafür, dass er seine Beute, große Pflanzenfresser wie Kamele, Bisons und Pferde, in schnellem Lauf hetzte, ein für heutige Bären eher untypisches Verhalten. Während man Fossilfunde des Riesen-Kurzschnauzenbären nur von Nordamerika kennt, war der Florida-Brillenbär (*Tremarctos floridanus*) auch in Mittelamerika zu Hause. Über die Landbrücke von Panama erreichten die Vorfahren des heutigen Brillenbären schließlich Südamerika.

Der letzte noch lebende Kurzschnauzenbär ist der Brillenbär (*Tremarctos ornatus*) [Abb. 34], der einzige Großbär Südamerikas. Er lebt in den Bergwäldern der venezolanischen Anden. Neben häufigeren Tierarten wie den Pakas, Stachelschweinen, Gürteltieren und Faultieren trifft man hier Flachlandtapire, Pumas und Brüllaffen an. Seinen Namen erhielt der Brillenbär aufgrund der hellen Fellzeichnung um die Augen, die entfernt an eine Brille erinnert. Dabei kann diese Gesichtszeichnung sehr unvollständig sein oder auch ganz feh-

4 Im Urwald versteckt

Abb. 34: Die weiße Zeichnung um die Augen, die dem Brillenbären seinen Namen gab, variiert individuell von Tier zu Tier, so dass sie sich damit unterscheiden lassen.

len. Brillenbären sind nicht besonders groß. Die Männchen wiegen 100 bis 155 Kilogramm, die Weibchen 60 bis 80 Kilogramm. Sie haben kurze stämmige Beine, mit denen sie sich einen Weg durch das dichte Gestrüpp des Berg- und Nebelwaldes bahnen.

Brillenbären leben heimlich und meiden die Nähe des Menschen. Dass sie so scheu sind, dürfte daran liegen, dass sie unter starkem Jagddruck stehen. Daher ist es außerordentlich schwierig, ihre Rolle im Ökosystem zu erkunden. Geld, um senderbestückte Tiere vom Satelliten aus zu orten, fehlt. Anders aber kann man ihnen im steilen, unwegsamen Gelände nicht auf den Fersen bleiben. Direkte Beobachtungen, die Aufschluss über das Verhalten im natürlichen Lebensraum geben könnten, gibt es so gut wie nicht. Das meiste, was man über die Lebensweise frei lebender Brillenbären weiß, beruht auf der Deutung von Spuren wie abgebrochene Äste, verstreute Blätter, abgerissene Pflanzen und die Ausscheidungen des Bären. Die untersuchten Kothaufen bestanden zu 40 Prozent aus Überresten von Früchten, der Rest aus Fasern von Ananasgewächsen, Palmherzen und Bambus. Aus solchen Spuren und aus Forschungsergebnissen aus Zoos schließt man, dass der Brillenbär überwiegend vegetarisch lebt.

Im venezolanischen Teil der Anden findet er seine Nahrung hauptsächlich auf Bäumen. Bevorzugt frisst er den weißen Innenteil der Stamm- und Blattwurzeln von Bromeliazeen, Stiele von Palmwedeln und Palmfrüchte. Wo es sich ergibt, nimmt er auch nährstoffreichere tierische Nahrung zu sich. Dazu gehören Kaninchen, Vögel, Insekten und hin und wieder auch Weidetiere wie das Lama.

Die Wege des Brillenbären verraten Krallenmarkierungen an Bäumen. Meist verlaufen seine Wechsel entlang eines Bergkammes mit guten Sichtmöglichkeiten. Selten entfernt er sich weiter als 50 bis 100 Meter von Busch oder Wald, seiner Deckung.

Angepasst an die unterschiedlichsten Vegetationszonen leben Brillenbären von der küstennahen Wüste am westlichen Fuß der Anden bis in Höhen über 4000 Meter, wo die Gräser des Páramo wachsen. Ihr Hauptlebensraum aber ist der Nebelwald zwischen 1600 und 2800 Metern Höhe. Hier finden sie den während der Ruhephasen nötigen Schutz. Zurückgebliebene Bärenhaare auf Liegeplätzen am Boden des Waldes deuten darauf hin, dass die Tiere Bodennester aufsuchen. Im tropischen Regenwald am östlichen Fuß der Anden hat man auch Baumnester gefunden. Über die Entstehung der Nester weiß man nichts. Dies wird verständlich, wenn man sich vor Augen führt, dass Feldforscher in einer zweijährigen Studie gerade mal auf 15 Tagesbetten und drei Baumnester stießen. Vielleicht sind die „Baumnester" auch nur das Ergebnis der Futtersuche, bei der dünne Äste abgebrochen werden, um an Früchte zu gelangen.

Das Verbreitungsgebiet des Brillenbären ist zwar sehr groß, die Populationsdichte aber ist klein. Kleinere Populationen leben in Ecuador, Kolumbien, Bolivien und Chile, in Peru soll die Zahl etwas höher sein. Ob es in einigen Teilen Panamas, Brasiliens und Argentiniens noch Brillenbären gibt, ist umstritten. Neueste Schätzungen gehen von einer Zahl von mindestens 10 000 frei lebenden Brillenbären aus. Damit wären die Tiere noch nicht unmittelbar von Ausrottung bedroht. Doch das könnte sich schnell ändern. Zum einen wird ihr natürlicher Lebensraum zur Gewinnung von landwirtschaftlichen Nutzflächen immer mehr zerstückelt und zerstört, zum anderen stellt auch hier die direkte Verfolgung durch den Menschen eine ernsthafte Bedrohung dar. In Südamerika haben skrupellose Jäger genauso wie andernorts erkannt, dass mit Bären Geld verdient werden kann. Auch hier werden Bärentatzen, Bärengalle und Penisknochen angeboten und Bärenfett als Mittel gegen Gelenkentzündung gehandelt. Je geringer die Bestände aber sind, umso größer ist die Gefahr, dass es in der klein gewordenen Population zu Degenerationserscheinungen durch Inzucht kommt. Bei welcher Zahl die kritische Grenze unterschritten ist, weiß niemand zu sagen.

Anlass zur Hoffnung bietet das venezolanische Nationalparkprogramm: Vier große Naturschutzgebiete, die durch Korridore miteinander verbunden sind, wurden neu ausgewiesen. Auch in Ecuador und Peru wurde die Fläche der Schutzzonen stark erweitert. Ob diese Schutzgebiete aber mehr sind als reine „Papierausweisungen", muss sich erst noch zeigen. In Kolumbien sind Schutzgebiete für Brillenbären nachweislich auch Rückzugsgebiete des Rauschgifthandels. Eine wirkliche Kontrolle findet hier nicht statt. Dabei wäre es besonders wichtig, Korridore zwischen den Populationen Venezuelas und den Populationen im zentralen Südamerika offen zu halten.

Unklare Verwandtschaftsverhältnisse beim Großen Panda oder Bambusbären (*Ailuropoda melanoleuca*) [Abb. 35] lassen die Frage noch offen, ob dieser wirklich ein Lebendes Fossil ist. Viele Merkmale des Bambusbären sind nicht typisch für Bären. Das macht den Zoologen Kopfzerbrechen: Ist er ein richtiger Bär oder eher ein großer Waschbär? Wenn er ein Waschbär wäre, dann wäre er ein großer Kleinbär. Vielleicht ist er doch ein Großbär wie der Brillenbär und der Malaienbär oder er ist einfach nur ein Panda, eine eigene Familie mit nur einer Gattung und einer Art, ein letzter Vertreter, ein Lebendes Fossil?

Eine Reihe körperlicher und verhaltensbiologischer Merkmale stellen ihn in die Nähe des Kleinen Pandas und des Waschbären. Schädel, Gebiss und Vordertatzen sind ähnlich gebaut. Sie greifen auch ähnlich, wenn auch der Große Panda als einziger den „sechsten Finger" ausgeprägt entwickelt hat. Dieser zusätzliche „Pandadaumen",

Abb. 35: Der Pandabär klettert nur ausnahmsweise auf Bäume, obwohl er ein geschickter Kletterer ist. Wahrscheinlich spielen seine Kletterkünste bei der Werbung um die Partnerin eine Rolle.

mit dem das Tier geschickt Bambus greifen kann, wird von einem verlängerten Handwurzelknochen gebildet. Wie die Kleinbären hält auch der Bambusbär keinen Winterschlaf, markiert sein Revier mit Kot und Urin und verständigt sich mit sehr hohen Tönen mit den Artgenossen.

Biochemische Untersuchungsergebnisse deuten auf eine Verwandtschaft mit den Großbären hin. Die Erbsubstanz, Eigenschaften der Zellen, des Blutes und des Immunsystems sprechen dafür. Körpergestalt, Passgang, Verdauungssystem und die paläarktische Verbreitung stimmen ebenfalls überein. Der Große Panda wäre demnach ein hoch spezialisierter richtiger Bär.

Vielleicht ist der Große Panda aber auch der letzte Überlebende einer eigenen Familie. Verschiedene Besonderheiten des Skeletts und der Pandadaumen sind eigenständige Merkmale. Bambusbären haben nur 21 Chromosomenpaare gegenüber 37 bei den echten Bären, ein schwerwiegendes Argument für eine Eigenständigkeit. Der Panda ist also kein kleiner Großbär und kein großer Kleinbär, sondern ganz einfach ein Panda.

Die Frage wird eindeutiger zu beantworten sein, wenn mehr fossile Vorfahren des heutigen Pandas gefunden werden. 1989 fand man in Yunnan in Südchina 25 Millionen Jahre alte Pandazähne. Diese zeigten Merkmale des heute lebenden Großen Pandas. Zugleich haben die fossilen Zähne aber auch Gemeinsamkeiten mit denen der Vorfahren der echten Bären. Wie dem auch sei, im Augenblick ist es wichtiger, das Überleben des Großen Pandas zu sichern.

Einen langen Weg vom Fleisch- zum Pflanzenfresser hat der Große Panda auf jeden Fall hinter sich. Abgesehen davon, dass er hin und wieder Aas frisst, ernährt sich das bis zu 110 Kilogramm schwere Tier zu etwa 90 Prozent von Bambus. Diese Nahrungsspezialisierung wird vielfach als Ursache der Bedrohung der Tiere dargestellt, die früher in China weit verbreitet waren, heute aber auf wenige kleine Gebiete im südwestlichen China am Fuße des Himalayas beschränkt sind.

Bambuspflanzen vermehren sich die meiste Zeit ungeschlechtlich durch die Ausbildung unterirdischer Sprosse, die zu neuen Bambustrieben heranwachsen. Nach vielen Jahrzehnten vegetativen Wachstums fangen in weitem Umkreis alle Gräser der gleichen Bambusart an zu blühen, bilden Samen und sterben schließlich ab. Bis in den kargen Berglandschaften Chinas aus den Samen neue Bambuspflanzen als Pandanahrung herangewachsen sind, dauert es mehrere Jahre. In den letzten Jahren verhungerten immer wieder Pandas nach dem Auftreten einer Bambusblüte. Früher, bevor die Berghänge Sichuans bis weit nach oben landwirtschaftlich genutzt wurden, konnten die Tiere auf eine andere Bambusart ausweichen oder in ein Nachbartal überwechseln. Beides ist heute kaum noch möglich, zu viele Berghänge wurden abgeholzt und mit Terrassenfeldern überzogen. Um den Fortbestand der rund 1000 im Freiland lebenden Großen Pandas zu sichern, ist es zumindest nötig, die wenigen Bergwaldinseln, die ihm noch geblieben sind, mit siedlungsfreien Waldkorridoren zu verbinden.

Der Kleine Panda oder Katzenbär (*Ailurus vulgens*) ist nicht ganz so ein reiner Bambusspezialist und zudem bevorzugt er eher Bambusblätter, während der Große Panda die jungen Bambussprosse frisst. Diese unterschiedliche Nutzung der gleichen Nahrungsquelle verhindert eine zwischenartliche Konkurrenz. Beide Arten haben den jahreszeitlich bedingten Wandel der Verfügbarkeit von Nüssen und Früchten umgangen, indem sie immergrüne Pflanzen zu sich nehmen. Bei beiden zeigt der schwere Schädelbau die Anpassung an die pflanzliche Ernährungsweise: Ein rundes Gesicht und ein kugeliger Kopf bieten Ansatzstellen für eine kräftige Kaumuskulatur, die sich von der Schädelspitze zum Unterkiefer hinzieht. Ähnlich wie beim Großen Panda fungiert auch beim Katzenbär ein vergrößertes

Sesambein als 6. Finger. Dies ist wohl ebenso als konvergente Entwicklung zu verstehen, ebenso wie die Fähigkeit des Hämoglobins, das bei beiden Arten Sauerstoff besser bindet als bei jedem anderen Bären.

Früher fasste man den Kleinen Panda mit den neuweltlichen Kleinbären in einer Familie zusammen. Heute gilt er wie der Große Panda als letzter lebender Vertreter einer eigenständigen Familie, da viele der scheinbaren Übereinstimmungen mit den Kleinbären konvergent sind. Bei Konvergenzen handelt es sich um ähnliche Merkmale, die als Anpassungserscheinung an ähnliche Lebensweisen zu werten sind, die aber keine Aussagen über Verwandtschaftsbeziehungen erlauben.

Vom Katzenbär weiß man deutlich weniger als vom Großen Panda. Die ausgewachsenen Tiere sind nachtaktive Einzelgänger, die fast den ganzen Tag auf Bäumen verbringen. Nur manche Erwachsenen schließen sich während der Paarungszeit kurzfristig zusammen. Zwar erstreckt sich der Lebensraum des Kleinen Pandas am Südhang des Himalayas in Höhen zwischen 1700 und 4800 Metern über ein viel größeres Gebiet als dies beim Großen Panda der Fall ist, doch hat man in den letzten Jahren so wenige Freilandbeobachtungen gemacht, dass zu befürchten ist, dass er ebenfalls stark vom Aussterben bedroht ist. Selbst dort, wo man noch am meisten Spuren von ihm findet wie im Lantang-Reservat in Nepal, leben wohl nur noch 25 Tiere. Glücklicherweise ist die Zucht in zoologischen Gärten beim Kleinen Panda sehr erfolgreich. Mehr als 500 kleine Pandas in über 50 Zoos der Welt bilden eine Erhaltungszuchtgemeinschaft. Manchen europäischen Zoos fehlen inzwischen sogar die Kapazitäten, Kleine Pandas artgerecht aufzunehmen.

Huftiere im Unterwuchs

Drei von fünf Nashornarten leben im asiatischen Raum: das Indische Panzernashorn (*Rhinocerus unicornis*) [Abb. 36], das Java-Nashorn (*Rhinocerus sondaicus*) und das Sumatra-Nashorn (*Dicerorhinus sumatrensis*).

Die beiden letztgenannten sind Waldnashörner. Während es vom Java-Nashorn im Nationalpark von Ujung Kulon an der Westküste Javas noch ungefähr 50 Tiere gibt und darüber hinaus einige wenige in Vietnam überlebt haben, lebt das Sumatra-Nashorn als einsamer Waldläufer in den bergigen Wäldern von Nord-Sumatra, Nordost-Borneo und im Süden der malaiischen Halbinsel – weit verstreut und meist außerhalb von Schutzgebieten.

Mit dem Wald verschwindet die Nahrungsgrundlage der Tiere. Die gegenwärtige Gesamtpopulation des Sumatra-Nashorns wird auf nur noch 400 bis 500 Tiere geschätzt. Und was eine erbarmungslose Wilderei nach dem Horn der Tiere und an-

Abb. 36: Das Panzernashorn besitzt nur ein Nasenhorn, das bei diesem Tier abgescheuert ist. In der feuchten Graszone des Terai in Nepal oder in den sumpfigen Niederungen des Brahmaputra in Assam kann man die Tiere, die wegen ihres Horns gnadenlos verfolgt wurden, heute vom Elefantenrücken aus wieder beobachten.

deren Körperteilen für allerlei Wundermedizin noch nicht vollbracht hat, wird die fortschreitende Lebensraumzerstörung vollenden. Eingefangene Tiere werden zu ihrem Schutz zwar in gut gesicherte Nationalparks gebracht und ausgewildert, erfolgreich können solche Projekte aber nur sein, wenn der Zerstörung des Regenwaldes endlich Einhalt geboten wird.

Isoliert in kleinen Populationen in den südostasiatischen Resten des Regenwaldes, werden die Chancen des Sumatra-Nashorns, in der Wildnis zu überleben, nicht sehr hoch eingeschätzt. Mehrere Zoos führen daher seit 1990 ein Zuchtbuch, um in einem Arterhaltungsprogramm nach Vorbild des amerikanischen Species Survival Plan (SSP) mit 32 Gründertieren eine Reserve-Population in den Tiergärten der Welt aufzubauen.

Die urtümlichste Nashornart ist zweifellos das behaarte Sumatra-Nashorn oder Asiatische Doppelnashorn [Abb. 37]. Sein Aussehen hat sich in den letzten 10 Millionen Jahren so gut wie nicht verändert. Es ist die einzig überlebende Art der *Dicerorhinae*, von denen sich die ausgestorbenen eurasischen Arten wie das Wollnashorn ableiten. Die ältesten Knochenfunde zeigen, dass Nashörner ursprünglich viel größer waren.

Abb. 37: Das behaarte Sumatra-Nashorn ist die altertümlichste Nashornart. Das kaum zwei Meter lange Tier ist äußerst bedroht. Außer auf Sumatra leben noch wenige Exemplare in Kalimantan und vielleicht auch im Süden der malaiischen Halbinsel.

Wie die anderen asiatischen Nashornarten trägt das Sumatra-Nashorn am Unterkiefer zu Hauern umgebildete Schneidezähne und wie bei den beiden anderen Arten scheinen auch bei ihm mächtige Hautfalten den Körper in Panzerplatten zu gliedern.

Mit 1000 bis 2000 Kilogramm Gewicht bei einer Schulterhöhe von 1,5 Metern und einer Körperlänge von 3,2 Metern ist das Sumatra-Nashorn das kleinste der Familie. Das vordere Horn wird 30 Zentimeter lang, das hintere etwa 12 Zentimeter.

Ein einsames Single-Dasein ist typisch für alle Nashörner. Sumatra-Nashörner scheinen, nach den wenigen Feldstudien, die man durchgeführt hat, nur für sehr kurze Zeit als Paar zusammenzubleiben, bevor jedes wieder sein Leben als Einzelgänger aufnimmt. Weibchen bewohnen ein Gebiet von 10 bis 50 Quadratkilometern, das der Männchen ist größer. Die solitäre Lebensweise ist im Regenwald von Vorteil, da im Unterholz genießbare Futterpflanzen nur sehr spärlich wachsen. Entlang von Hauptwechseln hinterlassen die Tiere Kotballen und Harn als Reviermarken. Aus diesen Mitteilungen scheinen die Artgenossen Informationen über das Alter und das Geschlecht der Nachbarn herausriechen zu können. Bullen erfahren so Bescheid über die Brunftbereitschaft der Weibchen und die wiederum erkennen, ob der Bulle hoch genug im Rang steht. Die Reviermarken eines ranghohen Bullen veranlassen rangtiefe Männchen zum Verlassen des Gebietes.

Die Chance, eines der Tiere zu beobachten, die sich als gute Schwimmer auch gern in Flüssen aufhalten, ist selbst an den Salzlecken, die am ehesten regelmäßig aufgesucht werden, äußerst gering. Rund 100 verschiedene Futterpflanzen des Sumatra-Nashorns kennt man. Kräuter, Lianen und als Hauptnahrung gut belaubte Zweige, die es von jungen Bäumen abbricht, findet es entlang von Bachläufen und an Lichtungen überall im Wald, genauso wie eine Suhle, die es mit Hörnern und Füßen für sein tägliches Schlammbad gräbt. So wird auch verständlich, dass sich Männchen und Weibchen trotz ihrer Geruchsmarken nur sehr selten nahe kommen und unterhalb einer bestimmten Populationsdichte könnte sich das Aussterben sehr schnell vollziehen.

Inseln sind Sprungsteine für die Ausbreitung von Tierarten. Während der letzten Eiszeit gab es zahlreiche Landbrücken zwischen den Inseln, die in großer Zahl vor den Küsten Südostasiens liegen. Dabei zeigt sich, dass die dem Festland am nächsten liegenden Inseln die größte Zahl an Arten aufweisen und diese am meisten denen des Festlandes ähneln. Insel um Insel weiter ins Meer hinaus nimmt die Faunenvielfalt ab und mit ihr auch die Körpergröße nahe verwandter Arten. So sind die Unterarten des Tigers auf Sumatra (*Panthera tigris sumatrae*) und Java (*Panthera tigris sondaica*) deutlich kleiner als die Festlandtiger. Gleiches gilt für die sumatrische Unterart des Indischen Elefanten und für die Nashörner. Während das Panzernashorn am Nordrand des indischen Subkontinents rund 4000 Kilogramm wiegt, wird das Java-Nashorn gerade einmal halb so schwer. Beim Sumatra-Nashorn, dem Pygmäen unter den Nashörnern, ist die Festlandsform deutlich größer als die Inselform.

Das vermutlich größte Landsäugetier, das jemals gelebt hat, war *Paraceratherium*, ein Vorfahre der heutigen Nashörner. Allein sein Kopf war 1,20 Meter lang. Bei einer Schulterhöhe von über fünf Metern schleppte es 20 Tonnen auf seinen mit jeweils drei Zehen versehenen Beinen durch die Vorzeit. Nashörner sind wie Pferde und Tapire Unpaarhufer. Während Pferde nur noch einzehig sind, sind Nashörner dreizehig und Tapire haben vorn vier und hinten drei Zehen.

Die Geschichte der Nashörner reicht 50 bis 60 Millionen Jahre zurück. Neben Riesen wie dem *Paraceratherium* kennt man Nashorn-Zwerge von der Größe eines Schäferhundes wie beispielsweise den tapirähnlichen *Hyrachus*; insgesamt rund 300 verschiede Arten. Manche trugen fünf oder drei, andere gar keine Hörner auf der langen Nase.

Bei Tapiren bilden Nase und Oberlippe einen Rüssel wie dies auch bei den Elefanten der Fall ist, nur ist er bei Tapiren eben kürzer. Trotzdem sind Tapire (*Tapiridae*) nicht mit den Elefanten verwandt, sondern mit Nashörnern und Pferden, wenn auch nur sehr weitläufig. Die

Gestalt der Tapire hat sich seit dem Tertiär, als vor etwa 30 Millionen Jahren im Oligozän der *Protapirus* in Europa und Nordamerika erstmals auftrat, kaum verändert. Während des Miozäns wanderten die Tapire in Asien ein und zu Beginn des Pleistozäns erreichten sie über die Landbrücke von Panama den südamerikanischen Kontinent. Bis heute überlebten nur einige Populationen, die auf wenige Gebiete in Süd- und Mittelamerika und Südostasien beschränkt sind – Lebende Fossilien im engeren Sinne also.

Die niedrig und plump gebauten Tapire sind dem allgemeinen Grundbauplan der Säugetiere viel näher geblieben als die anderen Unpaarhufer, Nashörner und Pferde. Dies wird auch durch das wenig spezialisierte Gebiss, die Zahl der Zehen und das im Vergleich zum Stammhirn kleine Vorderhirn belegt. Selbst im Verhalten zeigen sie Merkmale, die für wenig fortschrittliche Huftiere kennzeichnend sind. So stützen sich Tapire beispielsweise beim Aufstehen und Niederlegen nicht wie die Pferdeartigen auf die Handwurzelgelenke, sondern nehmen zwischendurch Sitzhaltung ein.

Der Mantel aus weißen und schwarzen Feldern verwischt die Gesamtform des vorwiegend nachts umherstreifenden asiatischen Tapirs. Kopf, Schultern, Beine und Bauch sind schwarz gefärbt, der übrige Körper, Rücken und die Flanken, sind weiß. Der Schabrackentapir (*Tapirus indicus*) versteckt sich in so dichtem immergrünen Dschungel, dass man ihn selbst aus nächster Nähe nicht erkennen kann. Es ist daher offen, ob sein ungewöhnliches Farbmuster für die Tarnung von Bedeutung ist oder nicht. Er lebt heute nur noch in Südburma, Thailand, der malaiischen Halbinsel und auf Sumatra.

Auf der ausschließlich nächtlichen Suche nach speziell ausgesuchter Pflanzennahrung scheint er ständig in Bewegung zu sein, ohne festes Territorium. Wahrscheinlich besitzt er wie das Sumatra-Nashorn eine Art Wohngebiet, innerhalb dessen er seine noch unerforschten Streifzüge unternimmt. Ob die kurzen Quieklaute, die Tapire beim Fressen in abfallender Tonhöhe von sich geben, die Angehörigen einer Population zusammenhalten, ist recht unsicher.

Auf die Anwesenheit des scheuen Tapirs weisen meist nur Fußabdrücke hin: vierstrahlig die der Vorderfüße, dreistrahlig die der Hinterfüße. Die vierte Vorderzehe ist aber deutlich schwächer ausgebildet und berührt den Boden nur auf sehr weichem Boden. Die Zehen enden in einem gerundeten festen Hornschuh, schwielige Sohlenballen federn das Gewicht des Tieres ab.

In den Wäldern Mittel- und Südamerikas leben einzeln oder in Paaren die amerikanischen Verwandten des Schabrackentapirs. Hier durchwühlt der Flachlandtapir (*Tapirus terrestris*) mit seinem kräftigen kurzen Rüssel den Boden nach Wurzeln und Knollen oder pflückt mit ihm frische Triebe, Blättern und Früchte, seine bevorzugte Nahrung, von Bäumen und Sträuchern. Häufig trifft man ihn in See- oder Flussnähe an, wo der ausdauernde Schwimmer gerne Wasserpflanzen frisst. Wenn er an einem Steilufer das Wasser verlässt, kann man sehen, dass Tapire geschickte Kletterer sind.

Die Weibchen erreichen mit vier Jahren ein Gewicht von rund 300 Kilogramm und werden damit 10 Prozent schwerer als die Männchen. Das Junge, das nach 13 Monaten Tragzeit zur Welt kommt, hat mit fünf Kilogramm ein relativ geringes Geburtsgewicht, vervierfacht dieses aber innerhalb seines ersten Lebensmonats. Vom ersten Tag an läuft es neben der Mutter durch den Urwald. Sein weiß gepunktetes und gestreiftes Säuglingshaarkleid hebt sich frappant vom tiefen Braun der Mutter ab und scheint recht auffällig, im Wechselspiel von Licht und Schatten im Unterwuchs des tropischen Waldes verschwindet es optisch aber fast vollständig [Abb. 38].

Huftiere im Unterwuchs

Abb. 38: Tapire ziehen in der Regel allein oder in Begleitung eines abhängigen Jungen umher. Im Wechselspiel von Licht und Schatten bietet das scheinbar auffällig gestreifte und gepunktete Haarkleid des Jungtapirs eine gute Tarnung.

Die drei Neuweltarten der Tapire haben sich ihren Lebensraum aufgeteilt. Während der am häufigsten vorkommende Flachlandtapir Südamerika bewohnt, lebt Bairds Tapir (*Tapirus bairdi*) in Mittelamerika. Beide tragen auf dem Nackenkamm eine kräftige Bürstenmähne, vielleicht als Schutz vor dem tödlichen Biss des Jaguars. Der mittelamerikanische Tapir ist das größte Säugetier der amerikanischen Tropen. Ausgedehnte Waldvernichtung in den mittelamerikanischen Staaten drängt ihn immer weiter zurück.

Der sehr seltene Bergtapir (*Tapirus pinchaque*) hat eine inselhafte Verbreitung in den Anden Kolumbiens, Ecuadors und Perus, wobei sein Lebensraum im andinen Bergland so unzugänglich ist, dass es keine wirklich belegten Zahlen über seinen Bestand gibt. Sein dichtes Fell ist einfarbig schwarz mit schneeweißen Haaren um das Maul herum. Der Bergoder Wolltapir, dessen Rüssel besonders lang ist, wird wegen seines Fleisches stark bejagt. Aber wie so oft ist der Jagddruck auf die Tiere besonders groß, weil Quacksalber und Wunderheiler Zehen, Haut, Zähne und Knochen zu angeblichen Heilmitteln und insbesondere zu Aphrodisiaka verarbeiten.

Huftiere als taxonomische Bezeichnung für alle Pflanzen fressenden Säugetiere, deren letzte Zehenglieder in Anpassung an das Laufen mit einem hornigen Huf umkleidet sind, ist verallgemeinernd und nicht phylogenetisch definiert. Über diese Generalisierung hinaus ist es schwierig, gemeinsame Merkmale für alle Huftiere (*Ungulata*) zu finden. In der modernen Taxonomie wird die Bezeichnung Huftiere nur noch als Beschreibung einer ökologischen Anpassung verstanden, die in mehreren Linien erfolgte und wenig über verwandtschaftliche Beziehungen aussagt. Neben zahlreichen ausgestorbenen Gruppen bezieht man heute außer Unpaarhufer (*Perissodactyla*) und Paarhufer (*Artiodactyla*) auch Seekühe

(*Sirenia*), Rüsseltiere (*Proboscidea*), Schliefer (*Hyracoidea*) und Röhrenzähner (*Tubulidentata*) in die Bezeichnung Huftiere mit ein. Aufgrund bestimmter Sonderbildungen der Backenzähne, des Felsenbeins und der Rückbildung der Schlüsselbeine werden zudem die Wale (*Cetacea*) in die Nähe der Huftiere gestellt.

Bei den Unpaarhufern trägt die mittlere Zehe die Hauptlast des Fußes, mit einem einzigen vergrößerten Huf wie beim Pferd oder einer Mittelzehe mit jeweils einer kleineren Zehe links und rechts wie bei Nashorn und Tapir. Obwohl die Unpaarhufer im Alttertiär sehr verbreitet waren, wurden sie im Miozän nur noch durch Tapire, Pferde, Nashörner und die inzwischen ausgestorbenen krallenbewehrten Chalicotherien vertreten, als die Paarhufer ihren Zenit erreichten.

In der Blütezeit der Paarhufer im Miozän stiegen diese zu den beherrschenden Pflanzenfressern auf und unter ihnen wurden die Hornträger (*Bovidae*) zu den effizientesten Pflanzenfressern überhaupt.

Die Paarhufer umfassen die Mehrzahl der heutigen Huftiere wie Rinder, Schafe, Giraffen, Schweine, Flusspferde, Kamel und Hirsche. Bei ihnen ist das Körpergewicht auf die beiden mittleren Zehen gelagert, wobei bei schwereren Formen wie den Flusspferden vier Zehen das Gewicht tragen.

Am erfolgreichsten unter den Paarhufern wurden die Wiederkäuer (*Ruminantia*), bei denen sich das Wiederkäuen unabhängig von den ebenfalls wiederkäuenden Kamelen parallel entwickelt hat. Zu den Wiederkäuern gehören die Moschustiere, Hirsche, Giraffen und die Hornträger (Gabelböcke, Ziegen, Schafe, Moschusochsen, Antilopen, Rinder). Bei ihnen ist der Magen in vier Kammern geteilt, wobei in den ersten beiden Kammern, Pansen und Netzmagen, die schwer abbaubare Pflanzennahrung von Bakterien zerlegt wird. Die Wiederkäuer können mit Hilfe ihres vierkammrigen Magens große Mengen von Pflanzenfutter schnell aufnehmen und dieses später in Ruhe gut durchkauen und verdauen. In Afrika belegen die zahlreichen Antilopenarten den Erfolg der Wiederkäuer, in Nordamerika waren es die mächtigen Bisonherden und in Eurasien Rehe und Hirsche.

Eine Vorstellung von den frühen Wiederkäuern vermittelt der Kleinkantschil (*Tragulus javanicus*) [Abb. 39], ein urtümlicher Zwerghirsch, der in den Wäldern Südostasiens ein nachtaktives Leben als Schlüpfer in Dickichten führt. Bei ihm sind der zweite und fünfte Zeh noch gut entwickelt und im Vergleich zur dritten und vierten Zehe nur wenig schwächer und etwas nach oben versetzt. Ein Geweih fehlt diesem ursprünglichen Hirsch noch, dafür sind die oberen Eckzähne beim Männchen als lange, nach unten gerichtete Dolchzähne ausgebildet. Beim Weibchen bleiben sie kegelförmig und stiftartig klein.

Der Kleinkantschil ist der kleinste Zwerghirsch, von denen insgesamt drei Arten (*Tragulus*-Arten) in Südostasien und eine Art, das Wassermoschustier (*Hyemoschus aquaticus*), in Westafrika vorkommen. Die Zwerghirsche oder Hirschferkel unterscheiden sich von den anderen Wiederkäuern so sehr, dass man sie in die eigene Teilordnung *Tragulina* abtrennt. Zwar haben sie mit den ursprünglichsten echten Hirschen, den Moschustieren (*Moschinae*), die langen dolchförmigen Eckzähne gemeinsam, doch unterscheiden sie sich in zahlreichen anderen Merkmalen deutlich. So fehlt ihnen beispielsweise die Moschusdrüse und ihr Blättermagen ist fast vollständig rudimentär.

Als Bindeglieder zu den Nicht-Wiederkäuern besitzen Hirschferkel ein Mosaik von beiden Gruppen: der vierteilige Magen, fehlende Schneidezähne im Oberkiefer und drei Vor-

Abb. 39: Der Kleinkantschil ist ein nächtlich lebender Einzelgänger. Bei Rangordnungskämpfen beißen die Männchen mit den Eckzähnen des Oberkiefers zu. Ihr kleines Wohngebiet, das häufig in Wassernähe liegt, markieren sie ständig mit Kot, Harn und Drüsensekreten.

backenzähne haben sie mit Wiederkäuern gemeinsam, ursprüngliche Merkmale von Nicht-Wiederkäuern sind das Fehlen von Hörnern oder eines Geweihs und die scharfschneidigen Kanten der Backenzähne.

Die Eckzähne zum Revierkampf setzt der Muntjak (*Muntiacus muntjak*) [Abb. 40] ein, obwohl er ein kurzes Gabelgeweih besitzt. Was der Kantschil als Bindeglied an der Basis der Wiederkäuer ist, ist der Muntjak auf dem Weg zu den Echten Hirschen (*Cervidae*). Die ältesten Hirsche im unteren Oligozän hatten keine Geweihe, besaßen aber wie der Muntjak hauerartig verlängerte obere Eckzähne zum Kämpfen und Drohen.

Zum Drohen läuft der Muntjak mit hoch erhobenem Haupt langsam nickend vor dem Gegner auf und ab und zeigt mit zurückgezogenen Lippen seine Zähne. Dieses Verhalten kann man auch beim Rothirsch und anderen modernen Hirschen noch sehen, obwohl bei ihnen die Eckzähne zu

Abb. 40: Der Chinesische Muntjakbock besitzt wie alle männlichen Muntjakhirsche ein kurzes Geweih. Beim Kampf um die Weibchen wird dieses ebenso eingesetzt wie die weit gefährlicheren hauerartigen Eckzähne. Gegenüber jüngeren Böcken reicht oftmals schon ein bloßes Zurückziehen der Mundwinkel und Zähnezeigen zur Einschüchterung aus.

Abb. 41: Die nach oben gebogenen Eckzähne des Hirschebers durchbrechen die Rüsseldecke und wachsen schließlich nach hinten. Das Verbreitungsgebiet der Tiere beschränkt sich auf die Primär- und Sekundärwälder der Insel Sulawesi, dem früheren Celebes.

winzigen Gebilden reduziert sind und die männlichen Tiere beim Kommentkampf ihr mächtiges Geweih einsetzen.

Beim Muntjak besitzen beide Geschlechter hauerartige Eckzähne, wenn auch die der Weibchen weit kleiner und als Waffe kaum nützlich sind. Die isolierten Populationen des Muntjak haben in den Wäldern Süd- und Südostasiens mehrere Unterarten gebildet, die alle den gedrungenen Körper der Buschschlüpfer aufweisen.

Exzessiv vergrößerte Eckzähne sind das unverwechselbare Merkmal des ausgewachsenen Hirschebers. Der Hirscheber oder Babirusa (*Babyrousa babyrussa*) [Abb. 41] weist gegenüber den echten Schweinen einige Eigentümlichkeiten auf. So verwendet er beispielsweise seinen Rüssel nicht zum Wühlen und seine Backenzähne sind einfach gebaut. Diese beiden ursprünglichen Merkmale sprechen ebenso wie das Schrumpfareal auf der Insel Sulawesi dafür, diese Tiere als Lebende Fossilien anzusehen. Einige Forscher betrachten die Hirscheber sogar näher mit Flusspferden als mit Schweinen verwandt. Andererseits sind die skurril gestalteten oberen Eckzähne eher eine jüngere Errungenschaft, deren Funktion man nicht kennt. Da die oberen und die unteren Eckzähne nicht gegeneinander schleifen, werden beide auch nicht abgenützt. In einigen Fällen wachsen die nach hinten gebogenen oberen Eckzähne dann sogar wieder ins Nasenbein ein. Beim Rivalenkampf nützen sie auch nicht. Nach Drohen und anfänglichem Schnauzenstoßen gehen die Eber bald dazu über, sich seitlich wegzupressen oder sich mit den Vorderhufen zu schlagen, indem sie sich auf die Hinterbeine stellen.

Von neuen und unentdeckten Arten

Einen neuen Hirsch im Fernen Osten entdeckten 1994 Fotografen im Regenwald des Grenzgebietes zwischen Laos und Vietnam. Es war ein Riesen-Muntjak, der schließlich den wissenschaftlichen Namen *Megamuntiacus vuquangensis* erhielt. Außer einigen Geweihtrophäen, wenigen Fotos und einigen Hautfetzen, anhand deren man eine Untersuchung des

Erbgutes durchführen konnte, weiß man noch wenig über die neu entdeckte Art. Sie ist mit einer Schulterhöhe von 65 bis 75 Zentimetern, rund 50 Kilogramm Gewicht und 20 Zentimeter Geweihlänge deutlich größer als der eigentliche Muntjak. Inzwischen sind die Angaben und Daten des Riesen-Muntjak in einer Fachzeitschrift korrekt publiziert, und damit ist seine Entdeckung wissenschaftlich akzeptiert.

Ein hot spot für Kryptozoologen, in dem noch viele weitere seltene unerforschte Arten leben, scheint der laotisch-vietnamesische Regenwald zu sein, der erst vor kurzem für Wissenschaftler wieder zugänglich wurde. Innerhalb weniger Jahre wurden hier neben dem Riesen-Muntjak das Vu-Quang-Dschungelrind oder Spindelbock (*Pseudoryx nghetinhensis*) und die Drehhornantilope (*Pseudonovibos spiralis*) sowie eine neue Karpfenart entdeckt. Der ursprüngliche Spindelbock trägt Oryx-ähnliche Hörner und erinnert äußerlich an eine Ziege oder eine Antilope. Aufgrund von DNA-Analysen zeigte sich aber, dass der Paarhufer wohl am ehesten zu den Rindern zu stellen ist, wenn auch Vergleiche der Erbsubstanz keinerlei sichere Zuordnung zu einer bekannten rezenten Gattung erlauben.

Trotz der Untersuchung verschiedener Hörner, die alle eine mehr oder weniger starke Biegung aufweisen, gilt die Drehhornantilope, die noch kein Wissenschaftler lebend gesehen hat, als eines der unbekanntesten Großtiere der Erde.

Präparierte Felle, Hörner oder Erzählungen der einheimischen Bevölkerung sind in der Regel der Anfang einer mühsamen, aber aufregenden Suche. Außer genauere Informationen über die neu entdeckte Art zu bekommen, gilt es auch, den Lebensraum dieser Arten als Schutzgebiete auszuweisen und die einheimische Bevölkerung über die zoologische Bedeutung des seltenen Tieres aufzuklären. In Vietnam beteiligt sich die Zoologische Gesellschaft für Arten- und Populationsschutz seit Jahren mit Erfolg an dieser Arbeit.

Nach jahrzehntelangen Vermutungen über die Existenz eines Schwarzen Languren wurde 1998 in Zentralvietnam ein zwei Jahre altes Männchen gefangen, bei dem es sich um eine bis dato unbekannte neue Primatenart handeln könnte. Sowohl der taxonische Status dieser Form wie auch seine mögliche Verbreitung sind noch völlig unklar. Von Jägern oder Bauern gesichtete Schwarze Languren stellen sich oftmals als Gibbons heraus und es darf auch nicht vergessen werden, dass in den Dschungelgebieten Wilderei und Tierschmuggel für einen immer mehr ausufernden Wildtierhandel in Zentralvietnam einen ehrlichen Informationsfluss behindern.

So mischt sich in die Freude und das Erstaunen über die Entdeckung neuer Arten höherer Wirbeltiere meist sofort wieder als Wermutstropfen die Sorge um den Fortbestand der neu entdeckten Art. Meist ist deren Verbreitungsgebiet winzig und die Population erschreckend klein.

So bleibt zu hoffen, dass das mit einer sensorgesteuerten Kamera in Südvietnam erstmals fotografierte, äußerst seltene Java-Nashorn nicht gleich den Wilderern zum Opfer fällt.

Von der Savanne in den Regenwald zurückgezogen hat sich zu Beginn des Pliozäns vor 4,5 Millionen Jahren das Okapi (*Okapia johnstoni*). Erst 1901 wurde es von der Wissenschaft entdeckt, nachdem Fellreste, Schädel und paarige Hufabdrücke schon bekannt waren. Johnstons Pferd, *Equus johnstoni*, wurde es trotz der paarigen Hufe anfangs benannt, bevor erstmals lebende Tiere beobachtet werden konnten.

Die Entdeckung der scheuen Waldgiraffe galt auch deshalb als Sensation, weil Giraffen typische Savannentiere sind und kaum jemand damit rechnete, ausgerechnet im dichtesten

Dschungel deren nächste Verwandte anzutreffen. Ausgestorbene kurzhalsige Giraffen aus den Steppengebieten des miozänen Europas und Indiens kannte man zwar, im Ituri-Tieflandregenwald von Zaire bewohnen sie aber heute noch einen etwa 220 Kilometer schmalen und 1000 Kilometer langen Streifen, eine begrenzte Region im riesigen Kongobecken.

Fellüberzogene Hörner wachsen den jungen Okapimännchen ebenso wie das bei den Giraffen der Fall ist. Neben vielen weiteren Übereinstimmungen im Körperbau sind Savannengiraffe und Waldgiraffe sogar von den gleichen Darmparasiten, dem Hakenwurm *Monodontella giraffae*, befallen. Da die Parasiten in ihren Wirten unter weitgehend konstanten Umweltbedingungen leben, ist die Evolutionsgeschwindigkeit von Schmarotzern allgemein langsamer als die ihrer jeweiligen Wirtstiere. Das gilt in ganz besonderem Maße für hoch spezialisierte Innenparasiten, die nur mit ganz besonderen Abwehrmechanismen im durch Verdauungsenzyme höchst lebensfeindlichen Darm überleben können. Während sich ihre Wirte an ihre verschiedenen Lebensräume mit unterschiedlichen Formen angepasst haben, konnten die Parasiten nahezu unverändert weiter existieren. Parasiten werden daher verschiedentlich herangezogen, um verwandtschaftliche Beziehungen ihrer Wirtstiere aufzuklären oder Hypothesen über deren Abstammungsverhältnisse zu untermauern.

Das Sozialverhalten unterscheidet sich bei Giraffen und Okapis. Während Savannengiraffen gesellig in kleinen Gruppen oder größeren Herden umherziehen, leben Okapis als ausgesprochene Einzelgänger. Die tagaktiven Waldbewohner wandern auf festen Wechseln durch ihr Wohngebiet, wobei die Streifung ihres samtigen Fells die Silhouette der Tiere wirkungsvoll auflöst. Wo das Laubdach aber zu dicht wird, wachsen am dämmrigen Boden zu wenige Nahrungspflanzen, unter denen die Okapis sehr genau auswählen, was sie zu welchem Zeitpunkt fressen. Lichtungen und Flussufer sind daher ihre bevorzugten Aufenthaltsorte, den Waldrand hin zur Feuchtsavanne meiden die ungeselligen Tiere. Männchen wie Weibchen markieren ihre Streifgebiete mit Kot und einer braunen öligen Flüssigkeit. Die Reviere der Männchen sind mit zwei Quadratkilometern doppelt so groß wie die der Weibchen, die dafür aber die Waldgebiete mit dem günstigeren Bestand an Lieblingsfutterpflanzen besetzen. Die Jungtiere wandern nur kurze Zeit mit der Mutter umher, bevor sie sich spätestens nach einem drei viertel Jahr ein eigenes Gebiet suchen. Trotz der besseren Nahrungsbasis in ihrem Streifgebiet sind die Mütter bis zu diesem Zeitpunkt merklich abgemagert.

Wie bei vielen anderen Huftieren verläuft das Paarungsritual der Okapis so: Die Partner umkreisen und beschnuppern sich, bevor der Bulle die Kuh nach vorne treibt, um von hinten zur Kopulation aufzureiten. Anders als bei den Savannengiraffen und vielen anderen Huftieren aber ist die Beziehung zwischen den Okapi-Geschlechtern. Das Weibchen sucht während der Brunftzeit verschiedene Bullen aktiv auf und lässt sich von ihnen besteigen. Im dichten Urwald konnten sich gruppenbindende Verhaltensweisen weniger entwickeln, das Sexualverhalten ist daher weniger von Rangordnungsstrukturen beeinflusst.

Im Regenwald oder in der Tiefe des Meeres wird man am ehesten neue Arten entdecken – vielleicht auch weitere Großtiere. So ist schon die seitherige Entdeckungsgeschichte neuer Tierarten, von Ausnahmen abgesehen, eine Geschichte aus Regenwald und Ozean.

Während von 1850 bis zum Ende des 19. Jahrhunderts noch viele Großtiere im Berg- oder Grasland für die Wissenschaft neu entdeckt wurden wie beispielsweise Takin oder Gnuziege, Irbis oder Schneeleopard, Bambusbär oder Panda, Giraffengazelle, Urwildpferd,

Grévy-Zebra und Massai-Strauß, um nur einige zu nennen, kamen die Neuentdeckungen im 20. Jahrhundert eher aus den unzugänglichen Lebensräumen Regenwald und Tiefsee: Zum Okapi aus dem afrikanischen Regenwald kamen Waldelefant, Riesenwaldschwein, Kongo-Pfau und Zwergschimpanse. In der Tiefsee fand man zahlreiche neue Fischarten wie den leuchtenden Tiefseeteufel, bevor der 1938 an der südafrikanischen Küste gefangene Quastenflosser *Latimeria* zur zoologischen Sensation des Jahrhunderts erklärt wurde.

Technischer Fortschritt ist neben der Öffnung bisher unerforschter Regionen ein weiterer Grund dafür, dass in den letzten Jahren mehr neu entdeckte Arten beschrieben wurden als je zuvor. Bei der Suche nach vermuteten Lebewesen aufgrund von Gerüchten, Mythen und Legenden helfen lichtstarke Kameras, die mit Infrarotsensoren ausgestattet sind, ebenso wie Satellitenlandkarten. In der Tiefseeforschung scheinen besonders ferngesteuerte High-Tech-Tauchboote erfolgreich zu sein.

Heute reichen oftmals Knochen, Hautfetzen oder Kotreste, um über Genanalysen die Existenz eines bisher unbekannten Tieres zu beweisen.

Wissenschaftliche Neubeschreibungen werden also auch im 21. Jahrhundert möglich sein, wie der kürzlich im ostandinen Bergnebenwald von Ecuador entdeckte Ameisen-Pitta (*Grallaria ridgelyi*) beweist. Von diesem größten Vogel, der in den letzten 50 Jahren entdeckt wurde, war zunächst nur eine Tonband-Aufzeichnung seines eigenartigen Schreis bekannt. Als Lockruf eingesetzt war es gerade diese Tonbandaufzeichnug, die ein handballgroßes Tier auf stelzenartigen Beinen vor die Kamera des Feldforschers führte. Ameisen-Pittas erbeuten Insekten, die von den Marschkolonnen der Treiberameisen aus ihrem Bodenversteck aufgeschreckt werden.

Mit der Entdeckung des winzigen Krallenaffen (*Callithrix humilis*) begann in den späten 90er-Jahren des 20. Jahrhunderts eine Reihe spektakulärer Artenfunde im brasilianischen Amazonastiefland. Auf einer Fläche der Größe Frankreichs spürte man zwölf bisher unbekannte Affenarten auf, die zu verschiedenen Primatengruppen wie Marmosetten, Tamarine, Uakaris, Spring- und Klammeraffen gehören. Wie viele unbekannte Insekten, Vögel oder Pflanzen mag es dort wohl noch geben?

Auch die nebelverhangenen Bergwälder Neuguineas beherbergen mit Sicherheit noch viele neue Spezies, wie die erst kürzlich gefundene neue Unterart eines Baumkängurus, *Dendrolagus dorianus,* belegt.

Namenlos kann eine neu entdeckte Art nicht lange bleiben, soll sie wissenschaftlich anerkannt werden. Seit Carl von Linné tragen weltweit alle Spezies einen Doppelnamen, wobei der Vorname die Gattung angibt, der Nachname bezeichnet die Art. Der Gattungsname steht bei vielen Neuentdeckungen durch verwandtschaftliche Beziehungen fest, der Artname dagegen wird vom Neuentdecker frei gewählt. Seit 1758, dem Beginn wissenschaftlicher Nomenklatur, wurden rund 1,8 Millionen Tier- und Pflanzenarten beschrieben. Jahr für Jahr werden rund 10 000 weitere Arten neu aufgestöbert, worunter besonders häufig Insekten zu finden sind.

Um sowohl die Wissenschaftler zu unterstützen, die als Systematiker innerhalb der biologischen Disziplinen an den Universitäten oftmals zu einem Schattendasein verurteilt sind, wie auch konkrete Schutzprojekte in den meist tropischen Ursprungsländern der neuen Arten aufzubauen, haben mehrere zoologische Forschungsinstitute und Museen die Initiative *Biopat* gegründet. Gegen einen bestimmten finanziellen Beitrag vermittelt *Biopat*

Namenspaten für neu entdeckte Tier- und Pflanzenarten. Als Anerkennung für seine Spende bekommt der Pate die Möglichkeit, für eine neue Art einen Artnamen nach seiner Wahl vorzuschlagen. So hat inzwischen schon ein tennisbegeisterter Zoologe einer Meeresschnecke den Namen *Rufonaria borisbeckeri* gegeben.

In einer Zeit, in der Sponsoren nicht nur Sportveranstaltungen ermöglichen, sondern vermehrt auch Schul- und Universitätsunterricht finanziellen Beistand gewähren, ist dies eine, wenn auch nicht ganz unumstrittene Möglichkeit, Biodiversitätsforschung und Artenvielfalt zu unterstützen. Schließlich ist die Vielfalt der Arten und der Lebensräume, die Ökodiversität, die grundlegende Voraussetzung für eine Zukunft aller Lebewesen, nicht zuletzt auch für die des Menschen.

Die Insel der Lemuren 5

Abb. 42: Die Dominanz der Weibchen über die 5 bis 20 Mitglieder große Gruppe ist bei den Kattas am deutlichsten ausgeprägt.

Die Waldgeister von Madagaskar

Die Geräusche aus dem Urwald waren für die Ureinwohner Madagaskars die Stimmen von Geistern. In Wirklichkeit sind die geisterhaften Laute die Schreie der Indris, die lautesten Tierstimmen auf der Insel überhaupt. Mit dem Geschrei, das noch in fast drei Kilometer Entfernung zu hören ist, markieren die Indris ihr Territorium, meist in gemeinsamem Chorgesang. Als Lemuren, „Geister der Toten", bezeichneten schon die alten Römer die Seelen von Verstorbenen, die in der Nacht umherirrten. Während man lange Zeit den Namen allgemein auf sämtliche Halbaffen übertrug, verwendet die Wissenschaft ihn heute nur noch für die Teilordnung *Lemuriformes,* Lemurenähnliche.

Babakoto, Vatersohn, nennen einige madagassische Stämme den Indri (*Indri indri*), der schwarzweiß gefärbt aufrecht auf dem Boden läuft und mittels eines stimmverstärkenden Kehlsacks seine durchdringenden Schreie erzeugt. Das Tier mit der Größe eines fünfjährigen Kindes soll mit den Menschen die gleichen Urahnen haben. Während die Menschen zum Ackerbau übergingen und schließlich gegeneinander Kriege führten, zogen sich die Indris zu einem friedlichen Leben als Pflanzenfresser auf die Bäume zurück. Diese und andere Geschichten bezeugen die Bedeutung der Lemuren in den Kulturvorstellungen der Madagassen. Daher war es bis vor kurzem auch undenkbar, dass jemand Jagd auf den Vatersohn macht. Doch bringt heute die allgegenwärtige Vernichtung des Regenwaldes den hoch spezialisierten Vegetarier an den Rand der Ausrottung.

Nur ein Bruchteil der Größe Afrikas und doch weist Madagaskar fast alle Klimazonen wie sein riesiger Nachbar auf. Gegen Ende der Jurazeit war Madagaskar noch eine dem Festland nahe gelegene Insel, driftete aber im Tertiär weit nach Osten. Die Isolation führte zu einer eigenständigen Flora und Fauna, die sich aus den vom Festland abgetrennten Urformen entwickelte. Diese waren einst weit verbreitet, sind heute aber in anderen Regionen der Welt fast überall verschwunden. Nur wenige Arten wie beispielsweise die Fliegenden Hunde oder die von menschlichen Siedlern vor wenigen tausend Jahren eingeführten Haustiere kamen in späteren Zeiten hinzu. Neun Zehntel der Tier- und Pflanzenarten sind endemisch, kommen sonst also nirgends auf der Erde vor.

Der noch bis in die Tertiärzeit geringe Abstand zu Afrika erklärt die Ähnlichkeiten mit der afrikanischen Tierwelt durch die Möglichkeit eines regen Faunenaustausches. Die geographische Isolation führte dann aber schließlich zu einem eigenständigen faunistischen Inselmuster, bei dem zahlreiche Großgruppen wie beispielsweise Paarhufer, Pferde, Elefanten und höhere Affen fehlen.

Die vier wichtigsten Säugetiergruppen der Insel lassen sich alle von sehr altertümlichen Vorfahren ableiten, die ihre Hauptentfaltung während des frühen Tertiärs hatten. Neben den Lemuren sind dies die Schleichkatzen (*Viverridae*), zu denen die Fanaloka und die Frettkatze zählen, die madagassischen Mungos (*Galidiinae*), die sehr ursprünglichen Madagaskarmäuse (*Nesomyinae*) und die Borstenigel oder Tanreks. Diese Reliktformen sind außerhalb Madagaskars, wo sie der Konkurrenz höher entwickelter Säugetiere ausgesetzt waren, weitgehend verschwunden. Schleichkatzen und Lemuren stehen auf der Insel in vielfältigen Jäger-Beute-Wechselbeziehungen, wobei sich zwischen ihnen längst ein biologisches Gleichgewicht eingestellt hat.

Sieben ökologische Zonen, die in ihrem Klima und in der Vegetation beträchtlich voneinander abweichen, werden in Madagaskar unterschieden. An der Ostseite wächst ein rund 50 Kilometer breiter immergrüner Regenwaldgürtel, im Westen findet man laubabwerfende Trockenwälder. Während es im Süden so gut wie nie regnet und sich daher Halbwüsten und semiaride Vegetation eingestellt haben, bringen im Nordwesten die tropischen Regenschauer ständig Feuchtigkeit und lassen eine reiche Vegetation gedeihen. Das zentrale Hochland ist kühl und wird von mehreren Bergrücken durchzogen, die bis zu 3000 Meter hoch aufragen. In den sumpfigen Mündungsgebieten der breiten Ströme hat sich dichte Mangrove ausgebreitet.

Die verschiedenen Zonen wurden von unterschiedlichen Lemuren-Arten besetzt: Wieselmaki und Katzenmaki bewohnen den feucht-heißen Regenwald im Osten, der Indri fühlt sich im kühlen Bergland wohl, während Mausmaki und Katta im trockenen Buschland des Südwestens zurechtkommen.

Zu großem Formen- und Artenreichtum haben sich die Lemuren auf Madagaskar entfaltet. Ähnlich wie bei der adaptiven Radiation der Beuteltiere in Australien haben sich die frühen Primaten auf Madagaskar zu Maus-, Zwerg-, Wiesel-, Hörnchen-, Schleichkatzen- und Affentypen entwickelt. Und wie die Beuteltiere Australiens sind auch die Lemuren Madagaskars keine Lebenden Fossilien im engeren Sinne. Zwar kennt man Fossilfunde aus dem Tertiär der nördlichen Hemisphäre und Südasiens, doch sind die rezenten madagassischen Lemuren vielfach spezialisiert, was selbst noch für die ursprünglichsten echten Makis der Gattung *Lemur* gilt. Andererseits aber geben uns die heute auf Madagaskar beschränkten Tiere eine Vorstellung über die Lebensweise der frühen Primaten, was ihre Darstellung in diesem Kapitel zweifellos rechtfertigt.

Für die adaptive Radiation der Lemuren Madagaskars sind die ökologischen Verhältnisse mit einer Vielfalt von Lebensräumen ebenso ausschlaggebend wie die geographische Separation vom afrikanischen Kontinent durch die 400 Kilometer breite Meeresstraße von Moçambique, die für zahlreiche Tiere eine unüberwindbare Schranke darstellt.

Eine frühe Primatenform, die wohl den heutigen Mausmakis ähnelte, erreichte auf Treibholz die Küsten Madagaskars. Diese ersten Lemuren trafen keine konkurrierenden Säugetiere an und spalteten sich in rund 40 verschiedene Arten auf. Von Fossilfunden im Westen der Insel kennt man den Pavian-ähnlichen *Archaeolemur*, den Dschelada-artigen *Archaeoindris* und den Koala-ähnlichen *Megadalapis*. Heute sind 30 lebende Arten von Lemuren bekant, die ausschließlich auf Madagaskar vorkommen. Einige Arten wurden erst in den letzten Jahren entdeckt, wie beispielsweise 1987 der Goldene Bambuslemur (*Hapalemur aureus*). Dieser hoch spezialisierte Bambusfresser nimmt Tag für Tag mit seiner Nahrung eine Menge an Blausäure auf, die jeden Menschen sofort töten würde. Mehrmals am Tag frisst der Lemur zur Neutralisation Erde, deren Mineralien und Mikroorganismen das hoch giftige Zyanid in ungiftiges gelbes Blutlaugensalz umwandeln.

Vier verschiedene Ökotypen lassen sich heute unter den Lemuren Madagaskars unterscheiden: Die blattfressenden Indris mit einem affenähnlichen Schädel sind gesellige Tagtiere mit großen Händen und Füßen. Die viel kleineren Makis besitzen als nachtaktive Tiere ein gutes Gehör und auffallend große Augen, die in der Dämmerung die Jagd auf Insekten ermöglichen. Die Lemuren im engeren Sinne, zu denen auch der Katta zählt, sind Früchtefresser. Das Fingertier oder Aye-Aye (*Daubentonia madagascariensis*) hat gewissermaßen die ökologische Nische der Spechte besetzt und lebt außer von Bambusmark von Käferlarven und Insekten, die es aus morschen Bäumen holt. Spechte fliegen ungern über Wasser und sie fehlen demnach auch auf Madagaskar. Analog zum Specht klopft das Aye-Aye die Rinde der Bäume zum Nahrungserwerb ab. Seine fledermausgroßen abstehenden Ohren registrieren auch das leiseste Geräusch bohrender Insekten. Statt eines Schnabels verwendet das Fingertier seine zwei meißelförmigen, ständig nachwachsenden Schneidezähne zum Aufreißen der Rinde, um dann mit dem skelettähnlichen, stark verlängerten Mittelfinger die Beute herauszuholen. Als geschickter Kletterer sind die primatentypischen Fingernägel sekundär zu Krallen umgebildet. Nur an Daumen und Großzehe trägt das Fingertier Plattnägel, wie sie für die übrigen Primaten kennzeichnend sind.

Das Aye-Aye hat es besonders schwer auf Madagaskar, denn es gilt als böser Geist. Wird es in der Nähe des Dorfes gesehen, muss es sofort getötet werden, um Unglück abzuwenden. Nachdem das Fingertier international zu einem besonders gefährdeten Tier erklärt wurde, schuf die madagassische Regierung vor 35 Jahren auf der damals unbewohnten Insel Nosy Mangabe ein besonderes Schutzgebiet. Die 16 dort ausgesetzten Tiere haben sich inzwischen gut vermehrt, so dass die Zukunft des Fingertieres vorerst gesichert scheint.

Erst in jüngster Zeit sind unter der Einwirkung der frühen Einwanderer weitere ökologische Gruppen verschwunden wie der bärenartige Riesenlemur, der Groß-Indri mit dem pavianähnlichem Schädel oder ein Lemur, der sich wie ein Faultier in den Bäumen hängend aufhielt.

In manchen Gebieten kommen bis zu zehn Lemuren-Arten nebeneinander vor. Dies ist möglich, weil die einzelnen Arten unterschiedliche Aktivitätszeiten haben und das gesamte zur Verfügung stehende Nahrungsspektrum nutzen: Die meisten Lemuren sind nachtaktiv, Vari und Bambuslemur sind in der Dämmerung unterwegs und die großen Arten wie Indri, Sifaka und Katta sind am Tage auf den Beinen. Ihre Augen haben aber hinter der Retina eine reflektierende Schicht, die die Sehkraft bei trübem Licht erhöht, eine Besonderheit von nachtaktiven Tieren, die beweist, dass auch diese Lemuren vor noch nicht allzu langer Zeit ein nächtliches Leben führten. Während der Große Katzenmaki ein Allesfresser ist, sucht der Indri Früchte und Blätter, der Katta Blüten und Früchte und die Bambuslemuren, entsprechend ihrem Namen, Blätter und Blattsprosse vom Bambus. Der Nahrungsspezialist Fingertier hat ebenfalls keine Futterkonkurrenten.

Weibliche Dominanz gegenüber den Männchen ist bei Primaten ungewöhnlich, bei den Kattas wie bei den anderen Makis aber die Regel. Obwohl die Weibchen den Männchen körperlich in keiner Weise überlegen sind, dominiert selbst das rangniedrigste Weibchen über das ranghöchste Männchen. Bei einer Kopf-Rumpf-Länge von 50 Zentimetern erreicht ein Katta (*Lemur catta*) ein Körpergewicht von 2,2 Kilogramm. Der schwarzweiß geringelte Schwanz, der für die ausgeprägte soziale Hierarchie eine wichtige Rolle spielt, wird noch einmal 50 Zentimeter lang. Innerhalb der Gruppe bestehen für die beiden Geschlechter getrennte Rangordnungen. Die Männchen legen die Rangordnung untereinander in einem ritualisierten „Stinkkampf" fest. Dazu imprägnieren sie ihren langen Schwanz mit Sekreten aus den Duftdrüsen der Innenseiten der Unterarme. Nachdem sie mehrmals den Schwanz über die Drüsen gestrichen haben, wedeln sie ihren Konkurrenten mit dem nun stinkenden Schwanz vor der Nase herum, was rangniedere Tiere sichtlich beeindruckt. Der ranghöchste Mann darf sich dann den Tag über zwischen der Weibchengruppe aufhalten, während die Rangniederen an den Rand der Gruppe gedrängt werden. Doch auch sie gehen nicht leer aus, da die Weibchen mit mehreren Männchen kopulieren. Die evolutionsbiologische Erklärung der Frauenherrschaft lässt noch manche Fragen offen: Enthält der männliche Duftstoff eine hormonelle Wirkung, der die Fruchtbarkeit seiner Konkurrenten herabsetzt? Bei einer solchen Hormonwaffe wäre körperliche Stärke nicht mehr von Vorteil. Haben die Weibchen ihre soziale Dominanz vielleicht auch dadurch etabliert, dass sie auch schwächere Männchen zur Fortpflanzung zulassen? Dann wäre ja eine körperliche Überlegenheit eines Männchens nicht besonders vorteilhaft.

Abb. 43: Der Vari fällt im stillen Regenwald besonders durch sein an- und wieder abschwellendes Gebrüll auf.

Nur mit dem Partner schlafen ist beim tag- und nachtaktiven Vari (*Lemur variegata*) [Abb. 43] die Regel. Während die Tiere am Tage als Gruppe unterwegs sind, verbringen sie die Nacht mit einem Partner des anderen Geschlechts. Denkbar, dass das Weibchen dabei das Männchen als schützenden Wächter für den Nachwuchs betrachtet. Varis sind vermutlich die einzigen Lemuren, die das Junge, nicht selten auch Zwillinge, im Baumnest ablegen. Alle anderen Lemuren nutzen von Geburt an ihre besondere Greiffähigkeit. Der Lemurensäugling klammert sich am Fell der Mutter an und begleitet sie, wohin sie auch immer geht. So ist ihm mütterlicher Schutz und Pflege ständig gewiss.

Winterruhe bei Primaten findet man nur bei Lemuren, wenn auch der madagassische Winter nicht Schnee und Regen bringt, sondern eine bis zu acht Monate lange Trockenzeit. Der Mausmaki (*Microcebus murinus*) muss sich innerhalb der vergleichsweise kurzen Regenzeit von vier Monaten ein ausreichendes Fettpolster anfressen, das er vor allem am Schwanz anlegt. Die dann reichlich vorhandene Nahrung, Früchte, verschiedene Insekten, Spinnen sowie kleine Baumfrösche und Chamäleons, lässt das Schwanzvolumen von 5 auf 20 Kubikzentimeter anschwellen. Mit einem Körpergewicht, das geringer ist als das eines Hühnereis, ist der Mausmaki der leichteste Lemur.

Wenn die Tage kürzer werden, vermindert der Maki seine Aktivitäten um bis zu 80 Prozent und hält eine Trockenzeitruhe, die der Winterruhe unserer einheimischen Tiere ähnelt. Die Körpertemperatur sinkt auf wenige Grad über der Umgebungstemperatur ab. Wenn im Laufe des Tages die Außentemperatur steigt, wärmt sich auch der Körper des Makis bis auf 25 °C auf, ohne dass sich die Stoffwechselrate erhöht. Erst bei einer Grenztemperatur über 25 °C wird das Tier aktiv und treibt durch heftiges Atmen innerhalb einer halben Stunde seine Körpertemperatur auf normale 36 °C hoch, um dann vorübergehend doch auf Futtersuche zu gehen.

Abb. 44: Als Nachttier besitzt das Zwergmaki große Augen mit einer reflektierenden Schicht, dem *Tapetum lucidum*, um die wenigen Lichtstrahlen besser ausnützen zu können.

Geschaffen für ein Leben auf Ästen ist der Larven-Sifaka (*Propithecus verreauxi*), der an heißen Tagen bis zu fünf Stunden auf Bäumen verschläft und an kühleren Tagen sich ganz oben auf dem Baumwipfel im Sonnenlicht wärmt. Mit erstaunlicher Präzision springt er mit seinen kräftigen Hinterbeinen bis zu zehn Meter weit von Ast zu Ast. Im Sprung breitet er eine Spannhaut zwischen Oberarm und Rumpf wie einen Fallschirm aus. Große Greifhände und -füße sowie der als Gleichgewichtsorgan dienende lange Schwanz sind weitere Kennzeichen eines aktiven Springers. Wo er eine freie Fläche überqueren muss, überwindet er diese mit tanzenden Sprüngen.

Am frühen Morgen breiten die Sifakas hoch oben im Baumwipfel ihre Arme aus und wenden die Brust zur wärmenden Sonne. Die Madagassen beobachteten die Tiere häufig in dieser Haltung und glaubten, sie beteten die Sonne an, so dass sie den Menschen heilig wurden. Sifakas haben es dadurch besser als das Aye-Aye.

Larven-Sifakas leben in Familiengruppen mit durchschnittlich acht Tieren, die ihr Revier gemeinsam verteidigen. Ist ein Revier besonders groß, beschränkt sich die Gruppe auf ein Viertel bis zur Hälfte der Fläche, die aktiv verteidigt wird. Die Duftmarken zur räumlichen Abgrenzung werden von den Weibchen gesetzt.

Der am besten bekannte fossile Lemur aus Nordamerika ist *Notharctus*, von dem mehrfach Schädel und ein nahezu vollständig erhaltenes Skelett in eozänen Ablagerungen im Südwesten Wyomings gefunden wurden. Das Fossil hatte ein affenartiges Gesicht mit nach vorn gerichteten Augen, die ein binokulares Sehen ermöglichten. Die stark gebauten Hinterbeine waren auffällig lang, so dass man diesen Lemur als Baumspringer ansehen kann, vergleichbar den heutigen Sifakas. Obwohl *Notharctus* im frühen Tertiär lebte, weist er bereits einen hohen Entwicklungsstand auf. Zum Nahrungserwerb brauchte er keine lange Schnauze mehr, wie die ursprünglicheren Lemuren, sondern bediente sich hierfür bereits seiner Finger.

Als halbe Affen bilden Lemuren, Loris und Koboldmakis mit den Affen und Menschen die Ordnung der Primaten oder Herrentiere. Affen und Halbaffen gemeinsam ist der opponierbare Greifdaumen an Händen und Füßen, die platten Fingerbeeren, die abgeplatteten Fingernägel und zwei Brustwarzen. Die fuchsartige Schnauze der Halbaffen aber hat mit einem Affenkopf wenig gemeinsam. Dies gilt auch für das verhältnismäßig kleine Gehirn, den feuchten Nasenspiegel, die fehlende oder zumindest stark eingeschränkte Farbsichtigkeit, den ausgeprägten Geruchssinn, der mit der Ausbildung mehrerer Duftdrüsen einhergeht, sowie die fehlende Mimik.

Die frühen Primaten, die im Paläozän vor 70 Millionen Jahren wahrscheinlich in Nordamerika entstanden sind, gingen, wie die Spitzhörnchen Südostasiens heute noch, auf nächtlichen Insektenfang. Ursprünglich war die Nase der Primaten mit einer feuchten haarfreien Hautfläche versehen, wie dies auch bei den Hunden der Fall ist. Ein solches Rhinarium besitzen unter den Primaten heute nur noch die Lemuren Madagaskars und die Loris in Afrika und Asien. Sie werden als *Strepsirrhini* allen anderen Primaten, den *Haplorrhini* gegenübergestellt. Zu diesen gehören die Koboldmakis (*Tarsius*) und die echten Affen (*Simiae, Anthropoidea*). Koboldmakis leben heute im Wesentlichen als Nachttiere mit übergroßen Augen auf Sumatra, Borneo, Celebes und den Süd-Philippinen.

Der Begriff Halbaffen (*Prosimiae*) bezeichnet eine paraphyletische Gruppierung, also eine Gruppe, deren Angehörige nicht auf eine ihnen gemeinsame Stammart zurückzuführen ist. Die Halbaffen bilden keine geschlossene Verwandtschaftsgruppe, vielmehr fasst man darunter mehrere Primatengruppen mit vielen ursprünglichen Merkmalen zusammen.

Die Insekten fressenden Vorfahren

Eine Odyssee durch das zoologische System haben die Spitzhörnchen oder Tupaias hinter sich und werden heute als eine eigene Ordnung *Scandentia* geführt, nachdem sie zeitweise einmal zu den Insektenfressern (*Insectivora*), ein anderes Mal an die Basis der Primaten (*Primates*) gestellt wurden. Immunologische Nachweisreaktionen und Vergleiche der Aminosäurensequenzen unterstützen die Sichtweise, Spitzhörnchen wie Primaten und Insektenfresser als jeweils eigenständige, aber nahe Verwandte mit gemeinsamen Vorfahren zu betrachten.

Tupaias weisen viele ursprüngliche Merkmale auf: Sie können nicht räumlich sehen, da ihre Augen weit hinten auf beiden Seiten der langen Schnauze liegen. Mit Duftdrüsen am Hals und in der Leistengegend markieren sie auf recht primitive Weise ihr Territorium. Ihre Finger tragen keine Plattnägel, wie dies für Primaten typisch ist, sondern scharfe Krallen und ebenso untypisch für Primaten ist die Geburt mehrerer Jungen auf einmal. Aber wie die Primaten sitzen die Tupaias beim Fressen aufrecht und führen mit ihren fünf Fingern die Nahrung zum Mund, in dem sich ein voll entwickeltes Primatengebiss befindet. Dabei kann der Daumen den Fingern aber nicht gegenübergestellt werden, eine echte Greifhand haben sie also nicht. Allerdings ist die Großzehe deutlich von den anderen Zehen abspreizbar. Dies ist stammesgeschichtlich interessant, wird doch bei der Individualentwicklung der

Affen der Fuß früher zum Greiffuß als die Hand zur Greifhand. Für vergleichende Anatomen zählt besonders, dass beim Tupaia wie bei den Primaten die Zunge eine knorpelige Unterzunge hat und die Augenhöhle von einem Knochenring umgeben ist.

Die Eingeborenen auf Borneo bezeichnen mit „tupai" sowohl die Spitzhörnchen, von denen hier neun verschiedene Arten bekannt sind, wie die ihnen zum Verwechseln ähnlich sehenden Baumhörnchen. Tupaias ähneln in vielen Eigenschaften den vor 70 Millionen Jahren ausgestorbenen Vorfahren der Primaten, die damals als kleine unscheinbare Tiere ein verstecktes Bodenleben führten. Wie diese huschen die heutigen Spitzhörnchen über den Waldboden und suchen mit ihrer empfindlichen Schnauze in der modernden Streu nach Insektenlarven und Früchten. Viele Tupaias klettern überhaupt nicht, wenn auch einige Arten wie unsere Eichhörnchen geschickt über waagrechte Äste laufen und das Zwergtupaia (*Tupaia minor*) weitgehend auf Bäumen lebt. Unsere Eichhörnchen sowie Baum- und Siebenschläfer ähneln den Spitzhörnchen zwar im äußeren Habitus, sind aber Nagetiere (*Rodentia*), zu denen es keine näheren verwandtschaftlichen Beziehungen gibt. Der im deutschen Namen vorangestellte Begriff „Spitz" weist auf die Ähnlichkeit der Schnauze mit derjenigen von Insekten fressenden Spitzmäusen hin, die zur Ordnung der Insektenfresser (*Insectivora*) gehören und zu denen man die Tupaias zeitweise rechnete, bevor sie an die phylogenetische Wurzel der Primaten gestellt wurden.

Aber gleichgültig, ob die Spitzhörnchen nun zu den Primaten gehören oder nicht, vermitteln sie uns auf jeden Fall ein Bild von denjenigen frühen Säugetieren in der Oberkreide vor 80 bis 100 Millionen Jahren, von denen die Primatenreihe abstammen muss.

Ein eigenes Pflegenest für die Jungen baut die Tupaia-Mutter, in welches sie ihre zwei bis drei nackten Neugeborenen setzt. Sie selbst lebt mit dem Männchen, das sich an der Brutpflege nicht beteiligt, in einer getrennt liegenden Nesthöhle dicht über dem Waldboden. Von hier aus besucht sie nur alle zwei Tage ihre Jungen, um sie zu säugen. Eine ausgesprochen nahrhafte Milch ermöglicht diese seltene Fütterung. Nach einem Monat verlassen die Jungen das Nest und mit vier Monaten beginnen die nun geschlechtsreifen Tiere eigenen Nachwuchs zu produzieren.

Mit 45 Tagen Tragzeit ist die Entwicklungsdauer deutlich länger als bei Insektenfressern, aber viel kürzer als bei vergleichbaren kleinen Primaten. Die nackten hilflosen Jungen sind dementsprechend weniger gut entwickelt als dies bei Primaten der Fall ist. Die äußerst dürftige Säuglingspflege unterscheidet sich deutlich von der elterlichen Fürsorge für das Einzelkind bei den Herrentieren.

Die Zahl der Zitzen hängt bei den verschiedenen Arten der Tupaias von der Zahl der üblicherweise typischen Kinderzahl ab.

Spitzhörnchen sind tagaktiv, mit Ausnahme der Federschwanz-Tupaias (*Ptilocercus*), von denen man wegen ihrer nächtlichen Lebensweise recht wenig weiß. Ob das weiße Haarbüschel am Schwanzende im dunklen Wald ebenso als soziales Signal dient wie der buschige Schwanz, mit dem die anderen Tupaias am Tage sich zuwedeln, ist nur zu vermuten. Das soziale Leben basiert sonst überwiegend auf dem Geruch.

Die baumlebenden Arten haben einen deutlich längeren Schwanz, der beim Balancieren hilfreich ist, als die bodenlebenden, die ihrerseits größer und schwerer sind. Bei baumlebenden Spitzhörnchen sind die Augenhöhlen weiter nach vorne gedreht, das Gehirn ist besser entwickelt und die Schnauze kürzer. Vielleicht sind es gerade diese Anpassungen an

Abb. 45: In den unzugänglichen Tropenwäldern Südostasiens führen die Tupaias ein verstecktes Leben. Der bekannteste Vertreter der Spitzhörnchen ist der Buschschwanztupaia, *Tupaia glis*.

Abb. 46: Der Potto bewohnt als Früchtefresser den Baumkronenbereich im afrikanischen Regenwald. Wie der Plumplori kann auch der Potto Daumen und große Zehe weit abspreizen und den anderen Fingern bzw. Zehen gegenüberstellen.

das Baumleben, die sich parallel bei den Primaten ebenfalls entwickelten, welche engere verwandtschaftliche Beziehungen zwischen Tupaias und Primaten vortäuschen.

Kaum mehr als vier Pärchen der rattengroßen Art *Tupaia glis* [Abb. 45] leben im Freiland auf einem Hektar. Sie bilden lockere soziale Gruppen, die in der Regel Nachkommen gemeinsamer Eltern oder Großeltern sind. Jede Familie verteidigt innerhalb des großen Gruppen-Territoriums ein eigenes kleines Heimrevier, an dessen Grenzen immer wieder Kämpfe mit Nachbarn stattfinden.

Bei Gefahr können sie geschickt auf den Bäumen umherrennen, sie flüchten aber nicht in die Höhe, sondern suchen am Erdboden ein schützendes Versteck.

Eine Sprosse höher im Stammbaum stehen im gleichen Dschungel die mit einem plüschartigen Fell bedeckten Loris. Wie in Zeitlupe klettert hier der pelzige Plumplori (*Nycticebus coucang*) mit großen Augen lautlos durch die Baumkronen und überrumpelt ruhende Vögel und Insekten. Blitzschnell fährt seine zu einer kräftigen Greifzange umgewandelte Hand aus und packt die überraschte Beute. Im Regenwald Zentral- und Westafrikas lebt ein größerer Verwandter, der stummelschwänzige, knapp katzengroße Potto (*Perodicticus potto*) [Abb. 46].

Loris sind wie die Lemuren Madagaskars zweifellos echte Primaten. Sie bringen nur ein Junges zur Welt, das sich sofort an den Pelz der Mutter anklammert und mit einem paarigen Brustzitzenpaar gesäugt wird. Ihre großen, nach vorne gerichteten Augen, mit denen sie den Raum zum Springen exakt erfassen können, weisen sie als Nachttiere aus.

Die Loris haben nur kurze oder gar keine Schwänze. Mit ihnen verwandt sind die afrikanischen Galagos. Das Große Galago (*Galago crassicaudatus*) gibt uns mit seinen kräftigen Hinterbeinen eine modellhafte Vorstellung von den an ein bipedes Springen angepassten Halbaffen des Tertiärs.

Im Gegensatz zu den feuchtnasigen Loris ist die behaarte Nase der mit Laubfroschfingern ausgestatteten Koboldmakis trocken. Dieses Merkmal wird herangezogen, um den Koboldmakis einen eigenen systematischen Rang einzuräumen. Die trockene Nase ist für die höheren Primaten typisch, andererseits zeigt das kleine Tier viele ursprüngliche Eigenschaften und ist so sehr als nächtlicher Springer spezialisiert, dass es kaum als Vorfahre der übrigen Affen in Frage kommt. Vielmehr ist seine ausgesprochene Affenähnlichkeit durch die einseitige Spezialisierung nur konvergent vorgetäuscht.

Im Vergleich zum übrigen Körper sind beim Koboldmaki (*Tarsius syrichta*) die Augen 150-mal so groß wie beim Menschen und haben ein deutlich größeres Volumen als das gesamte Gehirn des Tieres. Auch wenn es für uns Menschen absolut dunkel zu sein scheint, kann der Koboldmaki mit seiner ausgezeichneten Sehkraft, unterstützt von einem feinen Gehör, Grillen und andere nächtliche Insekten präzise anvisieren.

Gewöhnlich ruht der Koboldmaki mit aufgerichtetem Rumpf an einen Ast geklammert. Hat er aber eine Beute ausgemacht, springt er mit einem kräftigen Satz zielgerichtet auf sein Opfer. Sein Geruchssinn hat gegenüber dem optischen Sinn eine deutlich geringere Bedeutung, womit der Koboldmaki das Stadium der Primatenevolution repräsentiert, in dem ein wichtiger Schritt vom Nasen- zum Augentier vollzogen war.

Aus alteozänen Ablagerungen von Wyoming kennt man *Tetonius homunculus*, eine sehr frühe Koboldmakiform mit schon mächtig entwickelten Augen.

So gut wie alle Sprossen auf der Leiter der Primatenreihe findet man in den Regenwäldern Borneos. Obgleich auch in anderen Teilen Asiens und Afrikas Loriverwandte (*Lorisiformes*) wie die Schlankloris auf Ceylon, die Plumploris in Südostasien oder die afrikanischen Galagos gibt, findet sich nirgends auf der Welt ein mit Borneo vergleichbarer Lebensraum, in dem so viele unterschiedlich hoch entwickelte Arten von Primaten vorkommen. Von den Spitzhörnchen, deren Zuordnung zu den Primaten zweifelhaft ist, über die halbaffenartigen Loris und Koboldmakis, die blattfressenden, baumlebenden Schlankaffen bis zu den Menschenaffen, den langarmigen Gibbons und den kräftigen Orang-Utans, sind hier die unterschiedlichsten Stufen der anatomischen Entwicklung und der sozialen Organisation der Herrentiere versammelt. Dabei darf keine heute lebende Art als Stammform der nächst- „höheren" Stufe angesehen werden, sondern alle rezenten Arten müssen als mehr oder weniger abgewandeltes und inzwischen spezialisiertes Modell der ausgestorbenen Ur-Art verstanden werden. Der Vergleich der verschiedenen Primaten ermöglicht aber schließlich eine Rekonstruktion der entwicklungsgeschichtlichen Veränderungen, die schließlich in der Hominisation, der Menschwerdung, gipfelten.

Der Erwerb der Baumlebensweise stellt für die Evolution der Primaten sicherlich ein Schlüsselereignis dar. Zahlreiche für die Ordnung typische Eigenschaften sind als Anpassungen an das Leben auf Bäumen zu verstehen. Für ein sicheres Klettervermögen zählen dazu Greifextremitäten mit Plattnägeln und Hautleisten ebenso wie ein gut entwickeltes räumliches Sehen, das am Tage ein Beherrschen der dritten Dimension ermöglicht. Dies erklärt die Dominanz des Gesichtssinnes gegenüber dem Geruchssinn und die Vergrößerung des Gehirns, um eine rasche Verarbeitung von Sinneseindrücken und eine entsprechende Bewegungskoordination zu ermöglichen. Für die arboricole Lebensweise ist die Reduktion der Jungenzahl ein weiterer Vorteil. Ein ständiger hautnaher Kontakt zwischen Mutter und Tragling ebnet den Weg zu ausgiebigem Lernen durch Nachahmung des mütterlichen Verhaltens.

Ein Teil der Anpassungen wurde bei der Evolution zum Menschen übernommen und entsprechend neuen Aufgaben zugeführt.

Die einzigen Affen, die tagsüber schlafen und erst nachts munter werden, sind die südamerikanischen Nachtaffen. Ihre großen Augen sind dem Nachtleben angepasst. Alle übrigen Affen sind tagaktiv, was sich aus deren primärer Baumlebensweise ableitet. Ungewöhnlich ist auch, dass in der Nachtaffen-Familie zwei oder hin und wieder mehr Kinder vorkommen. Dies ist für einen Tragling, was junge Primaten zweifellos sind, im Lebensraum Geäst zumindest nicht vorteilhaft. Ist der Nachtaffe (*Aotes trivirgatus*) etwa ein Lebendes Fossil aus der Zeit, bevor die ersten Affenartigen zur arboricolen Lebensweise übergingen? Wohl eher nicht, können sie doch kaum weniger gut als die übrigen tagaktiven Neuweltaffen Farben unterscheiden. Vielleicht bedeutete der Übergang zur nächtlichen Lebensweise die einzige Möglichkeit für die Nachtaffen, dem Konkurrenzdruck anderer Kapuzinerartigen auszuweichen, als gegen Ende der letzten Eiszeit vor etwa 10 000 Jahren der südamerikanische Tropenwald immer stärker zurückgedrängt wurde.

Ursprüngliche Neuweltaffen sind sie aber doch, wie sowohl Fossilfunde als auch ihr Sozialleben und die Jungenaufzucht belegen. Bei den Nachtaffen beteiligt sich auch der Vater an der Pflege der Jungen und die feste Paarbindung zwischen den Geschlechtern beruht vor allem darauf, dass Weibchen und Männchen gegenüber anderen Tieren des gleichen Geschlechts höchst unduldsam sind. Beides gilt bei Affen als altertümliches Verhalten.

Eine Analyse der Chromosomen zeigte, dass die Nachtaffen aus verschiedenen Teilen Südamerikas verschiedenen Arten angehören. Im äußeren Habitus und im Verhalten gibt es keine Unterschiede zwischen ihnen, wohl aber in der Anzahl der Chromosomen. Nachdem dies bekannt war, hatte man auch eine Erklärung dafür, dass Nachtaffen in den Zoos zwar rasch Nachwuchs bekamen, dieser aber häufig unfruchtbar blieb. Oft hatte man nämlich Tiere mit unterschiedlichem Chromosomensatz zusammengebracht, was spätestens in der nächsten Generation zur Sterilität führte. Versteht man Arten als Fortpflanzungsgemeinschaft, muss man daher von mehreren Arten von Nachtaffen sprechen.

Als unauffällige Insektenfresser suchen die Borsten- oder Madagaskarigel (*Tenrecidae*) in der Laubstreu ihre Nahrung, ähnlich wie unser einheimischer Igel. Ihre Vorfahren wanderten vor rund 60 Millionen Jahren vermutlich als erste Säugetiere nach Madagaskar ein. In der Abgeschiedenheit der völlig isolierten Insel konnten sie durch Ausnutzen unterschiedlicher ökologischer Nischen eine Vielzahl von Arten entwickeln, deren Größe zwischen fünf und 40 Zentimetern schwankt. Neben den Beuteltieren Australiens und den Lemuren sind die Borstenigel ein weiteres spannendes Beispiel für die adaptive Radiation einer einstigen Pioniergruppe.

Von allen Borstenigeln gleicht der Große Igeltanrek (*Setifer setosus*) auch in seiner Lebensweise am meisten seinem europäischen Namensvetter. Wie dieser kann er sich bei Gefahr zu einer stacheligen Kugel einrollen. Der Große Tanrek oder Tenrek (*Tenrec ecaudatus*) [Abb. 47] gräbt mit seinen starken Vorderpfoten an der Bodenoberfläche nach Beute, während der Reistanrek (*Orizorictes hova*) wie unser Maulwurf mit seinen zu Grabschaufeln umgewandelten Vorderbeinen, die mit kräftigen Krallen besetzt sind, ein unterirdisches Gangsystem anlegt. Seine Augen sind zwar verkümmert, aber mit seinem feinen Gehör und Geruchsinn findet er Würmer und Larven, die in seine Gänge geraten sind, die er bevorzugt in den zahllosen Reisfeldern Madagaskars anlegt. In Sandbauten an der Küste überwintert der Erdtanrek (*Geogale aurita*), während der Wassertanrek (*Limnogale mergulus*) vergleichbar unserer Wasserspitzmaus zum Wasserleben übergegangen ist. Der gute Schwimmer kommt selbst in schnell fließenden Gewässern zurecht, wo er Jagd auf allerlei Krebse macht.

Äußerlich den Insektenfressern anderer Erdräume ähnlich, sind Madagaskars Borstenigel mit diesen aber nicht näher verwandt. Sie leben nur auf Madagaskar, von wo aus sie auf die benachbarten Inseln der Komoren, Seychellen, Mauritius und Réunion eingeführt wurden. Ihr Körperschutz besteht aus einem ungewöhnlichen Gemisch aus Haaren, Borsten und Stacheln. Die starren Stacheln bestehen wie die biegsamen Borsten aus verwachsenen Haaren und bei den verschiedenen Arten kann man verfolgen, wie sich aus einem glatten Haarkleid über feste Grannenhaare und Borsten ein starres Stachelkleid entwickelte und umgekehrt.

Abb. 47: Der Bau des Großen Tanreks befindet sich häufig unter Baumwurzeln oder unter Felsblöcken in der Nähe von fließendem Wasser.

Der rund 40 Zentimeter lange schwanzlose Große Tanrek trägt auf dem Kopf und der Oberseite des Vorderkörpers Stacheln, die auf dem Rücken von Borsten abgelöst werden. Bauchseite und Beine sind mit einem gelbbraunen Pelz bedeckt. Die nachtaktiven Tiere verfallen am Tage in eine Schlaflethargie und halten zudem einen Winterschlaf, der eigentlich ein Trockenzeitschlaf ist und bei dem ihre Körpertemperatur auf 10 bis 20 °C absinkt. Der Streifentanrek (*Hemicentetes semispinosus*) dagegen ist das ganze Jahr über aktiv.

Den Rekord in der Kinderzahl hält unter den Säugetieren, abgesehen von den Beuteltieren, das Weibchen des Großen Tanreks. Durchschnittlich bringt es 12 bis 16 Junge zur Welt, doch wurden auch schon über 30 gezählt. Zwölf Paar Zitzen versorgen die Säuglinge mit Milch. Solange die Mutter die Jungen führt, verteidigt sie diese mit äußerster Aggressivität. Reichen die Zähne und das aufgerichtete Stachelkleid nicht zur Abwehr aus, sondern Tanreks zudem einen intensiven Moschusgeruch ab.

In ihrer Entwicklungshöhe sind die Tanreks nicht sehr verschieden von den südamerikanischen Beutelratten, mit denen sie auch eine Kloake, in die der After sowie die Geschlechts- und Harnwege münden, gemeinsam haben. Ihre Fortpflanzungsweise entspricht aber derjenigen der höher entwickelten plazentalen Säugetiere. Die Körpertemperatur der Borstenigel schwankt zwischen 20 und 35 °C, wobei die Lebhaftigkeit der Tiere in Abhängigkeit zur Außentemperatur steht. Wird es dem Streifentanrek zu kühl, erhöht er seine Aktivität, um durch mehr Bewegungswärme seine Körpertemperatur überhaupt aufrechterhalten zu können. Vermutlich war der Selektionsdruck in Richtung Homoiothermie, also der Beibehaltung einer konstanten Körpertemperatur, auf Madagaskar nicht sehr groß. Es gibt auf der Insel keine Schlangen und nur wenig andere Fressfeinde, so dass es keine Notwendigkeit gibt, sich ständig schnell bewegen zu können und das ozeanische Klima weist in der Regel sowieso keine hohen Temperaturschwankungen auf.

Gebiss und Gehirn der Tanreks sind wenig spezialisiert. Auch hier dürfte der geringe Feind- und Konkurrenzdruck unter den Tanrekvorfahren eine Rolle gespielt haben. Die älteren Säugervorfahren auf dem Kontinent waren sicher einem deutlich höheren Selektionsdruck ausgesetzt.

Da sich die Tanreks in ihrer Isolation nur wenig von den ursprünglichen Insektenfressern, der gemeinsamen Ahnengruppe aller Höheren Säuger, entfernt haben, können sie als echte Lebende Fossilien gelten.

Veränderte ökologische Verhältnisse in den Flüssen Europas bringen ein anderes Lebendes Fossil aus der Ordnung der Insektenfresser (*Insectivora*) an den Rand der Ausrottung, den Desman oder Bisamrüssler. Zurückgezogen in zwei Restgebieten lebt der Pyrenäen-Desman (*Galemys pyrenaicus*) in den Gebirgsgewässern Nordspaniens und Nordportugals und der Russische Desman (*Desmana moschata*) in den Flussgebieten des Don, der Wolga und des Urals.

Den Anfang vom Ende stellte beim Russischen Desman die intensive Jagd nach seinem kostbaren Pelz dar, dem „Silberbisam", und nach seiner unter der Schwanzwurzel liegenden Moschusdrüse, die das Rohmaterial zur Herstellung wertvoller Parfüms liefert. Was die Jäger nicht schafften, erledigten die Planer und Wasserbauingenieure, als sie an die umfassende Begradigung und Regulierung der meisten europäischen Gewässer gingen. So gut wie überall verloren die Desmane Nahrung und Lebensraum und den Rest besorgte eine weitläufige Gewässerverschmutzung.

Äußerlich eine Mischung aus Maulwurf und Spitzmaus führen die Desmane eine amphibische Lebensweise, wobei sie auf feste Wohnbauten verzichten. Trotz zahlreicher ursprünglicher Züge im Körperbau, die den Desman als altertümliche Art ausweisen, zeigt er eine Spezialisierung an das Leben im Wasser und unter der Erde: Dazu zählen seine strömungsangepasste Körperform, das Fehlen der Ohrmuscheln, ein seitlich abgeplatteter Schwanz, das nahezu wasserundurchlässige Haarkleid, verschließbare Nasenlöcher und Ohröffnungen sowie Schwimmhäute zwischen den Zehen. Ständig fetten die Tiere ihr Fell mit den Sekreten der Talgdrüsen an den Haarwurzeln ein, um es Wasser abstoßend zu halten.

Ihr langer Rüssel setzt sich aus zwei Knorpelröhren zusammen, trägt lange Tasthaare und ist nach allen Seiten beweglich. Mit ihm betastet der Bisamrüssler alles was sich in Kopfnähe befindet und wie mit einem Finger fährt er mit dem Rüssel in jede Ritze. Beim Schwimmen streckt er ihn wie einen Schnorchel aus dem Wasser.

Eine extrem hohe Stoffwechselrate zwingt das Tier, die ganze Nacht über und nicht selten auch tagsüber auf Nahrungssuche nach wasserlebenden Wirbellosen zu gehen.

Fossile Reste des Desman kennt man aus dem Oligozän vor rund 40 Millionen Jahren auch aus Mitteleuropa, wo die Tiere inzwischen längst verschwunden sind.

Erfolgreiche Schleichjäger

Katzen und Schleichkatzen unterscheiden sich, sieht man von hoch spezialisierten Formen ab, in ihrer Lebensweise insbesondere dadurch, dass die einen am Boden jagen, während die anderen geschickte Jäger der Baumkronen sind. Die geologisch älteren Schleichkatzen (*Viverridae*), zu denen heute Zibet- und Ginsterkatze zählen, traten schon im frühen Eozän auf. Aus ihnen entwickelten sich vermutlich im Oligozän die echten Katzen (*Felidae*), wobei die frühen Katzen sowohl auf den Bäumen wie auf dem Boden zu Hause waren.

Auf Madagaskar haben die Schleichkatzen besondere Inselformen gebildet, die weniger an ein Baumleben angepasst sind. Durch die Eroberung anderer ökologischer Nischen weisen sie eine von den übrigen Schleichkatzen verschiedene Erscheinungsform auf.

Das größte Raubtier auf Madagaskar ist die nachtaktive seltene Fossa oder Frettkatze (*Cryptoprocta ferox*), die bevorzugt Jagd auf Tanreks macht, aber auch Lemuren nicht verschmäht, wenn sie ihrer habhaft wird. Der nächtliche Beutegreifer, der ein guter Kletterer ist, wird bis zu 20 Kilogramm schwer und eineinhalb Meter lang, wovon mehr als die Hälfte der runde Schwanz ausmacht. Sein rotbraunes Fell ist straff und dicht, die abgerundeten Ohren sind kurz und die Füße, deren Zehen teilweise häutig verbunden sind, setzen mit ganzer Sohle auf. Bei der Jagd benutzt das Tier seine Krallen und die dolchartigen Eckzähne wie eine Katze. Der kräftige Einsatz der Fangzähne erfordert starke Kiefermuskeln, die an einer kurzen Schnauze sitzen. Der Platz für die Backenzähne wird daher knapp, so dass die meisten modernen Katzen nur noch 30 Zähne gegenüber 44 bei Zibetkatzen und Mangusten besitzen. Die Fossa hat 32 Zähne.

Wenn man den Sohlengänger mit seinen kurzen Läufen durch den nächtlichen Urwald schleichen sieht, fühlt man sich weniger an eine Schleichkatze als an einen kleinen Puma oder einen großen Jaguarundi erinnert.

Die Fossa [Abb. 48] vermittelt uns eine Vorstellung davon, wie der ursprüngliche Bauplan der frühen Raubtiere aus der Zeit vor 40 Millionen Jahren vom Aussehen einer Ginsterkatze zu dem einer echten Katze umgewandelt wurde.

Abb. 48: Nicht nur durch das rotbraune Fell erinnert die Fossa oder Frettkatze in ihrem äußeren Erscheinungsbild an einen Puma. Die Ähnlichkeit beruht aber nicht auf Verwandtschaft, sondern auf analoger Ernährungsweise, der Jagd nach kleinen Säugetieren.

Die weiblichen Genitalien ahmen einen Penis nach, wie es sonst vor allem von Hyänen bekannt ist. Bei diesen weiß man, dass der sehr hohe Anteil an männlichen Geschlechtshormonen neben den Östrogenen die Ausbildung eines Penis auch bei den weiblichen Tieren bewirkt. Vermutlich ist dies bei der Fossa ähnlich. Die reinsten Marathonbegattungen mit fast drei Stunden Dauer wurden bei Frettkatzen schon beobachtet. Es bleibt zu hoffen, dass sich dies nicht in Asien herumspricht, sind es doch gerade die Tiere mit einer scheinbar extremen Libido wie Nashorn, Bären oder Tiger, auf die dann Jagd gemacht wird, um irgendwelche Aphrodisiaka für den asiatischen Wunderglauben zu gewinnen.

Weibliche Frettkatzen werden frühestens mit zwei Jahren geschlechtsreif, die Kater sogar erst mit dem Erreichen ihrer vollen Körpergröße im vierten Lebensjahr. Nach einer Tragzeit von mehr als zehn Wochen bringen die Weibchen zwei bis vier Junge zur Welt. Erst nach drei Wochen öffnen sich ihre Augen und erst mit vier Monaten werden sie entwöhnt. Die lange Entwicklungszeit der Jungtiere mit entsprechend geringer Vermehrungsrate war für die Art, die auf Madagaskar keine natürlichen Feinde hat, bis zur Ankunft des Menschen kein Problem.

In unberührten Wäldern lebten die Tiere wohl schon immer in relativ geringer Populationsdichte. Verlässliche Angaben über die heutige Bestandsdichte der Frettkatze fehlen, aber es ist davon auszugehen, dass die Zahlen rückläufig sind, werden die Tiere doch als angebliche Schädlinge intensiv gejagt. Zudem herrscht in den meisten ihrer durch Holzeinschlag und Erosion bedrohten Lebensräume chronischer Nahrungsmangel, da auch ihre Beutetiere gewildert werden.

Das Fehlen eines Duftbeutels unterscheidet die drei Arten der madagassischen Unterfamilie der Schleichkatzen von den Viverriden andernorts, bei denen insbesondere die Zibetkatzen für ihre Duftdrüsen bekannt sind.

Zu allerlei Verwechslungen mit der großen Frettkatze, der Fossa (*Cryptoprocta ferox*), führt der wissenschaftliche Namen der Fanaloka (*Fossa fossa*), obwohl sich beide recht augenscheinlich unterscheiden. Erinnert die Frettkatze entfernt an eine Katze, sieht die Fanaloka eher wie ein gefleckter Fuchs aus.

Die Ameisen-Schleichkatze oder Fanaluk (*Eupleres goudoti*) kann als einzige Schleichkatze neben der Afrika-Zibetkatze ihre Krallen nicht zurückziehen, wie dies sonst für die hundeartigen Raubtiere zutrifft. Das vier Kilogramm schwere Tier ähnelt mit seiner lang gezogenen Schnauze im Habitus an einen Dachs. Mit ihren spezialisierten Zähnen kann sie Beute, Kerb- und Weichtiere, packen, sich aber nicht verteidigen. Dazu benutzt sie lieber ihre scharfen Krallen.

Während die Frettkatze einen sehr ursprünglichen Typ verkörpert, zeigt die Ameisen-Schleichkatze mehrere Spezialisierungen, so dass sie nicht wie die Fossa als Lebendes Fossil angesehen werden sollte.

Bindeglieder zwischen Zibetkatzen und Mungos stellen die Madagaskar-Mungos oder Madagaskar-Schleichkatzen (*Galidiinae*) dar, die neben den drei schon erwähnten Arten einzigen anderen Raubtiere auf Madagaskar. Während Mungos in Afrika und Südasien eher weit verbreitet und so gut wie nirgendwo gefährdet sind, gelten die vier Arten von Madagaskar-Mungos als besonders bedroht.

Gefährdete Schatzkammern

Hochgradig bedroht durch anthropogene Einflüsse ist nahezu die gesamte Naturlandschaft Madagaskars. Aus der einst „grünen Insel", auf der 80 Prozent der Fläche bewaldet war, wurde eine „rote Insel". Nach großflächigen Rodungen werden in der Regenzeit große Mengen der dünnen Humusschicht weggeschwemmt, und dunkelrote Lateritböden kommen zum Vorschein.

Überall auf der Insel lodern Feuer, die letzten Regenwälder werden noch kleiner, Trockenwälder versteppen und Savannen verwandeln sich in Wüsten. Bei einem Flug in der Trockenzeit zieht man zahllose Rauchsäulen am Horizont. Manche Feuer wurden aus purem Protest gegen irgendein soziales Problem entzündet; schließlich sind der Rauch und die verbrannte Erde weithin sichtbar. Andere haben Rinderzüchter entfacht, die wissen, dass das strohtrockene Gras von den Rindern nicht mehr gefressen wird. Wenige Tage später wird frisches grünes Gras sprießen und die hungrigen Tiere satt machen. Die Anzahl der Haustiere pro Einwohner ist so groß wie sonst fast nirgendwo auf der Erde, gilt doch der Besitz großer Zebuherden als Statussymbol. In den Regenwäldern im Osten leben nichtsesshafte Halbnomaden, die Wanderfeldbau durch Brandroden betreiben. Auf den kleinen frei gebrannten Feldern werden sie zwei bis drei Jahre Maniok, Bananen und Mais anbauen, bevor der wenig fruchtbare tropische Lateritboden vollends ausgelaugt ist. Dann ziehen die Familien weiter und legen in einem anderen Teil des Waldes eine neue vorübergehende Siedlung mit umliegenden Feldern an. Bevor sich der auf der verlassenen Brandrodungsfläche wieder nachwachsende Wald zu einem Primärwald entwickeln kann, was mindestens 200 Jahre dauern würde, ist schon längst das nächste Feuer gelegt.

Dabei hält die einzigartige Fauna und Flora von Madagaskar zahlreiche Arten bereit, die es nur hier gibt und in den letzten Jahren wurden hier immer wieder bisher unbekannte Pflanzen- und Tierarten für die Wissenschaft neu beschrieben.

Das Königreich der Chamäleons ist Madagaskar, wo drei Viertel aller Arten zu Hause sind. Die Tiere sehen zwar archaisch-skurril aus, sind aber stammesgeschichtlich sehr jung. Wegen ihres an urtümliche Fabelwesen erinnernden Körperbaus und weil ein Kapitel über Madagaskar ohne Chamäleons sehr unvollständig wäre, sollen sie an dieser Stelle kurze Erwähnung finden. Ihr ursprünglich echsenähnlicher Körper wurde derart umgeformt, dass Chamäleons mehr als alle übrigen Reptilien auf das Leben in Bäumen und Büschen angepasst sind. Einmalig unter Kriechtieren sind auch ihre Zangenfüße, bei denen sich je zwei und drei miteinander verwachsene Zehen gegenüberstehen. Als „fünfter" Fuß hilft der Greifschwanz, mit dem sich das Tier im Geäst fest verankern kann. Neben Baumchamäleons gibt es aber auch ausgesprochene Bodenchamäleons.

Die Familie der *Chamaeleonidae* hat eine große Zahl unterschiedlich spezialisierter Arten hervorgebracht, die weit verbreitet in den Tropen und Subtropen vorkommen und damit alles andere als Lebende Fossilien sind

Auf Madagaskar ist das Riesenchamäleon (*Chamaeleo oustaleti*) mit einer Körperlänge von 80 Zentimetern der Gigant, während es das Stummelschwanzchamäleon (*Brookesia minima*) gerade einmal auf 34 Millimeter bringt und mit weniger als der Länge eines Streichholzes das kleinste Chamäleon überhaupt ist. Und während sonst für Chamäleons zeitlupenhafte Langsamkeit als Überlebensprinzip gilt, rennt auf den hoch gelegenen Wiesen Madagaskars das Teppichchamäleon (*Furcifer lateralis*) flink hinter seiner Beute her.

Manche Arten imponieren mit einem imposanten Kopfschmuck, der aus bis zu sechs Hörnern besteht, andere mit schaufelförmigen Rammnasen oder riesigen Hinterkopflappen und wieder andere mit optischer Metamorphose. Die Fähigkeit, Farben zu wechseln, wird aber oft überschätzt, steht doch jeder Art nur eine bestimmte Farbpalette zur Verfügung. Verantwortlich für die Färbung der Haut ist das Zusammenspiel der Farbzellen mit dem schwarzen Farbstoff Melanin. Gleichmäßig verteilt auf der Haut, färbt Melanin das Tier dunkel, konzentriert sich der Farbstoff an bestimmten Stellen, kommen die vorwiegend gelben und roten Farbtöne der obersten Farbzellenschicht zur Geltung. Blautöne entstehen durch Lichtbrechung an eingelagerten Guanin-Kristallen.

Die Vertreibung aus dem Paradies der Lemuren und Chamäleons begann mit dem Erscheinen des Menschen. Heute sind mehr als 90 Prozent des ursprünglichen Regenwaldes vernichtet. Bei einem jährlichen Bevölkerungswachstum von über zwei Prozent bleibt den bettelarmen Landbewohnern kaum eine andere Wahl, als die letzten Waldflächen durch Brandrodung in Ackerland umzuwandeln, Bäume als Feuerholz und zur Holzkohlegewinnung zu nutzen und hin und wieder einen Lemuren zur Eiweißanreicherung des kargen Speisezettels zu jagen.

Genetische Verarmung durch die Zersplitterung in inselartige Waldareale, die den Austausch von Erbmaterial verhindert, bleibt als Bedrohung der meisten Tiere des Regenwaldes zunächst bestehen, auch wenn es gelingen sollte, die vollständige Vernichtung des Regenwaldes auf Madagaskar abzuwenden und wenn die größtenteils sehr arme Landbevölkerung die Jagd auf gefährdete Arten einstellen würde. Zwar sind die Lemuren seit den 1920er-Jahren per Gesetz geschützt, gleichzeitig aber verloren Tabus an Bedeutung, durch die die Tiere früher an vielen Orten besser geschützt waren.

Schwindet die Bedeutung des Fady, hilft dies andererseits dem Fingertier und den Chamäleons. Fady bedeutet Verbot, bezeichnet ein Tabu und bringt bei jeglichem Kontakt Unglück oder gar den Tod. Chamäleons sind Fady, deren Anblick allein manche Menschen in Angst und Schrecken versetzt und die man am besten tot schlägt.

Erfreuliches aus Hawaii lässt eine positive Perspektive für die Zukunft des Artenschutzes erahnen. Nirgendwo auf der Welt engagieren sich mehr Menschen für den Schutz der Umwelt wie auf Hawaii, aber auch nirgendwo steht pro Quadratkilometer Wald so viel Diversität auf dem Spiel wie hier. Isoliert inmitten des Pazifiks entstanden Tausende endemischer Arten. So gingen beispielsweise aus der Pionierart *Loxops virens* mehr als ein Dutzend Arten von Kleidervögeln hervor, die durch verschieden geformte Schnäbel unterschiedliche Nahrungsquellen nutzen können.

Auf Hawaii gibt es heute neben strengsten Naturschutzbestimmungen großzügig ausgewiesene Schutzgebiete, jede Aus- und Einfuhr von Pflanzen und Tieren unterliegt restriktiven Kontrollen und fremde eingeschleppte Arten, die allzu großen Schaden anrichten, wie die verwilderten Hausschweine und Ziegen, werden gezielt gejagt.

Für eine Trendwende durch sanfte Nutzung des Regenwaldes wäre es vielerorts noch nicht zu spät. Noch diktieren Säge und Feuer die fortschreitende Vernichtung, doch zaghaft beginnen erste Gruppierungen, die Vermarktung von Regenwaldprodukten als Naturschutzstrategie einzusetzen. Waldfrüchte wie die brasilianische Paranuss werden ebenso vermarktet wie pharmazeutisch wirksame Heilpflanzen. So stammt beispielsweise die Grundsubstanz Diosgenin der Antibabypille aus einer Yams-Wurzel des tropischen Mexikos. Schmetterlinge für den Export werden in Neuguinea in Waldgärten gezüchtet, Costa Rica versucht ausreichend Touristen für Tropenwaldexkursionen zu interessieren. Wenn mit dem Wald Geld verdient werden kann, steigt seine Wertschätzung. Vielleicht gelingt es auch eines Tages auf Madagaskar, die Bedürfnisse der Bevölkerung und die Interessen des Naturschutzes in Einklang zu bringen. Touristen bringen Geld ins Land, wollen dafür aber auch eine intakte Natur sehen. Noch aber macht vielen Madagassen der Wald voller Geister eher Angst.

6 In Küstengewässern, Flüssen und Sümpfen

Abb. 49: Hunderte von kleinen Inseln und Atollen liegen vor der Küste Floridas. An der offenen Seeseite fallen die Riffe steil ab, zwischen Riff und Festland wachsen im Flachwasser Mangrovenbestände.

Schwertschwänze aus dem Kambrium

Mangroven stabilisieren die Küstenlinie der Florida Keys und verhindern die Erosion des Inselbodens. Ihre Wurzeln filtern Schadstoffe aus dem Wasser und halten so die marinen Seegrasbänke gesund. Seegräser sind die einzigen Blütenpflanzen, die sich zeitlebens im Meerwasser aufhalten. Ihre Grenze in Richtung Küste bestimmt die Kraft der sich brechenden Wellen, die Tiefenausdehnung wird durch das Lichtangebot begrenzt. Klares Wasser lässt Seegraswiesen bis in eine Tiefe von 30 bis 40 Meter gedeihen. Sie absorbieren Mineralstoffe und binden Sedimente, die für die vorgelagerten Korallenriffe schädlich wären. Übermäßiges Nährstoffangebot im Wasser würde eine Algenblüte hervorrufen, die das Wasser eintrübt und die symbiontischen Algen der Korallen zum Absterben bringt. Mittelfristig würde dies zur Vernichtung des einzigen lebenden Barriere-Riffs der kontinentalen USA führen, das sich mit mehr als 800 Inseln wie eine Perlenschnur von der Florida-Straße in den Golf von Mexiko hinzieht.

Mangrovengürtel, Seegraswiesen und Korallenbänke sind also miteinander verbundene Ökosysteme, die vielen Seetieren Lebensraum und Nahrung liefern. Meeresschildkröten, Krebse und Weichtiere finden zwischen den Seegräsern Nahrung, Seeigel weiden Algen ab, die auf den Gräsern wachsen, Seegurken nehmen die organischen Abfälle auf, die sich am Boden ansammeln. Wie die Wurzeln der Mangroven die Küstenlinie schützen, festigen die Wurzeln der untermeerischen Gräser den flachen Sandboden, auf dem sich krebsähnlich aussehende Schwertschwänze von Würmern und Muscheln ernähren. Hier vor Florida ist es wie entlang der gesamten Atlantikküste bis hinauf zu den Neuenglandstaaten der nordamerikanische Schwertschwanz oder Pfeilschwanzkrebs (*Limulus polyphemus*).

Flachseebewohner sind die fünf heute noch lebenden Arten der Gruppe der Schwertschwänze (*Xiphosura*) allesamt [Abb. 50]. Die einen leben an der nordamerikanischen Atlan-

Abb. 50: Der abgeflachte halbkreisförmige Vorderkörper des Pfeilschwanzkrebses liefert eine vortreffliche Grabschaufel, um sich im sandigen Boden zu verstecken.

tikküste bis in die Karibische See, wo man sie auch Hufeisenkrabbe nennt, die anderen in Asien vom Golf von Bengalen bis Japan und Neuguinea. Hier spricht man auch von Molukkenkrebsen. Sie gehören einem uralten Tierstamm an, der sich seit Jahrmillionen nicht mehr verändert hat, dessen systematische Stellung als isoliert anzusehen ist und der in seiner räumlichen Verbreitung reliktartig beschränkt ist – Lebende Fossilien par excellence.

Die Gliederung des Körpers in einen Vorder- und einen Hinterkörper weist die Schwertschwänze als Spinnentiere aus. Der Vorderkörper trägt ein Paar scherentragende Extremitäten, die Cheliceren, ein paar Fußfühler oder Pedipalpen und vier Schreitpaare, die mit Ausnahme des letzten Beinpaares ebenfalls mit kleinen Scheren besetzt sind. Der vordere Kopf-Brust-Abschnitt, der auch Prosoma genannt wird, ist von einem einheitlichen Rückenpanzer bedeckt. Der zweigeteilte Hinterleib, das Opisthosoma, umfasst zwölf getrennte Körpersegmente und einen langen, zugespitzten Schwanzstachel. Dieser hilft den Tieren beim Wiederaufrichten, wenn sie eine Welle auf den Rücken geworfen hat und erleichtert ihnen das Manövrieren im Wasser. Im Gegensatz zu den übrigen Spinnentieren sind bei den Schwertschwänzen auch am Hinterkörper Extremitäten vorhanden. Während das erste schwach entwickelte Beinpaar des Hinterkörpers den Mundvorraum begrenzt, deckt das zweite Paar die Geschlechtsöffnung ab. Die restlichen fünf Beinpaare sind blattartig ausgebildet und tragen Kiemenblättchen. Mit ihnen laufen die Tiere geschwind über den Sand des flach abfallenden Meeresbodens, graben hin und wieder auch im Schlamm und ergreifen die Beute mit den Cheliceren und den vordersten Laufbeinen. Krebspanzer, Muschel- und Schneckenschalen werden in der Mundöffnung zerquetscht, aber erst im Kaumagen wird Verdauliches von Unverdaulichem getrennt.

Obwohl die Tiere gut schwimmen können, bewegen sie sich so gut wie ausschließlich zu Fuß am Grund voran, selbst wenn es bis zum nächsten Strand über 20 Kilometer sind.

Bei Vollmond im späten Frühjahr, wenn die Gezeitenunterschiede am größten sind, kommen die urtümlichen Schwertschwänze in großen Scharen zur Paarung an Land. Die Männchen steigen auf den Rückenschild der deutlich größeren Weibchen und klammern sich bis zur Befruchtung der in Sandgruben abgelegten Eier fest. Überall entlang der Hochwasserlinie der Gezeitenzone graben die Weibchen etwa 15 Zentimeter tiefe Löcher, in die jedes durchschnittlich 1000 millimetergroße Eier einbringt und die das huckepack getragene Männchen mit Samenflüssigkeit übergießt. Danach wird die Grube mit Sand verschlossen und das Paar wiederholt den gleichen Vorgang innerhalb des nächsten Monats bis zu 40-mal. Nach etwa drei Wochen schlüpfen die Larven, die sich schon im ersten Lebensjahr mehrmals häuten und meist erst nach zehn bis zwölf Jahren geschlechtsreif werden. Doch nur die wenigsten werden es bis dahin schaffen. Tonnenweise werden schon die Eier von wartenden Seevögeln vertilgt.

Die Eltern verlassen nach der Paarungszeit den Strand, wandern zurück in die Seegraswiesen und kommen erst mit dem Vollmond des nächsten Frühjahrs wieder.

Aus dem Panzer fahren ist beim Schwertschwanz wie bei allen anderen Gliedertieren mit starrem Chitinpanzer die Voraussetzung, um weiter wachsen zu können. Bei ihm reißt vom Vorderrand des Schildes her eine Körpernaht entlang der Seitenränder auf. Der Körper schwillt daraufhin an und schiebt sich nach vorne aus der chitinigen Hülle. Bis zu acht Stunden kann der mühsame Wechsel der großen Schale dauern. Den leeren Panzer kann man an der Küste so gut wie unversehrt finden, aber auch versteinert wie beispielsweise in den Plattenkalken des Solnhofener Juras. Von den fossilen *Mesolimulus*-Exemplaren, die bei Eichstätt in großer Zahl und hervorragendem Erhaltungszustand gefunden wurden, stellt ein Großteil lediglich solche Häutungshemden, Exuvien genannt, dar.

Der Chitinpanzer ermöglicht den Schwertschwänzen vorübergehend unter extremen Verhältnissen zu überleben. Werden sie an der Gezeitenküste vom Meer abgeschnitten, vermögen sie tagelang der Austrocknung zu trotzen. Steigt der Salzgehalt einer Lagune durch allmähliche Verdunstung stark an, funktioniert ihr Kreislaufsystem genauso weiter, wie wenn das Wasser der Lagune durch starken Zufluss vom Land her nahezu zum Süßwasser wird. Auch mit großen Temperaturschwankungen, die weiter im Norden im Frühjahr nichts Ungewöhnliches sind, kommen die Tiere ebenso klar wie mit zeitweiligem Sauerstoffmangel im Wasser und in Bezug auf ihre Nahrung sind sie äußerst anspruchslos.

Wichtige Aspekte des Sehvorgangs wurden am Auge des Limulus geklärt. Jedes seiner beiden seitlichen Komplexaugen besteht aus etwa 1000 Einzelaugen, die jeweils aus einer Chitinlinse und mehreren Sehzellen bestehen. Ein solches Einzelauge oder Ommatidium ist um das Hundertfache größer als die Sehzellen des Menschen, was es für den experimentell arbeitenden Neurophysiologen besonders interessant macht. Am Limulusauge wurde untersucht, wie optische Informationen schon außerhalb des Gehirns ausgewertet werden, welche Rolle der gegenseitigen Hemmung durch Nachbarsinneszellen zukommt und wie trotz des groben Rasters der Facettenaugen eine hoch auflösende Sehschärfe möglich ist.

Die Untersuchung des Sehsystems bei Limulus zeigte aber auch, dass Auge und Gehirn in gegenseitiger Kommunikation zueinander stehen, dass die Sinnesorgane durch das Gehirn gesteuert werden, wie sie ihrerseits dem Gehirn Information zuleiten.

Beim Auge des Schwertschwanzes ändern sich bei jeder Dämmerung Struktur und Funktion der Einzelaugen, um die Lichtempfindlichkeit der wechselnden Beleuchtung anzupassen. Von einer inneren Uhr gesteuert, sendet das Gehirn Nervenimpulse an die Augen, die bei Nacht die Empfindlichkeit der Sehzellen auf das Millionenfache erhöht. Und während der Mensch beim Übergang von der Dämmerung zur Tageshelle vom lichtempfindlichen Stäbchensehen zum lichtschwächeren, aber farbigen Zapfensehen umschaltet, stellt beim Limulus, der nur einen Typ von Fotorezeptoren besitzt, die biologische Uhr die in der Nacht erhöhte Lichtempfindlichkeit beim Aufbruch des Tages wieder ab.

Am Ende erhellen vielleicht die Untersuchungen am einfacheren neuronalen System der Schwertschwänze die ungelösten Fragen, wie wir Menschen Nervenimpulse beim Sehen, Riechen oder Hören zu einer uns beeindruckenden und bleibenden Umwelterfahrung verarbeiten.

Eher zufällig entdeckten Meeresbiologen, dass sich mit dem Blut der Schwertschwänze bestimmte Infektionen wie beispielsweise Hirnhautentzündung im menschlichen Körper nachweisen lassen. Bestimmte Zellen ihres Blutes, die Amöbozyten, enthalten einen Gerinnungsstoff, der bei Zugabe von gewissen Bakterientoxinen sofort zur Gerinnung des Schwertschwanzblutes führt und damit die Identifizierung des Krankheitserregers auf einfache Weise ermöglicht.

Das Blut der Tiere färbt sich an der Luft blau und nicht wie das menschliche Blut rot, da ihr Blutfarbstoff nicht das eisenhaltige Hämoglobin der Wirbeltiere ist, sondern kupferhaltiges Hämocyan. Es ist auch für weitere Forschungen von Interesse, geht man doch der Frage nach, ob es als Waffe im Kampf gegen Krebstumore dienen kann oder als Spermien abtötendes Mittel bei der Empfängnisverhütung.

Acht Laboratorien verarbeiten heute das Blut von über einer Million Schwertschwänze pro Jahr, die nach ihrer unfreiwilligen Blutspende wieder gesund ins Meer zurückgebracht werden.

Abgeleitet von den Trilobiten des Kambriums und des Ordoviziums hatten die Pfeilschwänze im Karbon und Perm (vor etwa 300 Millionen Jahren) ihre größte Entfaltung. Von den Trilobiten oder einem ihrer unmittelbaren Vorfahren erbten die Schwertschwänze die Kiemen tragenden Blattbeine, die gleichförmigen, mit Scheren versehenen Laufbeine und die paarigen Komplexaugen auf dem Rückenschild des Vorderkörpers. Besonders auffällig zeigt sich die Verwandtschaft von Trilobiten und Schwertschwänzen, wenn man deren Larven vergleicht.

Die Trilobiten oder Dreilapper (*Trilobita*) [Abb. 51] gehören zu den wichtigsten Fossilien des Erdaltertums, des Paläozoikums. In begrenzten Zeiträumen lösten vielfältige Formen einander ab, was die Tiere zu wichtigen Leitfossilien macht, mit denen sich die paläozoischen Sedimente zeitlich einordnen lassen.

Abb. 51: Der kambrische Trilobit *Hydrocephalus* war wie die Mehrzahl der Trilobiten ein Bewohner des küstennahen Flachwassers, wo er sich von organischem Schlamm und Kleinstlebewesen ernährte. Der harte Panzer, der aus Kopfschild, Rumpf und Schwanzschild besteht, machte während des Wachstums mehre Häutungen nötig.

Der Name Dreilapper bezieht sich auf die ausgeprägte Dreiteilung des Körpers in Längs- wie in Querrichtung. Der Rückenpanzer des dorsoventral niedergedrückten Körpers ist in der Querrichtung durch zwei von vorne nach hinten verlaufende Furchen in einen Mittel- und zwei Seitenabschnitte geteilt. In Längsrichtung trennt ein mittlerer Teil gelenkig verbundener Segmente einen halbkreisförmigen Kopfschild von einem hinteren Schwanzschild.

Trilobiten waren wohl in der überwiegenden Zahl Sedimentfresser, die den Bodenschlamm aufnahmen und die darin enthaltenen organischen Bestandteile verdauten.

Alle Trilobiten besaßen aber zu beiden Seiten des Mundes Antennen, ähnlich denen, wie sie von den heutigen Insekten bekannt sind und die den Schwertschwänzen fehlen. Am Ende des Erdaltertums starben die Trilobiten schließlich aus.

Die ältesten Schwertschwänze sind fossil aus der Silur-Devon-Übergangszeit vor 400 Millionen Jahren bekannt. Vielleicht repräsentieren auch schon die über 550 Millionen Jahre alten kleinen Fossilbruchstücke aus dem Unteren Kambrium die ältesten Vorfahren. Das Außenskelett urweltlicher Formen aus dem Karbon vor 300 Millionen Jahren jedoch unterscheidet sich nur geringfügig vom Bau heute lebender Arten und bei dem im Jura in großer Zahl vorkommenden *Mesolimulus* gibt es kaum noch einen äußerlichen Unterschied zum rezenten Limulus. Neuere funktionsanalytische Untersuchungen zeigen aber, dass *Mesolimulus* wohl eher Weichtiere fraß und ein ausgezeichneter Schwimmer war, während der heute am Boden wühlende Limulus als Muschelfresser gilt. Eine gewisse Bauplanveränderung zeigen also auch die Prototypen Lebender Fossilien.

Nach Ende der Blütezeit der Schwertschwänze existierten schließlich immer nur noch eine Hand voll Arten. Doch so wie die Entstehung neuer Arten nachließ, wurde entsprechend die Aussterberate geringer. Schließlich erreichten weltweit vier Arten die Jetztzeit. Neben dem atlantischen Pfeilschwanzkrebs *Limulus polyphemus* sind dies vom Golf von Bengalen bis Neuguinea der Molukkenkrebs *Tachypleus gigas*, vor den Küsten Chinas und Japans sein Verwandter *Tachypleus tridentatus* und vor der malaiischen Küste bis zu den Philippinen *Carcinoscorpius rotundicaudata*, der zur Fortpflanzung auch die Flüsse aufwärts wandert.

Ihre höher entwickelte Schwestergruppe, die Spinnentiere, hat viele der ursprünglichen Merkmale verändert. Ihr Hinterleib trägt keine Gliedmaßen mehr, die Komplexaugen sind verschwunden, die Vordergliedmaßen zeigen nicht mehr die auffallende Ausprägung zu Greifwerkzeugen und die meisten sind zur terrestrischen Lebensweise übergegangen, was Kiemen als Atmungsorgane ebenfalls überflüssig macht.

Krebse sind die Schwertschwänze aber mit Sicherheit nicht, auch wenn sie von Nicht-Zoologen Pfeilschwanzkrebs genannt werden. Dazu fehlen ihnen die für Krebse typischen Tastorgane, die Antennen.

Zur Verwandtschaftsgruppe der Fühlerlosen oder Chelicerata gehören in der Gegenwart neben den Schwertschwänzen die Spinnentiere (*Arachnida*) und die Asselspinnen (*Pantopoda*), mit denen sie die Scheren tragenden Cheliceren ebenso gemeinsam haben wie die Körpergliederung in Pro- und Opisthosoma und das Fehlen einer Geißelantenne. Der fossile Seeskorpion (*Pterygotus rhenanus*) war mit mehr als zwei Metern Länge das größte Gliedertier überhaupt, die rezenten Arten reichen von 60 Zentimeter langen Schwertschwänzen bis zu ein Millimeter kleinen Milbenarten. Die Chelicerata wiederum bilden zusammen mit den Krebsen, Tausendfüßern und Insekten den mit weit mehr als einer Million bekannter Tierarten artenreichsten Tierstamm der Gliederfüßer (*Arthropoda*).

Nur aus Beinen zu bestehen scheinen die Asselspinnen (*Pantopoda*). Ihr ausgesprochen dünner Vorderkörper ist nur ein schmales Verbindungsstück zwischen den Extremitäten. Zur Spitze hin ist er rüsselartig verlängert und trägt eine mit Chitinhäkchen versehene Mundöffnung. Der ausgesprochen kurze Hinterkörper fällt noch weniger auf.

Die größte rezente Art, *Dodecolopoda mawsoni,* hat bei einem nur sechs Zentimeter langen Rumpf, der Cheliceren, Fußfühler und die Laufbeine trägt, eine Spannweite von einem halben Meter. Die inneren Organe, für die im schmalen Körper wenig Platz ist, entsenden Blinddärme und Keimdrüsen als Ausläufer in die Beine. Über den ganzen Körper verteilt sind Haare und Borsten, die als Tastsinnesorgane arbeiten.

Die Männchen übernehmen von Weibchen die Eier und kitten sie zur Brutpflege mit einem Körpersekret an ein spezielles Beinpaar. Auch die Larven werden nach dem Schlüpfen vom Männchen noch längere Zeit getragen.

Nesseltiere, Moostiere und Schwämme werden von den Asselspinnen angebohrt und ausgesaugt oder von ihrer Kolonie abgelöst und gefressen. Im Wasser sind die Tiere nur schwer zu erkennen, weil sie mit unterschiedlichen Kleintieren und Algen besetzt sind und sich darüber hinaus nur sehr langsam bewegen. In Deutschland sind 15 Arten von Asselspinnen bekannt, weltweit sind es rund 1000, die überwiegend als Küstenbewohner in der Gezeitenzone leben, aber auch vom kontinentalen Schelfrand bis in 7000 Meter Meerestiefe hinabsteigen. Insbesondere in den eiskalten antarktischen Gewässern sind Asselspinnen sehr häufig.

In unterdevonischen Schiefern des Hunsrück wurden Reste fossiler Asselspinnen gefunden, die zeigen, dass diese Tiergruppe schon im Erdaltertum gewissermaßen fertig entwickelt war, wie es sich für Lebende Fossilien schließlich gehört. Die beiden uralten Gattungen *Palaeopantopus* und *Palaeoisopus* zeigen schon alle Merkmale der heutigen Pantopoden. Auf der anderen Seite ist die große Artenzahl der Asselspinnen für Lebende Fossilien alles andere als typisch.

Urbilder legendärer Nixen und Sirenen

Die griechische Sage von Sirenen mag wie die Erzählungen liebeshungriger Seefahrer über Meerjungfrauen auf Beobachtungen von Seekühen zurückgehen. Genau angesehen hat sich die eher plump aussehenden Tiere wohl aber keiner, ist ihr strömungsangepasster Körper mit der wulstförmigen Schnauze und den kleinen Augen für Menschen alles andere als verführerisch schön [Abb. 52].

Die Oberlippe ist stark entwickelt und bildet mit der Nase eine Art Rüssel, der zum Greifen der Pflanzennahrung dient. Seekühe sind die einzigen Pflanzenfresser unter den Meeressäugern, die im flachen Küstenwasser und in den Flussmündungen täglich zwischen 25 und 30 Kilogramm Seegras, Seetang und Algen abweiden. Sie können sich zwar auf ihren Vorderflossen aufstützen, verlassen aber das Wasser zeitlebens nie.

Eigentlich müssten Seekühe See-Elefanten heißen, sind die Rüsseltiere doch ihre nächsten Verwandten. Der Name See-Elefant ist aber schon für eine Robbenart besetzt.

Fossilfunde aus dem Eozän vor 54 bis 34 Millionen Jahren belegen die Existenz einer Seekuh, die nahe mit den Huftieren verwandt war und gemeinsame Vorfahren mit den Elefanten hatte, die sich schon vor 70 Millionen Jahren abgetrennt hatten. Diese Ur-Seekuh (*Protosiren*) ernährte sich von den ausgedehnten Seegraswiesen der Karibik und des Westatlantiks und gilt als direkter Vorfahre der heutigen Seekühe, die nur noch in wenigen Arten und geringer Zahl reliktartig über die Erde verstreut leben.

Die Verwandtschaft zu den Elefanten erschließt sich erst beim näheren Hinsehen. Seekühe (*Sirenia*) besitzen wie die Rüsseltiere zwei Milchdrüsen an der Brust, ihr Herz ist ähnlich gebaut und beim Gebiss finden sich zahlreiche Parallelen. Bei den Seekühen schieben

Abb. 52: Manatis leben vorwiegend als Einzelgänger. Da Seegräser und Wasserhyazinthen wenig gehaltvoll sind, muss ein erwachsener Nagelmanati täglich über 50 kg davon fressen.

sich wie bei den Elefanten die Backenzähne nach vorne, bis sie scheibchenweise abbrechen und durch nachrückende Zähne ersetzt werden. Auch die zu Stoßzähnen umgebildeten Schneidezähne der Seekühe haben beide gemeinsam. Im Unterleib bergen die wasserlebenden Säuger noch rudimentäre Knochenreste der Hinterbeine ihrer landlebenden Urahnen. Die Fingernägel auf den Flossen der Manatis sehen den Zehen der Elefanten ebenfalls nicht unähnlich.

Dass auch die kaninchengroßen Schliefer [Abb. 53] in die nähere Verwandtschaft von Seekühen und Elefanten zu rechnen sind, ergaben sowohl anatomische wie molekulargenetische Untersuchungen. Die in Afrika und Vorderasien heimischen Schliefer sehen zwar aufgrund einer ähnlichen Ernährungsweise wie Nagetiere aus, ihre Bezahnung ist aber alles andere als ein Nagetiergebiss,

Abb. 53: Die Heimat der rezenten Schliefer ist vorwiegend Afrika neben einigen Vorkommen in Asien und Kleinasien. Es sind Verwandte der Huftiere mit vorne vier- und hinten dreizehigen Füßen, deren Zehen breite Nägel tragen. Im Bild ein Kap-Schliefer.

6 In Küstengewässern, Flüssen und Sümpfen

vielmehr tragen sie im Oberkiefer kleine Hauer, die aus umgewandelten Schneidezähnen hervorgegangen sind.

Zum Überwintern im warmen Wasser kommen die meisten der 2600 Seekühe Floridas in die flachen Mangrovebuchten und in die Nähe warmer Quellen, wo die Wassertemperatur kaum unter 20 °C absinkt. Ihr Unterhautfettgewebe ist höchstens zwei Zentimeter dick, gegenüber der bis zu zehn Zentimeter dicken Fettschicht der Robben. Ohne wärmende Fettschicht, wie sie Wale und Robben besitzen, würden die Tropentiere weiter draußen, wo die Wassertemperatur im Winter auf weniger als 15 °C abfällt, schnell an Unterkühlung sterben. Im Winter fallen aber auch unzählige Touristen in Florida ein, viele mit Booten. 800 000 Motorboote sind für die knapp 800 Meilen lange Küste Floridas zugelassen, dazu kommen rund 400 000 Transitboote. Während die stattliche Größe der Seekühe Haie meist abschreckt, sind die schnellen Boote eine tödliche Gefahr für sie. Schon eine leichte Kollision bricht die Rippen oder zerfetzt die Lungen und Bootsschrauben fügen unzähligen Tieren Schnittwunden zu, ohne dass es die Bootsführer überhaupt merken. Inzwischen gibt es zwar Notruf-Telefone, um verletzte Seekühe zu melden, aber auch die Liebe zum Symboltier Floridas wird zum Problem. Touristikunternehmen bieten Tauchexkursionen zu Manatis an, um diese zu streicheln und zu fotografieren. Für die sanften und friedfertigen Küstenbewohner bleibt dann kaum noch Zeit, sich vom Besucher-Stress zu erholen. Es bleibt abzuwarten, ob die zahlreichen Organisationen in den USA, die sich für den Schutz der Tiere einsetzen, erfolgreich sein werden.

Floridas Seekühe gehören zu den Rundschwanz-Seekühen oder Manatis (*Trichechidae*), die in den seichten Küstengewässern und in den Flüssen Floridas und Mittelamerikas (*Trichechus manatus*), im Amazonasbecken (*Trichechus inunguis*) und vor der Küste Westafrikas (*Trichechus senegalensis*) leben. Während die afrikanischen und die mittelamerikanischen Manatis sowohl im Süß- als auch im Meerwasser leben können, vertragen die Flussmanatis des Amazonas kein Salzwasser. Sie spalteten sich von den anderen ab, als im Pliozän vor zwei bis fünf Millionen Jahren die Anden aufgefaltet wurden und sich die Fließrichtung des Amazonas vom Pazifik zum Atlantik hin änderte.

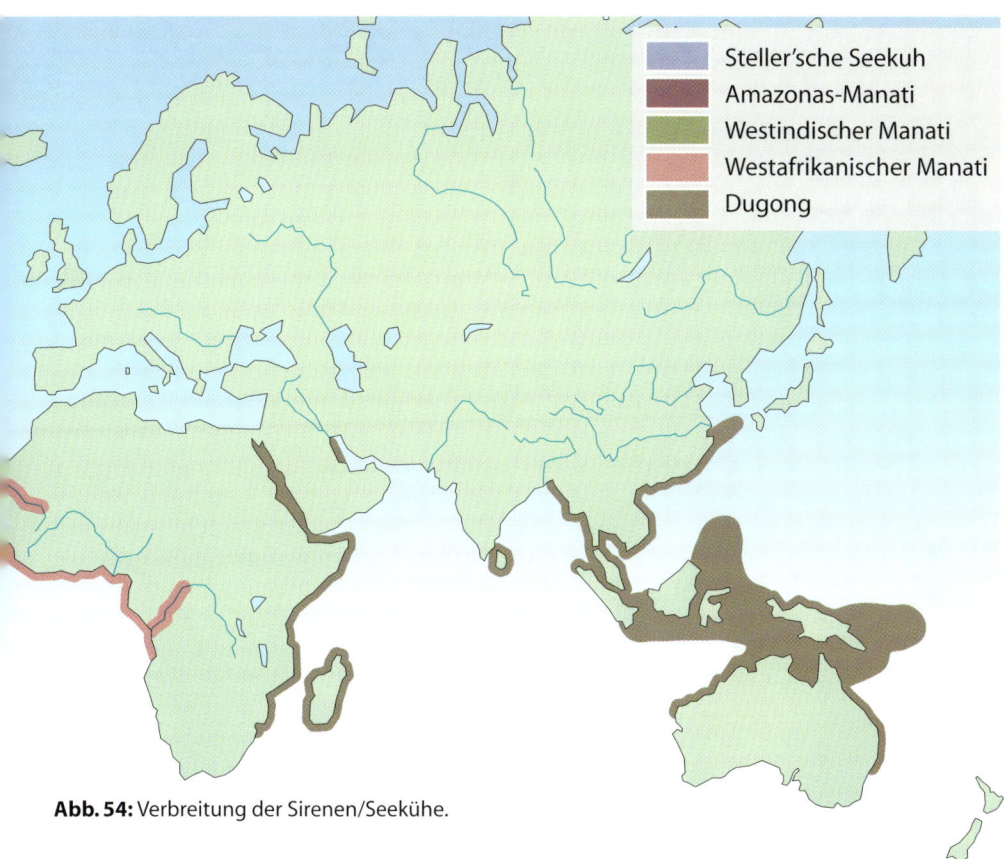

Abb. 54: Verbreitung der Sirenen/Seekühe.

Die Gattung der Gabelschwanz-Seekühe oder Dugongs (*Dugongidae*) kommt mit einer einzigen Art an den Flachküsten des Indischen Ozeans und des West-Pazifiks vor. Der drei Meter lange und 200 Kilogramm schwere Dugong (*Dugong dugong*) ist ein deutlich besserer Schwimmer als die bis zu 650 Kilogramm schweren Manatis. Die Muskeln ihres walähnlichen Schwanzes können einen Antrieb von 25 Stundenkilometer bewerkstelligen. Dugongs leben ständig im Meer, während die Manatis eher die Flüsse bevorzugen und sich nur gelegentlich ins Meer hinauswagen.

Seekühe waren einst weit verbreitet, wurden aber durch die Jagd auf ihr Fleisch und ihre Lederhaut stark dezimiert.

Die Steller'sche Seekuh oder Riesenseekuh (*Rhytina gigas*), die mit über acht Meter Körperlänge und vier Tonnen Gewicht alle heute lebenden Seekühe bei weitem übertraf, war im kalten Wasser des Beringmeeres zu Hause. Dort wurde sie 1768 ausgerottet, kaum 30 Jahre nach ihrer Entdeckung durch den deutschen Naturforscher Georg Wilhelm Steller.

Eine besonders stabile Sozialbeziehung ist die bis zu zwei Jahre dauernde Bindung zwischen Mutter und Kalb. Beide sind in dieser Zeit, in der das Junge die Wanderrouten, die Nahrungspflanzen und die Weidegründe kennen lernt, unzertrennlich. Ebenfalls unzertrennlich, wenn auch kürzere Zeit, ist die Hochzeitsherde. Mehrere Bullen buhlen um die Gunst eines Weibchens, vier Wochen lang und mehr. Anfangs weist das Weibchen alle Freier ab, gibt dann aber seinen Widerstand auf und lässt sich schließlich mit mehreren Männchen nacheinander ein. 13 Monate dauert die anschließende Tragzeit, bis das ein Meter lange und 20 Kilogramm schwere Junge zur Welt kommt. Ansonsten leben Manatis als ausgesprochene Einzelgänger und haben so gut wie keine sozialen Verhaltensweisen entwickelt.

Delphine im Großen Fluss

Die Schluchten des Yangtsekiang oder Chiang Jiang, wie die Chinesen ihren Großen Fluss nennen, liegen hinter dem Schiff, wenn es vor Wuhan von neugierigen Flussdelphinen begrüßt wird. Das jetzt wieder träge dahin fließende Wasser ist rötlich trübe, bringt es doch die Sedimentfracht und die Abwässer eines riesigen Einzugsbereiches mit sich. Fünfmal länger als der Rhein ist der Fluss, in dessen Einzugsgebiet Deutschland mehr als siebenmal Platz hätte. Die Sichtweite im Wasser beträgt folglich nur wenige Zentimeter und dementsprechend verkümmert sind die Augen des Chinesischen Delphins oder Baiji, wie er hierzulande heißt.

Im Großen Fluss ist der Chinesische Delphin (*Lipotes vexillifer*) selten geworden, der größte Bestand lebt heute im zentralen China im Dongting-See in der Provinz Hunan. Bis zu zweieinhalb Meter lang und drei Zentner schwer wird der Baiji dort. Die schnellen Tiere jagen in kleinen Gruppen von drei bis zwölf Tieren kleinere Fische und andere Tiere des Süßwassers. Mit ihrer schnabelartigen Schnauze packen sie mit schnellem Seitwärtsschnappen die schlüpfrigen Kleinfische oder bohren im schlammigen See- und Flussboden nach Beute.

Eine sehr lange und schmale Schnauze mit 33 bis 36 spitzen Zähnen auf jeder Seite unterscheidet den Flussdelphin von seinen Verwandten im Meer. Seine Augen liegen weit oben am Kopf, vielleicht um wenigstens an der Oberfläche des sonst trüben Wassers noch etwas sehen zu können. Im Gegensatz dazu liegen bei den Meeresdelphinen die Augen viel tiefer, wie übrigens auch bei den Embryonen des Flussdelphins. Im Verlauf der Embryonalentwicklung verlagern sich die Augen dann immer weiter nach oben und die Muskeln, die den Augapfel nach unten bewegen könnten, werden erst gar nicht richtig entwickelt.

Die Jungen werden früh entwöhnt, wodurch ihre Lernzeit sehr kurz ist. Entsprechend klein ist das Gehirn der Flussdelphine ausgebildet und in ihrem wenig entwickelten Sozialleben findet man keine den Meeresdelphinen vergleichbaren komplexen Strukturen.

Flussdelphine sind Wale mit altertümlichen Merkmalen. Mit ihrer kleinen Rückenflosse und den kurzen breiten Brustflossen sind sie längst keine so guten Schwimmer wie ihre torpedoförmigen spezialisierten Verwandten der Hochsee. Ihre Halswirbel sind nicht wie bei den Meeresdelphinen miteinander verschmolzen, so dass der Kopf deutlich vom Rumpf abgesetzt bleibt. Fossile Flussdelphine waren in der Tertiärzeit auch in Europa weit verbreitet, weshalb die heutigen Formen mit Recht als Lebende Fossilien angesehen werden können.

Ein feines Sonarsystem übernimmt die Aufgaben der Augen bei der Orientierung im trüben Yangtse-Wasser und liefert ein Hörbild der Umwelt, mit dem sich die Tiere kaum weniger gut zurechtfinden wie wir Menschen mit unserer optischen Wahrnehmung. Ein schallerzeugendes Röhrensystem im Nasen-Mund-Raum erzeugt Klicklaute, die mit über 200 Kilohertz höher liegen als die Ultraschalltöne der Fledermäuse. Etwa alle 20 Sekunden wird eine Laut-Serie ausgesendet, die zuvor von der so genannten Melone, ein blasenartiges Organ mit fettiger Gewebemasse oben am Kopf, gebündelt wird. Von Hindernissen, Beutetieren oder Artgenossen wird ein Teil des Schalls als Echo zurückgeworfen. Die Unterkiefer nehmen die reflektierten Töne auf und leiten sie zum Mittelohr.

Abb. 55: Kennzeichnend für alle Flussdelphine ist der lang ausgezogene Schnabel mit spitzen Zähnen. Der Amazonasdelphin peilt mit Echolot im trüben Wasser seine Beute zielgenau an. In Zuschnappnähe kommen dann die Tasthaare zum Einsatz.

Berührungsreize nehmen die Tiere mit der gesamten Körperoberfläche auf und Reste von Schnurrhaaren helfen darüber hinaus beim Tasten am weitgehend dunklen Gewässergrund ebenso wie die äußerst empfindliche Zungenspitze.

Unklar ist, wie sich die unzähligen Geräusche und Frequenzen der Schiffe auf dem Großen Fluss auf die Echopeilung der Delphine auswirken. Da aber immer öfter Tiere mit Booten kollidieren oder sich in Netzen verfangen, spricht vieles dafür, dass sie erheblich desorientiert sind. Als zusätzliches Problem kommt hinzu, dass die Fischbestände im Fluss durch die extreme Umweltbelastung schon Besorgnis erregend abgenommen haben.

Ursprünglicher, aber kaum weniger intelligent als der für seine Leistungen vor der Filmkamera bekannte Große Tümmler (*Tursiops truncatus*) ist auch der Amazonasdelphin oder Batu (*Inia geoffrensis*) [Abb. 55], den man besser kennt als seinen Vetter im Yangtsekiang. Der mit 2,70 Meter Länge und bis zu zwei Zentner Gewicht größte Süßwasserdelphin lässt sich ebenfalls abrichten und sein Gehirn-Körper-Verhältnis entspricht fast dem des gelehrigen und kreativen Großen Tümmlers. Im Alter verfärbt sich der in der Jugendzeit graue Amazonasdelphin rosarot. Vielleicht ranken sich deshalb so viele Legenden um das Tier, das sich angeblich bei Vollmond in einen wunderschönen Menschen verwandelt und seine Opfer in seine Unterwasserbehausung lockt. Nicht selten wird für die unerwartete Schwangerschaft einer Frau an den Ufern des Amazonas der „rosa Delphin" verantwortlich gemacht.

Während der Amazonasdelphin die Auffaltung der Anden ebenso überstand wie die Umkehr der Fließrichtung des Amazonas zum Atlantik statt zum Pazifik hin, von wo aus er den Fluss einst besiedelte, macht ihm in letzter Zeit der durch Regenwaldvernichtung geringere Niederschlag zu schaffen. Immer mehr Tiere stranden in seichten Buchten und sterben danach schnell an einem Sonnenstich.

Auch auf dem indischen Subkontinent, im Indus und Ganges leben altertümliche Flussdelphine, ebenso im südamerikanischen La-Plata-Strom. Deren Gehirn ist aber deutlich kleiner als das des Amazonasdelphins.

Der La-Plata-Delphin (*Stenodelphis blainvillei*) schwimmt auch ins Brackwasser und im Küstenbereich, wo er neben Fischen vorwiegend Kalmare und andere Tintenfische jagt.

Der Ganges-Delphin (*Platanista gangetica*) lebt versteckt und scheu. Man schätzt, dass höchstens 500 bis 700 Tiere im Ganges und seinen Nebenflüssen vorkommen und der Gesamtbestand in Indien, Bangladesh und Nepal gerade einmal 5000 Tiere ausmacht.

Ganges- und Indusdelphin (*Platanista minor*) sind ohne Augenlinse praktisch blind.

Zurück ins Urmeer Tethys kehrten zu Beginn des Eozäns vor mehr als 50 Millionen Jahren otterähnliche Säugetiere, die mit den Vorfahren der heutigen Huftiere verwandt waren. In küstennahen Sümpfen und im flachen Meerwasser entwickelten sich aus ihnen die Urwale (*Archaeoceti*), die Vorfahren der heutigen Wale und Delphine. Im Laufe der Zeit passte sich ihr Körper dem Wasserleben immer besser an. Der bald stromlinienförmige Körper verlor die Haare, die Haut wurde immer glatter und die Nasenlöcher wanderten nach oben in die jetzige Position des Atemlochs. Die vorderen Gliedmaßen wurden zu Flossen zum Steuern, während sich die hinteren zurückbildeten und eine breite, flache Schwanzflosse den Antrieb übernahm. Aus solchen Urwalen entwickelten sich die Bartenwale (*Mystacoceti*) und die Zahnwale (*Odontoceti*), zu denen auch die Delphine gehören. Die frühen Delphine waren recht groß, hatten einen sehr beweglichen Hals und einen verlängerten Kopf mit vielen spitzen Zähnen. Die heutigen Flussdelphine (*Platanistidea*) mit ihrer verlängerten Schnauze, dem beweglichen Nacken, den paddelförmigen Flossen, die noch in Finger aufgeteilt sind und ihrer schmalen, kaum entwickelten Rückenfinne sind diesen ursprünglichen Zahnwalen wohl am ähnlichsten.

Die kurzschnauzigen Meeresdelphine (*Delphinidae*) entstanden kurze Zeit später.

Am Fuße des Fujisan

Der schönste Vulkangipfel der Welt ist für viele der mit 3776 Metern höchste Berg Japans, der Fujiyama oder Fujisan. Dichter besingen ihn als göttliches Wesen, sein 220 Meter tiefer Gipfelkrater wird als Heiligtum verehrt. 18 Ausbrüche sind historisch belegt, die stärksten im 9. und 15. Jahrhundert. Seit 300 Jahren ruht die vulkanische Tätigkeit weitgehend, die heißen Aushauchungen der Wasserdampf speienden Fumarolen und der schwefelhaltigen Solfataren beweisen aber ebenso wie die vielen heißen Quellen, dass der Berg nur vorübergehend schläft.

Zu seinen Füßen liegen romantische tiefblaue Seen, in die zahlreiche Bäche und kleine Flüsse münden, Wasserfälle und uralte Bäume sind wie die ungezählten Shinto-Schreine der Fuji-Gottheit geweiht.

Wer den Fuji besteigen will, sollte zwei Tage ansetzen und warme Bekleidung mitnehmen. Oben am Gipfel liegt die Durchschnittstemperatur bei nur 5 °C. Allein ist man auf dem Berg nie, besonders an Feiertagen sind die sechs Pfade zum Gipfel fast so belebt wie die Straßen in Tokio.

In den Fließgewässern unterhalb des Fuji genießt der größte lebende Salamander der Erde, der Japanische Riesensalamander (*Andrias japonicus*) [Abb. 56] am ehesten Schutz vor Japans Fischern, die ihn sonst in den schnell fließenden Forellenbächen, die von den Japanischen Alpen dem Meer zufließen, immer zu finden wissen.

Versteckt in dunklen Winkeln unter Felsblöcken lauert der lichtscheue und phlegmatisch wirkende Schwanzlurch auf seine Beute, Krebse, Würmer, Frösche und Fische. Auch in den Bewässerungsgräben der Reisfelder ist das zeitlebens rein aquatisch lebende Tier gelegentlich zu finden. Der Kopf mit den winzigen lidlosen Augen und der Rumpf sind abgeplattet, der lange Ruderschwanz seitlich zusammengedrückt. Die Körperseiten des bis zu eineinhalb Meter langen Einzelgängers sind wie die Außenzehen und Unterschenkel mit breiten Hautsäumen besetzt. Diese auffällige Umgrenzung vergrößert die Oberfläche für die Hautatmung, die trotz der wohlausgebildeten Lungen eine bedeutende Rolle bei der Sauerstoffaufnahme spielt.

Abb. 56: Als ausgesprochenes Nachttier lebt der Japanische Riesensalamander am Grunde schnell fließender Bergbäche.

Über Stunden hinweg bewegt sich das Tier nicht und wenn doch, so kommt es mit seinen kurzen Gliedmaßen nicht sehr weit. Seine wechselwarme Körpertemperatur zwingt ihm im kalten Bergwasser eine geringe Aktivität auf. Vielleicht hat diese Trägheit dazu beigetragen, den Skelettbau über Jahrmillionen hinweg so gut wie nicht zu verändern.

Bei der Brutpflege bewacht und verteidigt das Männchen die in rosenkranzähnlichen Laichschnüren abgelegten etwa sieben Millimeter großen Eier. Zuvor schon hat es ein flaches Nest ausgescharrt, in dem nur laichbereite Weibchen geduldet werden. Nach der Ablage der bis zu 500 Eier in den zwei Meter langen Schnüren ergießt es seinen Samen über dem Nest, vertreibt das Weibchen und fächelt den heranwachsenden Embryonen ständig Frischwasser zu. Nach drei Monaten schlüpfen die jetzt drei Zentimeter langen Larven, die äußere Kiemen und Vordergliedmaßen mit zwei Fingern tragen. Nach eineinhalb Jahren verlieren sie die äußeren Kiemen, ihr Körper flacht sich ab und sie gehen zum Bodenleben über. Mit ihren jetzt funktionsfähigen Lungen holen sie in unregelmäßigen Abständen Luft an der Wasseroberfläche.

Riesensalamander durchlaufen eine unvollständige Metamorphose, das heißt, die äußeren Kiemen werden zwar zurückgebildet, aber Zähne und Augen bleiben zeitlebens die einer Larve.

„**Betrübtes Beingerüst eines alten Sünders**", schrieb der Naturforscher Johan Jacob Scheuchzer unter seine Zeichnung des von ihm 1725 gefundenen Fossils. Als Anhänger der Sintflut-Lehre war er überzeugt, das Skelett eines in der Sintflut ertrunkenen Menschen vor sich zu haben. Erst hundert Jahre später stellte sich heraus, dass der Sintflutmensch in Wirklichkeit ein Riesensalamander gewesen war und der Fund bekam seinen bis heute gültigen wissenschaftlichen Namen, *Andrias scheuchzeri* [Abb. 57].

Inzwischen wurden an verschiedenen Stellen Europas fossile Exemplare aus dem Oligozän bis zum Pliozän gefunden. Ihre versteinerten Knochen ähneln weitgehend den heute lebenden Riesensalamandern Ostasiens, Weichteile wurden allerdings keine überliefert. Die

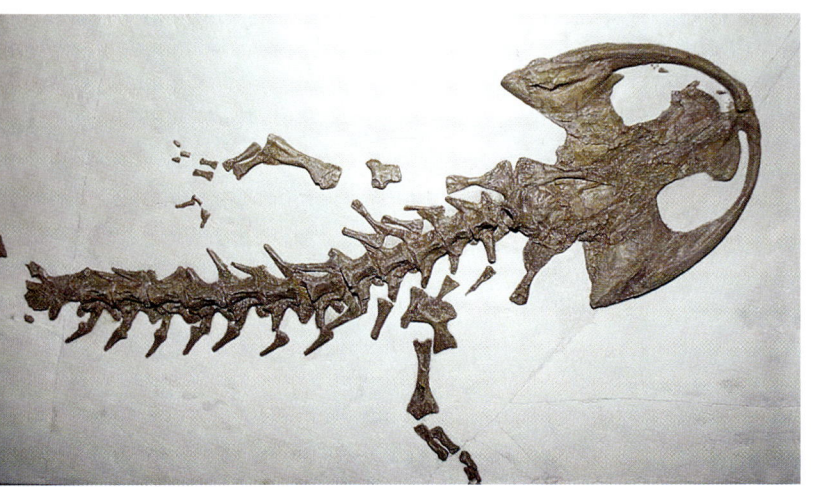

Abb. 57: Schließlich entpuppte sich Scheuchzers antediluvianischer Sintflut-Mensch des Jahres 1725 als fossiler Riesensalamander aus dem Tertiär.

wenigen Abweichungen im Skelettbau fallen in den Bereich der individuellen Unterschiede, wie man sie auch bei den rezenten Formen findet. Fossile und heutige Formen sind demnach einer einzigen Art zuzuordnen und eine Abtrennung könnte nur aufgrund des unterschiedlichen zeitlichen Auftretens vorgenommen werden. Die Riesensalamander bilden demnach eine sehr konservative Gruppe, die sich über 30 Millionen Jahre so gut wie nicht verändert hat. Wie erstaunlich eine so lange Zeit der Konstanz ist, wird deutlich, wenn man sich bewusst macht, dass sich in diesem Zeitraum ein Großteil der Artenvielfalt der Säugetiere entwickelte.

Das Vorkommen in wenigen Reliktarealen weist den Riesensalamander ebenso als Lebendes Fossil aus wie auch sein urtümlicher Körperbau. Die heutigen Riesensalamander, deren Vorfahren einst über ganz Eurasien verbreitet waren, kommen nur noch in zwei getrennten Verbreitungsgebieten in Ostasien vor, im südlichen Japan und im südwestlichen China. Aufgrund äußerer Hautmerkmale unterscheidet man sie als zwei Unterarten, im Skelett aber sind sie völlig gleich.

Die Nähe seichter Stromschnellen ist die Heimat des nordamerikanischen Schlammteufels oder Hellbenders (*Cryptobrachus alleganiensis*). Der mit höchstens 75 Zentimeter Länge deutlich kleinere Verwandte in Amerika weist im Knochenbau deutlich weniger Ähnlichkeiten mit den fossilen Riesensalamandern auf als seine ostasiatischen Vettern.

Zur Fortpflanzungszeit neigt das sonst einsam lebende Tier zur Geselligkeit und man kann jetzt einige wenige, allerdings niemals viele, Salamander beieinander sehen. Damit die Eier im schnell fließenden Wasser nicht weggeschwemmt werden, graben die Männchen eine Höhle unter einem Stein am Gewässerboden. In diese Höhle dürfen nur eiertragende Weibchen einschwimmen, die ihre Laichschnüre mit einer klebrigen Bindemasse um einen großen Stein wickeln. Die weitere Brutpflege übernehmen wiederum die Väter. Die Kaulquappen schlüpfen erst aus dem Laich, wenn sie kräftig genug sind, gegen den Strom anzuschwimmen. Die Verbreitung des Hellbenders erstreckt sich vom Süden New Yorks über Missouri und Arkansas bis Alabama.

Riesenformen bei Amphibien gab es schon im Karbon, so beispielsweise den viereinhalb Meter langen *Pteroplax*, auch *Eogyrinus* genannt, und in der Trias lebte mit dem Riesenlurch *Mastodonsaurus giganteus*, dessen Schädellänge allein ein Meter und mehr betrug, der größte Amphibienvertreter der Erdgeschichte.

Die Entwicklung der Amphibien aus Quastenflossern erfolgte im Devon vor rund 400 Milionen Jahren. Als frühestes amphibienähnliches Fossil gilt Ichthyostega, das bereits vier vollständig ausgebildete Gliedmaßen besaß. Sein Schwanz hatte noch einen Flossensaum, was darauf schließen lässt, dass es noch stark ans Wasser gebunden war.

Um den Übergang vom Wasser- zum Landleben zu bewerkstelligen, waren zahlreiche Umstrukturierungen in der Haut, im Atmungs-, Kreislauf- und Ausscheidungssystem sowie im Bewegungsapparat nötig. Erfolgreich konnten nur diejenigen neuen Arten sein, die atmosphärische Luft atmen konnten, der Gefahr des Austrocknens begegnen konnten und sich mit möglichst geringem Energieaufwand an Land fortbewegen konnten.

Im Karbon und Perm erlebten die Amphibien ihre Blütezeit und obwohl sie im anschließenden Mesozoikum von den deutlich besser vom Wasser emanzipierten Reptilien zurückgedrängt wurden, konnten sie sich in den Uferbereichen der Süßgewässer ebenso halten wie in Sumpf- und Riedgebieten, im Kronenbereich wassernaher Bäume, in Höhlen und unter der Erde als Bodenwühler. Nur in den sehr trockenen und eiskalten Räumen der Erde fehlen Amphibien.

Schwanzlurche sind ursprünglicher als die abgeleiteten Froschlurche. Sie sind in Körperbau und Bewegung noch deutlich mehr an das Wasserleben angepasst. Beim schlängelnden Schwimmen dient ihr Schwanz als Antrieb, wobei die Beine angelegt bleiben. An Land kommen die kurzen Beine zwar zum Einsatz, die Schlängelbewegung aber wird beibehalten. Mit den Schwanzlurchen (Urodela) eng verwandt sind die unterirdisch lebenden tropischen Blindwühlen (Gymnophiona), deren Larven innerhalb einer Eischale schlüpfen und nicht im freien Wasser, die aber Flossen und äußere Kiemen besitzen.

Die langen Sprungbeine der Froschlurche (Anura) ermöglichen an Land eine viel schnellere Fortbewegung, darüber hinaus können Laubfrösche auch ausgezeichnet klettern. Der fortschrittlichere Körperbau zeigt sich auch im Skelett. Froschlurchen fehlen in der Regel die Rippen, die Schwanzwirbel sind zu einem sog. Urostyl-Stab verschmolzen und die Zahl der Rumpfwirbel ist deutlich reduziert.

Ein auffallend unzusammenhängendes Verbreitungsgebiet haben die Pfeiffrösche (Leptodactylidae). Im tropischen Amerika sind sie besonders zahlreich und weit davon entfernt in Australien haben sie in geringerer Artenzahl einen zweiten Lebensraum. Die ungewöhnliche Verbreitung, die Teile des alten Gondwanalandes umfasst, berechtigt zu der Annahme, dass Pfeiffrösche wohl einen sehr alten Familienstammbaum besitzen, der deutlich vor dem der Kröten (Bufonidae) und eigentlichen Frösche (Ranidae) begann, die es beide in Australien nicht gibt. Aufgrund ihres vermutlich stammesgeschichtlich hohen Alters sollen die Pfeiffrösche hier kurz erwähnt werden, wenn viele von ihnen auch junge spezialisierte Formen sind.

Unter den amerikanischen Pfeiffröschen gibt es mit dem Südamerikanischen Ochsenfrosch (Leptodactylus pentadactylus) und dem Brasilianischen Hornfrosch (Ceratophrys calcarata) wahre Riesenfrösche, die beide über 20 Zentimeter lang werden.

Die australischen Pfeiffrösche können mit ihren südamerikanischen Verwandten zwar nicht in der Größe mithalten, dafür findet man unter ihnen aber ausgesprochene Trockenextremisten. Der Wasserreservoir-Frosch (Cyclorana platycephala) überdauert in selbstgegrabenen Höhlen die im trockensten Inneraustralien viele Monate währende Trockenzeit. In der vorangegangenen Regenzeit hat er seinen bald kugelrunden Körper mit Wasser prall gefüllt. Danach hat er sich in seine Höhle zurückgezogen, seine Haut abgestreift und sie mit Schleim überzogen, der schnell hart und wasserundurchlässig wurde.

Ebenfalls in einem Kokon aus wasserundurchlässigen Lagen alter Haut und Sekrete übersteht der Pfeiffrosch *Lepidobatrachus laevis* die Trockenzeit im argentinischen Gran Chaco. Wenn nach dem Einsetzen der Regenfälle sein Schlammversteck aufweicht, gräbt er sich zur Oberfläche durch. Zuvor aber frisst er zur ersten Stärkung seine nährstoffhaltige Verpackung auf.

Auffangbecken alter Fische

„Vater der Wasser" heißt der Mississippi bei den Indianern. Der längste Strom Nordamerikas mäandriert über Tausende von Kilometern durch den Süden der Vereinigten Staaten. Zu seinem Fluss-System gehören zahlreiche wasserreiche Ströme wie Ohio, Missouri, Illinois, Arkansas und Tennessee. Nur mit Mühe und aufwendigen Deichbauten kann der drittlängste Strom der Erde, der mehr als 25-mal so lang wie der Rhein ist, in seinem Unterlauf für einige Zeit im kanalisierten Bett gehalten werden. Im Mündungsdelta im südlichen Louisiana schließlich verfließen Land und Wasser zu einer amphibischen Landschaft. Das Gewicht der Sedimentmassen drückt sogar die Erdkruste in die Tiefe und die neu herangetragenen Ablagerungen verdichten die weiter unten liegenden älteren Sand- und Schlammschichten. Solange das herantransportierte Material die Absenkung ausgleicht, bleibt das Bild der Oberfläche in etwa gleich. In den letzten Jahrtausenden aber fand eine ständige Veränderung des Flusslaufes ebenso statt wie ein Wechsel zwischen Aufschüttung und Landverlust. Erst seit der Mensch in das uralte Fluss-System eingreift, versinkt das Land im Deltagebiet langsam. Noch wachsen ausgedehnte Sumpfzypressenwälder in den Atchafalayasümpfen, doch wenn das Meer die Küstenlinie weiter ins Binnenland verschiebt, werden viele Pflanzen die zunehmende Versalzung nicht überleben.

Ein uralter Fluss ist der Mississippi, der seit mehr als 140 Millionen Jahren das Innere Nordamerikas entwässert. Und bis heute beherbergt er Lebende Fossilien, deren seltsam altertümliches Aussehen auf eine mindestens ebenso lange Zeit ungestörter Entwicklung schließen lässt. So gehen der Schaufelstör (*Scaphirhynchus platyrhynchus*) und der Löffelstör (*Polyodon spatula*) bis in die Kreidezeit vor über 100 Millionen Jahren zurück und Kaimanhecht (*Lepisosteus osseus*) und Schlammfisch (*Amia calva*) traten schon im Perm vor über 230 Millionen Jahren zum ersten Mal auf. Dabei gelten die mit glänzendem Ganoin überzogenen Schuppen, eine verknöcherte Schädelkapsel und eine schräg nach oben gerichtete Schwanzflosse als stammesgeschichtlich alte Merkmale.

Eine erste Radiation der Knochenfische (*Osteichthyes*) brachte schon im Devon die Strahlenflosser (*Actinopterygii*) und die Fleischflosser (*Sarcopterygii*) als gut unterscheidbare Gruppen hervor. Bei den Fleischflossern lassen sich Vertreter der Lungenfische (*Dipnoi*), Quastenflosser (*Crossopterygii*) und der Amphibienvorfahren (*Labyrinthodontia*) unterscheiden. Bei den Strahlenflossern, deren gemeinsames Kennzeichen paarige Flossen sind, die von radial angeordneten kräftigen Strahlen gestützt werden, traten zuerst die Knorpelganoiden (*Chondrostei*) auf, die im Erdmittelalter weitgehend von den Knochenganoidfischen oder Knochenschmelzschuppern (*Holostei*) verdrängt wurden. Diese wiederum starben bis auf die Kahlhechte und die Knochenhechte zum Ende der Kreidezeit aus, zu einer Zeit, als unter den Knochenfischen im engeren Sinne (*Teleostei*) eine adaptive Radiation begann, wie sie bei keiner anderen Wirbeltierkategorie bekannt ist. Das Süßwasser, in dem die Echten Knochenfische entstanden sind, bietet mit Flüssen, Bächen, Seen, unterirdischen und zeitweise austrocknenden Gewässern zahlreiche Biotope, die eine Vielfalt von Lebensbedingungen aufweisen und zum Teil als wirksame Isolationsmechanismen wirken. Als einige Knochenfischgruppen schließlich das Meer besiedelten, setzten sie sich äußerst erfolgreich gegen die dort lebenden Knorpelfische (Chondrichthyes) durch, ohne diese aber bis heute zu verdrängen.

Mit einem riesigen Maul käschert der Löffelstör (Polyodon spatula) [Abb. 58] seine Beute, vorwiegend Wasserflöhe. Im trüben Wasser des Mississippis ist das Aufspüren von Beute aber keine einfache Sache. Hilfreich sind ihm dabei die unzähligen Elektrorezeptoren, die sich auf seinem langen Schnauzenfortsatz, dem Rostrum, befinden. Mit ihrer Hilfe kann er die äußerst schwachen elektrischen Felder seiner Beutetiere wahrnehmen.

Die Haut des Löffelstörs ist weich und nackt, abgesehen von einigen Knochenkörnchen und den Ganoidschuppen an der Schwanzflosse. Sein Innenskelett ist noch wie das der Haie weitgehend verknorpelt, während sein Außenskelett von einer fast vollständigen Schädelkapsel gebildet wird.

Abb. 58: Der Löffelstör filtert mit weit geöffentem Maul Plankton aus dem Wasser. Seine lange platte Nase, das Rostrum, hilft beim Auffinden der Beute und dient als Stabilisierungsfläche.

Der nordamerikanische Löffelstör wird bis knapp zwei Meter lang, sein chinesischer Verwandter im Yangtsekiang, der Schwertstör (Psephurus gladius), soll eine Körperlänge von bis zu sieben Metern erreichen.

Meeres- und Süßwasserbewohner zugleich sind die Störe (Acipenseridae). Der Gewöhnliche Stör (Acipenser sturio) laicht im Mittellauf großer Ströme wie der Donau, hält sich sonst aber den größten Teil seines Lebens im Meer auf. Die lang gestreckten Fische haben keine Zähne und nur wenige Schuppen an der Schwanzflosse. Die heterozerke Schwanzflosse, bei der die Wirbelsäule in den größeren dorsalen (oberen) Teil hineinzieht, ist ein uraltes Erbe. Dem im Mississippi lebenden Schaufelstör (Scaphirhynchus platyrhynchus) fehlt bereits das Spritzloch, wie es die übrigen Störe als ursprüngliches Merkmal noch aufweisen.

Da die Störe mit rund 20 Arten noch weit verbreitet sind, sind sie trotz ihres hohen stammesgeschichtlichen Alters wohl nicht zu den Lebenden Fossilien zu rechnen.

Schwimmblase und Lunge sind homolog, was schon Darwin wusste, seine Schlussfolgerung aber, dass die Lungen der Landwirbeltiere umgewandelte Schwimmblasen seien, war nicht richtig. Vielmehr haben sich die Schwimmblasen der Knochenfische aus Lungen entwickelt. Ihre frühesten Vorfahren lebten in flachen, warmen und damit sauerstoffarmen Gewässern, die das Atmen atmosphärischer Luft notwendig machten. Als die Fische später in tiefere Gewässer abwanderten, wurden die Lungen zu einem hydrostatischen Organ, das den Auftrieb regelt, der Schwimmblase, umgewandelt.

Lungen besaßen auch schon die meisten kiefertragenden Panzerfische (Placodermi) im frühen Devon. Bei den später auftretenden Knorpelfischen verschwand die Lunge als

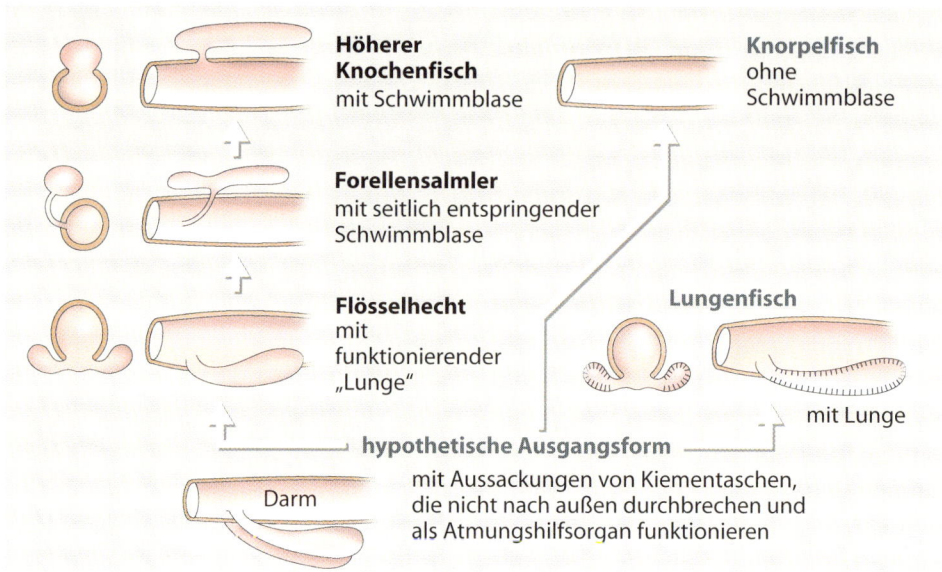

Abb. 59: Entwicklung von Lunge und Schwimmblase.

Anpassung an das Hochseeleben ebenso, wie sie die Knochensubstanz ihres Skeletts durch ausschließlichen Knorpel ersetzten.

Die paarigen Schwimmblasen der Flösselhechte (*Polypterini*) dagegen sind als einfache Lungen ausgebildet. Die obligaten Luftatmer müssen regelmäßig an die Wasseroberfläche, um atmosphärische Luft aufzunehmen. Die Luft wird in den Darm aufgenommen und gelangt in die zwei seitlich liegenden Taschen. Deren Wände sind stark mit Blutgefäßen durchzogen, die den Luftsauerstoff aufnehmen können. Wird ein Flösselhecht am Auftauchen gehindert, erstickt er bald, obwohl er Kiemen besitzt, während er an Land lange Zeit überleben kann. Zwischenformen, die wie bei Forellensalmlern (*Erythrinus*) als seitlich entspringende Schwimmblase auftreten, belegen den Verlauf der stammesgeschichtlichen Entwicklung. Auch die Embryonalentwicklung zeigt, dass die Lungen wie die Schwimmblase Aussackungen des Vorderdarmes sind.

Die afrikanischen Flösselhechte haben wie die nordamerikanischen und chinesischen Löffelstöre und die in den nördlichen Weltmeeren weit verbreiteten Störe seit der Blütezeit der Knorpelganoidfische, die sich bis in die Jurazeit hinein erstreckte, weitgehend unverändert überlebt.

An Stachelstrahlen befestigte kleine Flössel bilden die Rückenflosse des Nilflösselhechtes (*Polypterus bichir*). Mit den armartigen Brustflossen stützt er sich am Boden auf, dementsprechend weisen sie einen an Landwirbeltiere erinnernden Skelettbau auf. Die Schuppen sind als rhombische Platten zu einem festen Panzer verbunden, seine Larven tragen große Außenkiemen.

Flösselhechte (*Polypterini*) gelten als die ursprünglichsten heutige lebenden Strahlenflosser. Man sieht in ihnen die Nachfahren der Urknochenfische (*Palaeonisci*), mit denen sie im Bau der Ganoidschuppen weitgehend übereinstimmen, wenn auch die Ganoinschicht schon deutlich dünner ist als bei den älteren Formen. Ihr Innenskelett ist völlig verknöchert.

Der Name Posidonienschiefer rührt von einer kleinen Muschel her, die man früher *Posidonia* nannte und die in 180 Millionen Jahre alten Schichten des Unteren Jura häufig vorkommt. Berühmt wurde der südwestdeutsche Posidonienschiefer durch Fossilfunde von Seelilien, Fischen und Saurier, die um Holzmaden bei Kirchheim unter Teck in großer Häufigkeit und bestem Erhaltungszustand gefunden wurden.

Hierzu zählt auch der mit den Stören verwandte Knorpelganoidfisch *Chondrosteus*. Sein großer Schädel und die Flossenträger blieben gut erhalten, auch wenn von seiner knorpeligen Wirbelsäule fossil nichts überliefert ist. Während von *Chondrosteus* keine Schuppen erhalten blieben, vielleicht war der Fisch nackthäutig, zeigen die Schmelzschuppenfische *Lepidotes* [Abb. 60] und *Dapedium* einen gut erhaltenen Ganoidschuppenpanzer.

Eine Körperbedeckung aus dicken rhombischen Schuppen gilt als ursprüngliches Merkmal. Diese Ganoidschuppen sind von einem dicken Belag zahnschmelzähnlicher Substanz, dem Ganoin, überzogen. Die Schuppen sind in schräg nach vorne verlaufenden Reihen angeordnet und ermöglichten dem Fisch eine Schlängelbewegung. Andererseits verhindern die festen Schuppen eine ungünstige Verformung des Körpers und erfüllen so eine wichtige Stützfunktion.

Echte Ganoidschuppen und Wirbel mit Gelenken, wie sie sonst nur bei Landwirbeltieren, nicht aber bei Fischen vorkommen, besitzt der nordamerikanische Langnasen-Knochenhecht (*Lepisosteus osseus*). Sein lang gezogenes krokodilartiges Maul ist mit zahlreichen harten Kegelzähnen besetzt. Aus seinen steinharten Schuppen werden entlang des Mississippis Schmucksteinchen poliert. Das Skelett ist zwar knöchern, aber es enthält noch sehr viel Knorpel. Ein gut entwickeltes Hinterhauptsgelenk ermöglicht dem Knochenhecht Nickbewegungen des Kopfes, was bei Fischen ebenso ungewöhnlich ist wie die gelenkig miteinander verbundenen Wirbel, die eher an Kriechtierwirbel erinnern.

Abb. 60: Der Kugelzahn- oder Schmelzschuppenfisch Lepidotes war mit dicken rhombischen Schuppen bedeckt, ein ursprüngliches Merkmal der Knochenganoidfische.

Abb. 62: Der Gefleckte Knochenfisch (*Lepisosteus oculatus*) vereinigt ursprüngliche und hoch spezialisierte Züge. Neben der altertümlichen Ausstattung mit rhombischen Ganoidschuppen und einer noch atmungsfähigen Schwimmblase zeigt er eine lang gestreckte hechtähnliche Körperform. Rücken- und Afterflosse sind weit hinten nahe des Schwanzstiels angebracht, um als Lauerjäger schnell aus dem Versteck vorschießen zu können.

Im Gegensatz zum Flösselhecht, der obligatorisch Luft atmen muss, unterstützt bei den Knochenhechten die Luftatmung lediglich die Kiemenatmung. In Abhängigkeit vom Sauerstoffgehalt des Wassers steigen die Fische zur Oberfläche und holen Luft, die über ein Verbindungsstück von der Speiseröhre in die Schwimmblase gepresst wird. Die noch als Lunge funktionierende Schwimmblase und die rhombischen Ganoidschuppen sind als urtümliche Merkmale zu werten, während die fast symmetrisch gebaute (= homozerke) Schwanzflosse eine modernere Anpassung an die freischwimmende Lebensweise darstellt.

Der Fisch liegt als Lauerjäger meist bewegungslos zwischen Wasserpflanzen und ergreift vorbeikommende Beute, indem er von der Seite her mit der Schnauze plötzlich zustößt. Wie bei unserem einheimischen Hecht (*Esox lucius*) sind beim Knochenhecht Rücken- und Afterflosse weit nach hinten verlagert, um zusammen mit der leicht schief gebauten Schwanzflosse ein schnelles Vorstoßen auf die Beute zu ermöglichen.

Während der Langnasen-Knochenhecht am weitesten verbreitet vorkommt, gilt der Alligator- oder Große Kaimanfisch (*Lepisosteus tristoechus*) mit einer durchschnittlichen Körperlänge von drei Metern als einer der mächtigsten Süßwasserfische Nordamerikas.

Als Lebende Fossilien besitzen die rezenten Knochenhechte Vorfahren, die seit der Ober-Kreide so gut wie nicht verändert sind, und ihre Ganoid-Beschuppung sowie die noch zum Atmen befähigte Schwimmblase sind noch recht altertümliche Merkmale.

Als nachtaktiver aggressiver Räuber gilt der Schlammfisch oder Kahlhecht (*Amia calva*). Obwohl sein Schädel schwer gepanzert ist, sind seine Kiefer so beweglich, dass er mit ihnen einen runden, saugnapfähnlichen Mund formen kann. Auf Beutefang reisst er sein Maul auf und saugt gleichzeitig Wasser ein, um mit ihm kleinere Fische zu verschlingen. Seine Art ist heute die einzige, die von der Ordnung der Kahlhechte, die vor 130 Millionen Jahren die Fischfauna beherrschte, übrig geblieben ist. Ob die Schlammfische systematisch zu den Knochenganoidfischen zu stellen sind, oder ob sie am nächsten mit den Echten Knochenfischen verwandt sind, ist nicht sicher geklärt. Doch während die Knochenhechte wie der Kaimanfisch noch dicke schmelzüberzogene Schuppen und zapfenförmige Zähne aufweisen, entwickelten die Vorfahren der Schlammfische günstigere dünne und biegsame Schuppen, denen der Ganoinüberzug fast vollständig fehlt.

Als Fossilfundstätte weltberühmt ist die ehemalige Ölschiefer-Abbaugrube von Messel (bei Darmstadt), ein Schaufenster in das frühe Tertiär vor etwa 50 Millionen Jahren. Der tertiäre Messeler See, dessen Ausdehnung in etwa die der heutigen Tagebaugrube entsprach, wurde zu einer Schatzkammer für Fossilien, die zu großen Teilen in hervorragendem Erhaltungszustand sind.

Die in Messel am häufigsten gefundene Fischart ist der Schlammfisch *Cyclurus kehreri*, der mit der rezenten nordamerikanischen Schlammfischart *Amia calva* eng verwandt ist, was diesen als Lebendes Fossil ausweist. Der Schädel des fossilen Schlammfisches ist von massiven Deckknochen umschlossen und auch seine Wirbelsäule, die schon im vorderen Schwanzflossenbereich deutlich nach oben abbiegt, zeigt einen urtümlichen Bau. Das Vorkommen des nur im Süßwasser lebenden Schlammfisches in Messel und tertiäre Fundstätten in Nordamerika belegen, dass zur Zeit des Messeler Sees noch eine Landverbindung nach Amerika bestanden haben muss.

Gleiches gilt für den Knochenhecht *Atractosteus strausi* aus Messel, der den amerikanischen Knochenhechten weitgehend ähnlich ist. Beide waren im Eozän eine willkommene Beute für die damals häufige Kaimanart *Diplocynodon darwini*.

Die Blütezeit der Knochenganoidfische lag im Jura. In der späten Kreidezeit waren sie mit Ausnahme einiger weniger überlebenden Arten bereits wieder verschwunden, zu der Zeit also, als die vielfältige Entwicklung der höheren Knochenfische, der Teleostier, begann. Die Knochenfische zeigen zahlreiche Anpassungen an leistungsfähiges Schwimmen und übertrumpfen alle anderen Fische bezüglich Geschwindigkeit und Manövrierfähigkeit. Ihr Formenreichtum reicht vom pfeilschnellen Barrakuda bis zum standorttreuen Seepferdchen, vom schlangenförmigen Aal zum kugeligen Mondfisch und von der bodenbewohnenden Scholle bis zu den Fliegenden Fischen. Das Innenskelett der Teleostier ist völlig verknöchert, ihre zarten Rundschuppen können kaum noch eine Stützfunktion erfüllen.

Zu den größten Süßwasser-Knochenfischen gehört der Arapaima (*Arapaima gigas*) im Stromgebiet des Amazonas. Er gilt wie die übrigen Knochenzüngler (*Osteoglossidae*) [Abb. 62] als sehr altertümlicher echter Knochenfisch, dessen Stammbaum über 100 Millionen Jahre zurückverfolgt werden kann. Sein Schädel bildet eine mächtige Knochenkapsel und auch die fleischigen Flossen sind wie der lappige Schwanz und die lungenähnliche Schwimmblase ursprüngliche Merkmale.

Der Fisch hält sich träge schwimmend im Oberflächenwasser auf, von wo aus er regelmäßig zum Luftschlucken an die Wasseroberfläche kommt. Seine Schwimmblase, die über eine Röhre mit dem rückwärtigen Schlund verbunden ist, nimmt den gesamten Raum oberhalb des Darmes ein. Sie besteht aus einem gekammerten, reich mit Blutgefäßen ausgestatteten lungenähnlichen Gewebe, das als effektives Atmungsorgan dient.

Abb. 62: Knochenzüngler wie der Gabelbart *Osteoglossum bicirrhosum* aus dem Amazonas sind die urtümlichsten echten Knochenfische. Da er regelmäßig Luft schnappen muss, hält sich der Fisch meist knapp unter der Wasseroberfläche auf.

Knochenzüngler kommen sowohl in Afrika wie in Australien und Südamerika oft nebeneinander in denselben Gewässern wie die Lungenfische vor. Beide sind als jeweilige Reliktform einer einst weit verbreiteten Gruppe anzusehen. Fossile Knochenzüngler kennt man aus der Kreidezeit und dem Tertiär Europas und Nordamerikas.

Überleben im Papyrussumpf

Sumpfgebiete sind in den Tropen meist ausgedehnter als in gemäßigten Breiten und dehnen sich dort oft über Tausende von Quadratkilometern aus. Als riesige natürliche Wasserspeicher nehmen sie in der Regenzeit große Niederschlagsmengen auf und geben sie in der Trockenzeit wieder ab. Während in der dichten Sumpfvegetation Papyrus, Schilf und Rohrkolben vorherrschen, sind im anschließenden Bereich zur offenen Wasserfläche Seerosen- und Schwimmpflanzengesellschaften ausgebildet. Weiter landeinwärts bilden zunächst Kletterpalmen und Lianen undurchdringliche Dickichte, bevor der eigentliche weniger dichte Regenwald beginnt.

Ein letztes noch weitgehend vom Menschen unbeeinflusstes Regenwaldgebiet in ganz Westafrika ist der Tai-Nationalpark im Südwesten der Elfenbeinküste. Die UNESCO nahm den von Menschen wahrscheinlich nie bewohnten Park in die Liste der international bedeutenden Biosphären-Reservate auf. Neben Waldelefanten, Waldbüffel, Schimpansen, Colobusaffen und Meerkatzen leben hier noch Zwergflusspferde.

Zwei Arten von Flusspferden gibt es in Afrika. Während das Großflusspferd (*Hippopotamus amphibius*) [Abb. 63] in weiten Bereichen des tropischen Afrikas vorkommt, wobei die Schwerpunkte seiner Verbreitung die großen Seen und Flüsse des ostafrikanischen Hochlandes und das Okavango-Delta im Süden sind, ist das Zwergflusspferd (*Choeropsis liberiensis*) auf ein kleines Gebiet im Regenwaldbereich Westafrikas in Liberia, Sierra Leone und der Elfenbeinküste beschränkt.

Sehr genau hingesehen haben die alten Griechen, die dem Großflusspferd den Namen Hippopotamus gegeben haben, sicher nicht, denn eine Ähnlichkeit mit einem Pferd ist kaum zu erkennen. Als Paarhufer ist es mit den Schweinen und Rindern verwandt, nicht aber mit den Pferden. Auch der deutsche Name Nilpferd stimmt heute kaum noch, denn am unteren Nil in Ägypten und in weiten Teilen des Sudan gibt es schon seit 200 Jahren keine Flusspferde mehr.

Großflusspferde sind hervorragend an ein halbaquatisches Leben inmitten des Sumpfes angepasst. Die bis zu drei Tonnen schweren Tiere wühlen ständig den Schlamm auf und setzen dadurch Mineralstoffe frei, die anderen Lebewesen der Sumpf-Lebensgemeinschaft zugute kommen. Das Groß-

Abb. 63: Flusspferde leben amphibisch und verbringen einen Großteil des Tages unter Wasser. Sie können mehrere Minuten lang am Gewässergrund entlanglaufen, aber als Schwimmer sind sie nicht sonderlich geschickt.

flusspferd hat einen walzenförmigen Körper mit kurzen stämmigen Beinen. Nasenöffnungen, Ohren und Augen liegen auf einer Ebene und ragen als einzige aus dem Wasser, wenn das Tier untergetaucht ist. Im nassen Element finden die Rangordnungskämpfe ebenso statt wie Paarung, Geburt und Spiel der Jungtiere.

Doch entgegen der landläufigen Meinung können Flusspferde nicht schwimmen. Selbst mit vollen Lungen ist ihr spezifisches Gewicht so hoch, dass sie zu Boden sinken. Am liebsten halten sie sich in einer Wassertiefe auf, wo ihre Füße noch den Boden erreichen und sie den Kopf aus dem Wasser halten können. Wo es tiefer wird, bewegen sich die Tiere zu Fuß fort und nicht schwimmend. Über fünf Minuten können sie unter Wasser bleiben, bevor sie mit den Hinterbeinen kräftig abstoßen, um wieder nach oben zu kommen. Gerät ein Tier aber versehentlich einmal in tiefere Fluss-Strömung, wird es mitgerissen und oft kilometerweit verdriftet.

Ihre Haut aber zwingt die Tiere in die Nähe des Wassers. Mehr als dreimal so viel Flüssigkeit wie ein Mensch bei vergleichbaren äußeren Bedingungen verliert ein Flusspferd über seine Hautoberfläche. Ohne Talg- und Schweißdrüsen, die die Temperaturregulierung entscheidend unterstützen könnten, sind Flusspferde an ihre feuchte Umgebung gebunden. Die sieben Zentimeter dicke Haut verhindert in der Sonnenhitze eine schnelle Wärmeabfuhr. Um Überhitzung zu vermeiden, bleibt das Tier am Tage im Wasser. Als Wärmeisolation im Wasser ist die Haut aber ungeeignet. Um nicht zu viel Energie in Form von Wärmeabstrahlung zu verlieren, geht es bei Nacht an Land auf Nahrungssuche.

Kaum ein Zehntel des Gewichtes seines großen Vetters erreicht das Zwergflusspferd [Abb. 64]. Es ist aber mit eineinhalb Meter Länge und einem Gewicht von 260 Kilogramm nicht bloß eine Miniaturausgabe des Großflusspferdes, sondern unterscheidet sich auch im Verhalten von diesem. Während Großflusspferde in Gruppen zusammenleben, führen Zwergflusspferde als Einzelgänger ein verborgenes Leben im dichten Regenwald. Nur zur Brunft sind sie für kurze Zeit als Paare zusammen. Die Paarung findet an Land statt und auch die Jungen werden an Land geboren. Diese kommen anfangs im Wasser nicht zurecht, sondern müssen das richtige Tauchen erst lernen.

Die ursprünglicheren Zwergflusspferde sind weit weniger vom Wasser abhängig als die Großflusspferde. Die jeweils vier Zehen der Füße sind frei beweglich und zum raschen Lauf gut geeignet, wenn auch die beiden hinteren Zehen eher rudimentär sind. Die Augen liegen nicht oben wie beim großen Flusspferd, sondern mehr seitlich am Kopf und sind wie die Nasenlöcher tiefer gelegen. Ihre Nahrung besteht aus Blättern, Wurzeln, Zweigen und Früchten, während die Großflusspferde spezialisierte Grasäser sind. Zwergflusspferde suhlen sich ähnlich wie Schweine in Sumpflöchern und

Abb 64: Das Zwergflusspferd lebt als Einzelgänger und verbringt viel mehr Zeit an Land als sein großer Vetter. Es unterscheidet sich von ihm außer in der Körpergröße auch in der Ernährungsweise und mehreren anatomischen Merkmalen.

größeren Pfützen. Eine farblose, klebrige Flüssigkeit, von zahllosen Hautdrüsen ausgeschieden, verleiht dem Tier ein Aussehen, als sei es frisch eingeölt. Häufig verstecken sich die Tiere in ausgewaschenen Höhlungen in den Uferwänden großer Flüsse. Mit Einsetzen der Regenzeit verlassen sie diese Unterstände, da sie tiefes Wasser meiden.

Die Anpassung an unterschiedliche Lebensräume ermöglichte den beiden eng verwandten Arten einst ein Überleben im gleichen Gebiet. Trotz aller Unterschiede, die für einen seit langem getrennten Entwicklungsweg sprechen, treten auch erstaunliche Übereinstimmungen auf wie das Versprühen von Kot und Harn durch Schwanzschwirren zur Revierabgrenzung.

Der Ursprung der Flusspferde liegt im Oligozän vor etwas mehr als 25 Millionen Jahren. Wahrscheinlich stammen sie von den Pekaris oder Nabelschweinen (*Tayassuidae*) ab, die heute nur noch in Süd- und Zentralamerika beheimatet sind. Die im Regenwald lebenden Zwergflusspferde sind den ebenfalls waldlebenden Vorfahren viel ähnlicher als ihre großen Verwandten, die sich vermutlich erst entwickelten, als die Savannen, in denen sie nachts Gras ästen, sich immer weiter ausdehnten. Am Tage zogen sich die nun größeren Flusspferde in die Galeriewälder und Dickichte an Flussufern und Sümpfen zurück. Vom Tertiär bis zum Pleistozän war die Familie der Flusspferde (*Hippopotamidae*) mit vielen großen und kleinen Arten in Eurasien und Afrika erfolgreich verbreitet.

Zwergflusspferde gab es während des Eiszeitalters auch auf vielen Mittelmeerinseln. Hier lebten sie zusammen mit dem Zwergelefanten und anderen kleinen Großsäugetieren. Doch handelte es sich bei den Mittelmeer-Zwergflusspferden vermutlich nicht um nahe Verwandte der heutigen Zwergflusspferde, sondern eher um kleine Großflusspferde, die aufgrund des geringen Nahrungsangebotes auf den Inseln eine kleine Rasse ausbildeten. Die klimatischen Veränderungen gegen Ende der letzten Eiszeit vor weniger als 10 000 Jahren führten zum Aussterben dieser Tiere und auch das Ende des Zwergflusspferdes scheint nahe zu sein, weil sein Lebensraum in Westafrika so gut wie zerstört ist.

Warum sie überdauerten

200 Millionen Jahre überlebten die Krokodile die frühesten Dinosaurier, ihre nächsten Verwandten, von denen auch die Vögel abstammen. Im Erdmittelalter dominierten an Land die Archosaurier, und die einzigen von ihnen, die bis heute überlebten, sind die Krokodile, wenn auch die Dinosaurier mit den Vögeln andere erfolgreiche Nachkommen hervorbrachten. Fossile Krokodile, die den heute lebenden recht ähnlich waren, kennt man aus der großen Zeit der Dinosaurier. Die Krokodile überstanden das weltweite Reptiliensterben vor 65 Millionen Jahren, haben sich aber seit damals kaum weiterentwickelt. Von 108 Arten blieben schließlich 23 in einem breiten Band beiderseits des Äquators bis heute übrig. Während das mit einer Länge bis zu neun Metern (neben der Anakonda) größte Reptil der Erde, das Leistenkrokodil (*Crocodylus porosus*), in den tropischen Gewässern Asiens und des Pazifiks noch weit verbreitet ist, leben von einigen Arten nur noch wenige Exemplare. Der China-Alligator (*Alligator sinensis*) am unteren Jangtsekiang musste bis auf 300 Tiere der Landwirtschaft weichen. 2000 Ganges-Gaviale (*Gavialis gangeticus*) leben noch in den Flüssen Nordindiens, doch unter ihnen sind nur 20 geschlechtsreife Männchen.

Doch wenn die Alligatoren (*Alligatoridae*) und die Krokodile (*Crocodylidae*) sowohl in der Arten- wie in der Individuenzahl seit der Kreidezeit evolutiv noch einigermaßen erfolgreich waren, gilt dies für die Gaviale (*Gavialidae*) sicher nicht. Diese sind heute auf kleine Reliktareale beschränkt, während sie noch im Tertiär in Afrika und Südamerika weit verbreitet waren. Deshalb sind die Gaviale und unter diesen insbesondere der Sunda-Gavial (*Tomistoma schlegelii*) [Abb. 65] als Lebende Fossilien anzusehen. Der Sunda-Gavial steht unter allen Panzerechsen am isoliertesten und wird von den einen als urtümlichste echte Krokodilart angesehen, von anderen als Angehöriger der Gaviale. Biochemische Befunde belegen aber eindeutig, dass seine äußere Ähnlichkeit mit dem Ganges-Gavial nicht bloß eine konvergente Anpassungsähnlichkeit ist, sondern dass beide zu einer Verwandtschaftsgruppe gehören.

Ein Stoffwechsel auf Sparflamme ermöglicht den größten Krokodilen, zwei Jahre lang ohne Nahrung auszukommen. Die meisten Arten lauern ihrer Beute auf und verbrauchen Energie erst unmittelbar, bevor sie zuschnappen. Als wechselwarme Tiere kennen sie auch keinen Wärmeverlust zur Aufrechterhaltung der Körpertemperatur. Ihr Magen enthält große Mengen starker Säure, so dass sie selbst Knochen verdauen können. Entlang des Rückens und im Schwanz legen sie große Fettreserven für Mangelzeiten an. Der auf geringen Energieverbrauch eingestellte Blutkreislauf kann nur wenig Sauerstoff durch den Körper transportieren. Krokodile ermüden daher

Abb. 65: Die äußere Ähnlichkeit des Sunda-Gavials (*Tomistoma schlegelii*) mit dem Ganges-Gavial ist nicht nur eine konvergente Anpassungsähnlichkeit auf Grund analoger Ernährungsweise, vielmehr sind beide eng miteinander verwandt, wie biochemische Befunde belegen.

schnell und brauchen nach einer Anstrengung lange Erholungspausen. Die vorne an der Schnauze liegenden Nasenöffnungen ermöglichen das Atmen, während der restliche Körper getarnt unter der Wasseroberfläche liegt. Eine Art zweiter Gaumen dichtet gemeinsam mit einer fleischigen Klappe an der Zungenbasis die Luftröhre ab, wenn die Tiere unter Wasser die Beute packen. Das Herz ist wie das der Säugetiere in vier Kammern aufgeteilt, wenn auch eine kleine Verbindung zwischen der rechten und linken Hauptkammer noch offen ist.

Krokodile sind zwar alter Abstammung, doch im Vergleich zu anderen Kriechtieren sind sie nicht primitiv. Sie sind vielmehr wie viele stammesgeschichtlich alte Gruppen gewissermaßen Mosaikformen mit ursprünglichen und abgeleiteten Merkmalen.

Ein so hoch komplexes Sozialverhalten wie bei den Krokodilen kennt man beispielsweise nämlich von den übrigen Kriechtieren nicht. Die Männchen des Nilkrokodils (*Crocodylus niloticus*) errichten in Ufernähe ein Brutrevier, das sie brüllend und kämpfend verteidigen. Durch Gebrüll und Aufwirbeln des Wassers werden Weibchen angelockt, die nach der

Begattung ihre Eier in zuvor über der Wasserlinie gegrabene Brutlöcher legen. Das Leistenkrokodil baut sogar einen Nesthügel aus Pflanzenmaterial und kühlt diesen mit Harn ab, bevor die Temperatur zu stark ansteigt. Kurz bevor das junge Nilkrokodil aus dem Ei schlüpft, pfeift es, worauf die Mutter den Sand wegscharrt. Nach dem Schlüpfen packt sie die Jungen vorsichtig mit den Zähnen und bewahrt sie im Maul auf. Schließlich bringt sie ihren Nachwuchs (ein halbes Dutzend Tiere) in eine Kinderstube im Sumpf. Beim Wachehalten hilft auch der Vater.

Die Temperatur bestimmt das Geschlecht der Nachkommen. Anders als bei den meisten Tieren, deren Geschlecht genotypisch schon bei der Befruchtung festgelegt wird, besitzt der Embryo eines frisch abgelegten Krokodileies noch kein Geschlecht. Die Temperatur des Sandes in den ersten Wochen der Embryonalentwicklung bestimmt, ob das junge Krokodil später ein Männchen oder ein Weibchen wird. Bei den meisten Arten entwickeln sich bei hohen Temperaturen Männchen, ist es kühler, entstehen Weibchen.

Vielleicht handelt es sich bei der phänotypischen Geschlechtsbestimmung um eine Anpassung an das Paarungsverhalten. Bei den Brunftkämpfen der Krokodile gewinnt in der Regel nur das größte Männchen und nur dieses pflanzt sich fort. Daher wäre es für die Mutter die pure Verschwendung, bei geringen Temperaturen Männchen großzuziehen, erreichten diese durch ihr langsames Wachstum ohnehin keine Körpergröße, um sich fortpflanzen zu können. Als Weibchen dagegen hat der Nachwuchs unabhängig von der Endkörpergröße eine Chance zur Fortpflanzung.

Drei Stufen in der Entwicklungsgeschichte der Krokodile lassen sich unterscheiden: Die ersten Vorläufer vor 215 Millionen Jahren, die Protosuchier, waren Landtiere mit langen Beinen. Vermutlich geht auf sie die Eigenschaft zurück, dass sich die Hinterbeine bei Krokodilembryonen früher und stärker entwickeln als die Vorderbeine. Dieses Charakteristikum ist ein Hinweis auf eine zweibeinige Phase in der frühen Ahnengruppe. Diese wurde von den Mesosuchiern, den Altkrokodilen, abgelöst, die überwiegend amphibisch lebten oder im Meer zu Hause waren. Mit ihren langen Schnauzen mit zahlreichen scharfen Zähnen waren sie geschickte Fischjäger. In der Kreidezeit vor 80 Millionen Jahren traten dann die Eosuchier auf, die Vollkrokodile, die die geologischen und biologischen Umwälzungen in der Kreide-Tertiär-Übergangszeit überlebten. Das „Warum" gehört zu den noch unerklärlichen Phänomenen der Biologie. Was auch immer die klimatische Veränderung und den Tod der meisten Pflanzen sowie aller großen Pflanzenfresser vor 65 Millionen Jahren ausgelöst hat, der Aufprall eines Riesenmeteoriten oder eine andere Ursache, es zeigte die geringste Auswirkung auf Lebensgemeinschaften im Süßwasser, zu denen auch die Krokodile gehörten. Von den nun frei gewordenen ökologischen Nischen konnten die Krokodile aber nicht profitieren, dies gelang vielmehr den Säugern und Vögeln.

Überleben in der Tiefsee 7

Abb. 66: Am Rande einstiger Korallenriffe im südwestlichen Pazifik lebt das Perlboot Nautilus in Meerestiefen bis zu 700 Metern.

Geheimnisse in ewiger Nacht

Schon 20 Meter unter der Meeresoberfläche sind nur noch die violetten, blauen und grünen Anteile des Sonnenlichtes vorhanden. Das menschliche Auge nimmt in etwa 600 Meter Tiefe noch ein letztes Dämmerlicht wahr und Tiefseefische sehen einen Rest von Tageslicht wohl noch einige Hundert Meter weiter unten, wo schließlich in rund 800 Meter Tiefe ein Leben in ewiger Nacht beginnt.

Bereits in 200 Meter Tiefe steht weniger als ein Prozent des Sonnenlichts zur Verfügung, ein Grenzwert, ab dem auch die spezialisiertesten Algen keine Photosynthese mehr betreiben können. Ohne pflanzliche Produktion ist alles Leben in tieferen Regionen auf die Zufuhr von Nahrung in Form von toten und lebenden Organismen angewiesen, die aus den helleren und produktiveren Bereichen des Meeres herabrieseln. Aber nur rund ein Prozent der in der dünnen Schicht des lichtdurchfluteten Oberflächenwassers produzierten Nahrung erreicht den Boden der Tiefsee, der Rest diente unterwegs verschiedensten Nahrungsspezialisten als Energiequelle. Selbst der Kadaver eines so großen Tieres wie ein Wal bietet den Lebewesen am Meeresboden nur wenig Nahrung. Bei einer Sinkgeschwindigkeit von rund 100 Meter in der Stunde langt das tote Tier erst nach zwei Tagen am Meeresgrund an. Unterwegs sind längst Haie, Tintenfische und zahllose Kleinlebewesen über seine Überreste hergefallen. Sogar die Knochen des Wales werden rasch abgebaut und nur die härtesten Teile wie seine steinharten Gehörblasen und die Zähne bleiben lange erhalten.

Einem ungeheuren Druck von Hunderten von Atmosphären müssen die Lebewesen der Tiefsee widerstehen können. In 11 Metern Tiefe hat sich der Druck von etwa einem Bar, dem ein Körper an der Erdoberfläche ausgesetzt ist, verdoppelt. Mit je 11 weiteren Metern Tiefe nimmt der Druck um rund eine Atmosphäre zu, so dass in den tiefsten Bereichen des Ozeans der Druck über 1000 Atmosphären beträgt. Da die Körper der Tiefseetiere so gut wie frei von Lufteinschlüssen sind, macht der gewaltige Wasserdruck Leben nicht unmöglich, hält aber viele Tiere in ihrer Tiefenzone gefangen. Im Körper der Tiefseetiere sind gasgefüllte Organe wie Lungen und Schwimmblasen eher die Ausnahme, da solche Hohlräume zerquetscht werden könnten.

In den Tiefen des Meeres gibt es weder Tages- noch Jahreszeiten und auch andere Zeitgeber für Lebensrhythmen, wie beispielsweise die Perioden der Fortpflanzung, fehlen hier. Zwar wirken sich Ebbe und Flut bis in große Tiefen aus, doch ist nicht bekannt, ob die Tiefseetiere dies wahrnehmen. Da es in der Regel sonst so gut wie keine Wasserströmungen gibt, können selbst die zartesten Strukturen überleben. Allerdings wurden in einigen Tiefseeabschnitten auch regelrechte Tiefseestürme, hervorgerufen durch Unterwasserströme, registriert.

Die Wassertemperaturen sind in der Tiefsee vom Pol bis zum Äquator nahezu gleich und liegen zwischen plus zwei und minus einem Grad Celsius. Daher ergeben sich kaum Beziehungen zwischen der geographischen Breite und der Verbreitung der Lebewesen. Die gesamte Tiefsee scheint in Bezug auf die dort lebenden Organismen ziemlich homogen zu sein.

Zweifel an der Existenz von Leben schienen lange Zeit aufgrund der extremen Bedingungen der Tiefsee berechtigt. Doch als 1872 mit der Expedition der *Challenger* die eigentliche wissenschaftliche Ozeanographie begann, wurde schnell deutlich, dass die Tiefsee eine Vielfalt von Lebewesen beherbergt. Moderne Tauchboote ermöglichen heute Meeresbiologen Forschungen direkt vor Ort. Sie sind ausgerüstet mit Scheinwerfern, Messinstrumenten, Film-, Foto- und Videogeräten und erlauben mit Hilfe von Greifarmen Bodenproben einzusammeln.

Jacques Piccard und Don Walsh stiegen mit dem Tauchboot *Trieste* 10 916 Meter tief in den Marianengraben hinab. Bei einem Druck von 11 200 Kilopascal stießen sie dort auf einen flunderähnlichen Fisch. Untersuchungen am Tiefseeboden machten die *Alvin* weltbekannt, die mit ihren Greifarmen inzwischen Tonnen von Sedimenten des Meeresbodens eingesammelt hat. Im Galapagos Rift Valley entdeckten Forscher mit der *Alvin* dicht besiedelte Oasen rund um heiße Schwefelwasserstoffquellen in einer sonst eher lebensarmen Tiefseeumwelt. Mit einem Tauchboot gelangen auch dem deutschen Zoologen Hans Fricke die ersten Beobachtungen lebender Quastenflosser vor Ort.

Das Interesse an der Erforschung der Tiefsee nimmt zu. In Japan setzt man eher auf ferngesteuerte Unterwasserfahrzeuge, in den Vereinigten Staaten konzentriert man sich auch auf kleine bemannte U-Boote. Neue Materialien und neue Energiequellen ermöglichen neue wissenschaftliche Aufgaben. Im Forschungszentrum des Monterey-Bay-Aquariums in Kalifornien arbeitet man zurzeit an selbststeuernden Sonden, die über längere Zeit ohne ständige Aufsicht das Leben in der Tiefsee erkunden sollen. Das Wissen um die Tiefseefauna wird sich daher in nicht allzu ferner Zeit vervielfachen.

Neue Tierstämme erbrachte die Erkundung der Tiefsee ebenso wie Lebende Fossilien, von denen zuerst der Wurzelhaarstern (*Rhizocrinus lofotensis*) in 550 Meter Tiefe vor der norwegischen Küste entdeckt wurde.

Lange wurmförmige Tiere mit einem Tentakelkranz am Vorderende ihres Körpers waren schon seit 1914 aus dem Malaiischen Archipel bekannt, doch erst die Tiefseeforschungen im Ochotskischen Meer und in der Beringsee zeigten, dass diese als eigenständiger Stamm der Bartträger (*Pogonophora*) geführt werden müssen. Bartträger leben zwischen 1000 und 10 000 Meter Tiefe und sind bei einer Körperlänge bis zu 35 Zentimeter kaum einen Millimeter dick. Sie stecken in selbst ausgeschiedenen Röhren tief im weichen Meeresboden. Sie besitzen weder Mund noch Verdauungskanal, sondern nehmen organisches Material osmotisch über ihre Tentakel auf.

Ebenfalls in der Tiefsee leben die *Loricifera*, die erstmals 1983 als eigenständiger Tierstamm beschrieben wurden. Die nur 0,4 Millimeter langen Tiere wurden bis dahin aufgrund ihrer Winzigkeit in den gewonnenen Bodenproben schlicht übersehen.

Seit man mit der Auswertung der Proben begonnen hat, die das Forschungsschiff *Meteor* aus über 5000 m Tiefe im Südatlantik mit Bodengreifern und Fangnetzen entnahm, vermuten einige Forscher, dass die Artenvielfalt der Tiefsee trotz Dunkelheit und Nährstoffarmut an die des tropischen Regenwaldes heranreicht oder sie sogar noch übertrifft. Die meisten dieser Funde sind neue Arten aus schon bekannten Fossilien wie Ruderfußkrebse, Schlangensterne, Tiefseeasseln oder Beilbauchfische. Und bei manchem Vertreter aus dem Formenkosmos der Tiefe handelt es sich möglicherweise um ein Lebendes Fossil, wie bei der blinden Tiefseegarnele *Steromastis*.

Hydrothermale Quellen als Oasen inmitten eines sonst wüstenhaften Meeresbodens der Tiefsee fand 1977 die *Alvin* bei einem Tauchgang im pazifischen Galapagos-Graben in 2400 Metern Tiefe. Schwarze Kamine mit einem Durchmesser von ein bis zwei Metern, die bis zu fünfzehn Meter hoch werden, *black smoker* genannt, speien mehr als 380 °C heißes Wasser aus. Die Schlotwände bestehen aus Ablagerungen von Metallsulfiderzen, die reichlich Kupfer, Silber, Zink und Blei enthalten.

Solche Heißwasserquellen kommen an vielen Stellen des 7400 Kilometer langen Mittelozeanischen Rückens vor. Durch Spalten dringt kaltes Meerwasser in die Erdkruste, wo es erhitzt wird und als kochend heißes, durch gelöste Schwefelverbindungen schwarz gefärbtes Wasser unter hohem Druck wieder ausgepresst wird. Die Thermalquellen enthalten besonders viel Schwefelwasserstoff, der für die meisten Lebewesen äußerst giftig ist.

Die Konzentration an Nährstoffen ist an den Quellen 500-mal höher als sonst am Meeresboden. In unmittelbarer Nähe der Quellen gedeiht im 10 bis 20 °C warmen Wasser eine vielfältige Tierwelt mit bis zu 30 Zentimeter großen Venusmuscheln, Röhrenwürmern mit einem Meter Länge und mehr, Trauben von Miesmuscheln, Garnelen und großen aasfressenden Kurzschwanzkrabben. An Felsen sitzen wenige Millimeter winzige Borstenwürmer, kleine Seeanemonen und nicht unweit leben spaghettidünne Eichelwürmer (*Enteropneusten*) und gallertige Staatsquallen (*Siphonophoren*).

Unabhängig von der Sonne hat sich dieses Ökosystem durch die vulkanischen Aktivitäten am Meeresboden entwickelt. Der Schwefelwasserstoff der Thermalquellen dient hier lebenden Bakterien als Energiequelle. Sie nehmen die energiereiche anorganische Verbindung auf und oxidieren sie, um durch Chemosynthese Kohlenhydrate als Nährstoffe zu bilden. Dieser Stoffwechselprozess ist dem der Photosynthese ähnlich, der wesentliche Unterschied besteht aber darin, dass er ohne Sonnenlicht als Energiequelle auskommt. Die Energiequelle bei der Chemosynthese liefert die Oxidation des Schwefelwasserstoffes mit Sauerstoff. Die sulfidoxidierenden Bakterien, die auf chemosynthetischem Weg organische Stoffe aufbauen, stehen als Primärproduzenten am Anfang einer vom Sonnenlicht unabhängigen Nahrungskette für verschiedene Tierarten.

Letztlich leben alle Tiere rund um die heißen Quellen von den Bakterien und sind somit autark von den kärglichen Resten, die aus den lichtdurchfluteten oberen Wasserschichten herabsinken.

Hunderte von Tierarten wurden in den letzten Jahren in den Tiefen des Ozeans gesammelt und viele von ihnen waren bisher unbekannt. Dabei kommen viele Arten lediglich auf einem bestimmten untermeerischen Vulkan vor und schon einen Kilometer weiter findet man diese Arten nicht mehr, obwohl die Distanz im Meer eigentlich leicht zu überbrücken wäre.

Schwefelreiche Ablagerungen im südlichen Ural, die in Gesteinsschichten aus dem Silur im Erdaltertum stammen, beherbergen urtümliche Armfüßer (*Brachiopoda*) und schneckenähnliche Weichtiere (*Monoplacophora*). Als Lebende Fossilien sind diese auch heute noch aus der Tiefsee bekannt, an den hydrothermalen Quellen hat man sie aber noch nicht nachgewiesen. Die Schwefelablagerungen sind zwar typisch für vulkanisch aufgeheizte Meeresböden, dass diese aber auch Rückzugsgebiete für altertümliche Lebensformen sind, konnte nicht belegt werden.

Demgegenüber scheinen Kontinentalabhänge eher ein Refugium für Lebende Fossilien zu sein. Das gilt für die Urschnecke *Neopilina*, die man 1952 vor der Westküste Costa Ricas gefunden hat und von der bis dahin nur vierhundert Millionen Jahre alte Fossilfunde bekannt waren ebenso wie für den Haarstern *Ptilocrinus* und den Quastenflosser *Latimeria*. Auch der Kragenhai (*Chlamydoselachus anguineus*), der in nahezu allen Meeren in Tiefen um 1000 Meter gefangen wurde, ist ein Relikt aus der Urzeit, dessen Verwandte vor mehr als 25 Millionen Jahren ausgestorben sind. Der Kragenhai hat mehr Kiemenspalten als die anderen rezenten Haie, Rückenflosse und Schwanzflosse sind anders gebaut, ebenso die Zähne. Zusammen mit den Grauhaien (*Hexanchidae*) und den Hornhaien (*Heterodontidae*) gehört er zu urtümlichen Haien, die schon in der Jurazeit vorkamen. Die Echten Haie (*Galeoidei*) erscheinen erst in der Kreidezeit.

Das Überdauern der marinen Reliktfauna lässt sich zum einen mit dem wohl geringeren Konkurrenzdruck in der Tiefe erklären, zum anderen mit der Konstanz der über eine extrem lange Zeit gleich bleibenden Umweltfaktoren. So wie veränderte Lebensbedingungen neue Genkombinationen begünstigen und damit die Bildung neuer Arten fördern, begünstigt ein gleich bleibendes Milieu, wie es in der Tiefsee der Fall ist, die Konstanz der Arten, die im Allgemeinen über einen langen Zeitraum an ihre Umwelt angepasst wurden. Dass eine neue Mutation zu einer noch besseren Anpassung führt, ist dort somit eher unwahrscheinlich.

Trotz allem sind die Dauerformen in der Tiefsee in der Minderheit und können nur noch wenige schwierige ökologische Nischen für ihr Überleben besetzt halten. Demgegenüber findet man vor allem in den tiefsten Bereichen des Meeres relativ junge Tierarten. Dunkelheit, Druck und Kälte sind so lebensfeindliche Faktoren, dass sie ein Leben in großer Tiefe wohl zunächst sehr lange Zeit verhinderten, bis einige Spezialisten schließlich doch einen Zugang fanden.

Ein Ausgestorbener taucht auf

Spannend wie ein Roman ist die Entdeckungsgeschichte der Quastenflosser (*Crossopterygii*). Lange kannte man sie nur aus Versteinerungen und glaubte, sie seien zusammen mit den Dinosauriern in der Kreidezeit vor rund 70 Millionen Jahren ausgestorben. Doch an einem denkwürdigen Tag im Dezember 1938 wurde der Totgeglaubte zum Überlebenden einer vergangenen Zeit. Mehrere Bücher berichten über die abenteuerliche Entdeckungsgeschichte des Fisches, der nach Marjorie Courtenay-Latimer, der die entscheidende Erstentdeckung gelang, schließlich *Latimeria* genannt wurde. Zu den Klassikern der zoologischen Literatur zählt die Erzählung von J. L. B. Smith „Old Fourlegs – the story of the coelacanth". Das Buch, das in vielen Sprachen veröffentlicht wurde, erschien in Deutschland unter dem Titel „Vergangenheit steigt aus dem Meer". Die jüngste ausführliche Darstellung der abenteuerlichen Geschichte der Entdeckung eines vermeintlich ausgestorbenen Tieres ist das Buch „Der Quastenflosser" von Samantha Weinberg.

Marjorie Courtenay-Latimer war Kustodin eines kleinen Naturkundemuseums im südafrikanischen East London. Als sie den Fisch, der vor der Mündung des Chalumna River an der Küste Südafrikas gefangen wurde, in Empfang nahm, erkannte sie gleich das Besondere des stahlblauen Fisches mit den weißen Flecken. Das tote und schon stark mitgenommene Tier war eineinhalb Meter lang und besaß fleischige Flossen, die wie Gliedmaßen abstanden. Da sie ihn anhand ihrer Nachschlagewerke nicht bestimmen konnte, schickte sie eine Skizze samt kurzer Beschreibung an Professor Smith, einen anerkannten Ichthyologen. Dieser beschrieb den bis dahin der Wissenschaft unbekannten Fisch als *Latimeria chalumnae*. Einmalig in der Geschichte der Zoologie versuchte Smith nun mit Hilfe eines dreisprachigen Flugblattes, ein zweites Exemplar zu finden. 14 Jahre dauert die Suche, bis er schließlich auf der Komoreninsel Anjouan seinen zweiten Quastenflosser in Händen hält. Den komorianischen Fischern war der plötzlich begehrte Fisch seit langem bekannt. Sie haben ihn schon seit Urzeiten bei traditionellem Fang mit Leinen und Haken in Tiefen bis zu 300 m an der Angel. Allerdings waren sie dann enttäuscht, da keiner den Fisch haben wollte, denn er schmeckt nicht.

Von nun an wurden rasch weitere Tiere gefangen und bald schon zählte *Latimeria* zu den bestuntersuchten Fischen der Welt. „Gombesa", das heißt „Verboten", nennen ihn die Fischer der Komoren, weil sein öliges Fleisch abführende Wirkung hat. Während sie früher über einen solchen Fang enttäuscht waren, zahlte plötzlich die Regierung eine Prämie für jeden Fang des von Wissenschaftlern und Museen hoch begehrten Fisches. Inzwischen steht der Quastenflosser auf Anhang 1 des Washingtoner Artenschutzabkommens und unterliegt somit einem strengen Handelsverbot.

Die Suche nach lebenden Quastenflossern in ihrer natürlichen Umwelt beginnt. Die Tiefe ihres Lebensraumes erschwert zunächst das Unternehmen und macht zahlreiche Expeditionen nötig, bis schließlich 1987 Quastenflosser zum ersten Mal von Bord des deutschen Forschungstauchbootes GEO nachts gefilmt werden können. Aber wo halten sich die Tiere tagsüber auf? Erst mit dem Boot JAGO, das 400 m tief tauchen kann, findet man fast drei Jahre später Quastenflosser, die sich am Tage in Gruppen in tiefen Lavahöhlen versteckt halten.

Abb. 67: Quastenflosser lassen sich in stoischer Ruhe treiben, wobei sie Wasserströmungen nutzen und langsam ihre Flossen über Kreuz bewegen, also nach dem bei Landwirbeltieren üblichen Muster.

Jetzt schien der Lebensraum des Quastenflossers endgültig entdeckt. Die steil abfallenden Westküsten der beiden Komoreninseln Grande Comore und Anjouan im Indischen Ozean galten als ihre Heimat, wo die nachtaktiven Fische den Tag versteckt in Lavahöhlen verbringen. In einer Wassertiefe von 200 Meter ruhen sie in Gruppen von 10 bis 15 Tieren, bevor sie nachts auf Jagd am Meeresgrund in Tiefen um 700 Meter gehen. Hier scheint jeder Fisch ein eigenes Jagdrevier zu haben. Da die Quastenflosser keine luftgefüllte Schwimmblase besitzen, macht ihnen der tägliche Tiefenwechsel nichts aus.

Rund 10 000 Kilometer entfernt von seinem bis dahin einzig bekannten Verbreitungsgebiet rund um die Komoren ging im Herbst 1998 ein knapp 1,20 Meter langer und 30 Kilogramm schwerer Quastenflosser Fischern vor der Küste der indonesischen Insel Sulawesi, bei uns auch Celebes genannt, ins Netz. Bis allerdings der Fund wissenschaftlich sicher belegt werden konnte, fahndete Mark Erdmann mit Unterstützung der National Geographic Society ein Jahr lang in indonesischen Fischerdörfern nach der mysteriösen *Latimeria*, die dort als *rajah laut*, „König der Meere" längst bekannt war.

Die indonesischen Quastenflosser unterscheiden sich äußerlich nur in ihrer braunen Hautfarbe von ihren blau gefärbten Verwandten im Indischen Ozean. Die molekulargenetische Analyse des Erbgutes spricht aber eher dafür, dass es sich um eine zweite Art (*Latimeria menadoensis*) handelt. Innerhalb eines 4800 Basenpaare umfassenden Abschnittes der Mitochondrien-DNA unterschieden sich afrikanischer und indonesischer Quastenflosser um die vergleichsweise große Zahl von 4,1 Prozent.

Geheimnisvoll ist das Leben des Quastenflossers aber weiterhin. Unbekannt ist, wie sich die Tiere fortpflanzen. Dass sie lebend gebärend, genauer gesagt ovovivipar sind, weiß man. Die Embryonen wachsen in Eiern im Mutterleib heran und ernähren sich vom eigenen Dottervorrat. Mit einem Durchmesser von neun Zentimetern gehören die Eier zu den größten unter den Fischen. Nach einer Tragzeit von vermutlich mehr als 13 Monaten werden die 33 bis 36 Zentimeter langen Jungfische während oder kurz vor der Geburt aus den Eihäuten entlassen. Wo aber bringen die Weibchen ihre Jungen zur Welt? Wo liegt die Kinderstube der Jungfische? Müssen sie ihren hungrigen älteren Artgenossen aus dem Weg gehen und tauchen dazu in die Tiefe? Man weiß es nicht.

Große Quastenflosser werden fast zwei Meter lang und wiegen bis zu zwei Zentner. Statt einer Schwimmblase besitzen sie einen mit Fett gefüllten Sack, der einem Lungensack entspricht und wahrscheinlich eine hydrostatische Bedeutung hat. Ihre Augen enthalten eine Kristallschicht, die das Licht mehrfach reflektiert. So können die Tiere auch das letzte Restlicht in ihrem dämmrigen Lebensraum ausnützen.

Welche Bedeutung aber ihr einzigartiges Schädelgelenk hat, das den Vorderschädel einschließlich der Augen von Ohr und Gehirn trennt, liegt völlig im Dunkeln. In ihrem Gehör hat man sensorische Areale nachgewiesen, die als Vorläuferstrukturen für das Hören in Luft angesehen werden. Vielleicht erbringt ein genaueres Studium der Anatomie und des Nervensystems konkretere Aufschlüsse, wie schließlich das feste Land erobert wurde.

Eine Vierfüßer-Koordination der Flossen konnte Fricke mit seinen Unterwasser-Filmaufnahmen von Quastenflossern dokumentieren. Die paarigen Flossen, die aus einer knochengestützten Hauptachse mit seitlichen Strahlen bestehen, dienen als Tragflächen und werden zum Balancieren genutzt. Beim langsamen Vorwärtsgleiten bewegt der Quastenflosser Bauch- und Brustflossen über Kreuz, eine Koordination der Gliedmaßen, wie sie bei den meisten Landwirbeltieren üblich ist. Nie aber berühren die Tiere den Boden, Vierfüßer sind sie daher sicher nicht.

Als Blitzstarter können die Fische innerhalb einer Sekunde auf eine Geschwindigkeit von annähernd 100 Stundenkilometer beschleunigen. Ansonsten aber schwimmen sie äußerst energiesparend, da die vergleichsweise großen Tiere zur Deckung ihres Energiebedarfs mit 10 bis 20 Gramm Beute am Tag auskommen müssen – der Meeresgrund vor den Komoren ist nämlich eine nahrungsarme Unterwasser-Lavawüste.

Die Bestandszahlen von *Latimeria* kann man nur abschätzen. Wenn es aber stimmt, dass um die Komoren nur noch einige hundert Exemplare leben, andererseits aber weit mehr als 200 Tiere schon gefangen wurden, besteht Gefahr für die weitere Zukunft des Quastenflossers.

Da in ihrem Fall ausnahmsweise einmal nicht der Lebensraum, steile und von Höhlen durchzogene Abgründe vulkanischer Inseln, gefährdet ist, sondern die Gefahr von interessierten Wissenschaftlern und Museumsdirektoren ausgeht, muss einem hemmungslosen Forscherdrang mit drastischen Schutzbestimmungen begegnet werden.

Von der zoologischen Sensation des Jahrhunderts sprach man, als 1938 der Fisch erstmals der Wissenschaft bekannt wurde. Endlich schien das *„missing link"*, das fehlende Bindeglied, zu den vierbeinigen Wirbeltieren gefunden. Auch wenn dies genau genommen so nicht zutrifft, weil Quastenflosser nicht in direkter Linie zu den Tetrapoden stehen, Vertreter aus dem Übergangsfeld vom Fisch zu den Vierfüßern sind sie allemal.

Weiterhin sensationell ist die Tatsache, dass zwischen den ältesten fossilen Quastenflossern aus dem Mittleren Devon vor 400 Millionen Jahren und den rezenten Tieren kaum ein morphologischer Unterschied festzustellen ist. Ihr Bauplan hat sich also über Jahrmillionen nicht verändert. Ihre Blütezeit hatten sie in der unteren Trias, gegen Mitte der Kreidezeit verschwanden sie nahezu völlig.

Die Quastenflosser (*Crossopterygii*) bilden zusammen mit den Lungenfischen (*Dipnoi*) innerhalb der Knochenfische die eigenständige Gruppe der Fleischflosser (*Sarcopterygii*). Die heutigen Quastenflosser wiederum gehören zu den Hohlstachlern (*Actinistia*), die zusammen mit ihrer Schwestergruppe, den Fächerseglern (*Rhipidistia*), und den Lungenfischen die nächsten Verwandten der Landwirbeltiere sind. Die Fächersegler lebten im Erdaltertum als räuberische Fische im Süßwasser, während die Hohlstachler als eher isolierter Zweig die Meere bewohnten.

Das Problem der Präadaptation wurde auch am Beispiel des Quastenflossers diskutiert. Innerhalb der Quastenflosser werden, wie oben angeführt, zwei Seitenzweige unterschieden, die Hohlstachler, zu denen auch *Latimeria* gehört, und die Fächersegler. Wenn man davon ausgeht, dass die Quastenflosser die Ahnformen der Vierfüßer sind, muss man diese unter den Fächerseglern suchen. Diese aber sind jedoch bereits im Perm vor über 240 Millionen Jahren ausgestorben. *Latimeria* ist also nicht der direkte Urahn der Landwirbeltiere, sondern die verwandten Fächersegler (*Rhipidistia*) kommen als Übergangsform zwischen den Fischen und den landbewohnenden Wirbeltieren in Frage. Deren Flossen lassen eine Fortbewegung an Land denkbar erscheinen und auch andere Körpermerkmale, wie beispielsweise der Nasenrachengang, weisen darauf hin. Dabei haben sich diese Fische aber nicht zielgerichtet auf einen Übergang zum Landleben hin entwickelt, zumal es im Wasser keinen positiven Selektionsdruck in Richtung einer Anpassung an das Leben an Land gibt.

Während die Hohlstachler sich zu Meeresbewohnern entwickelten, waren die Fächersegler Süßwasserformen. Sie lebten in der Devonzeit, einer Epoche mit sich wiederholenden Trockenperioden, in denen flache Süßwasserseen schrumpften und austrockneten. Nun war es von Vorteil, wenn die Fische das Wasser verlassen konnten, um über Land ein anderes Gewässer zu erreichen. Jetzt bekommt das Vorhandensein der Stützflossen einen positiven Selektionswert. Für einen kurzfristigen Landaufenthalt war außerdem die Fähigkeit, Sauerstoff aus der Luft über eine lungenähnliche Schwimmblase aufnehmen zu können, ebenso von Vorteil wie ein Schutz vor Austrocknung.

Die Entstehung von Eigenschaften, die erst später einen Vorteil bedeuten, nennen die Evolutionsbiologen Präadaptation. Genauer betrachtet sind diese „Vorausanpassungen" in Wirklichkeit aber Anpassungen an die damaligen Verhältnisse der Devonzeit, also eigentlich „Postadaptationen". Es ist daher zweifellos weniger irreführend, wenn man den heute noch gängigen Begriff „Präadaptation" durch den Ausdruck „Prädisposition" ersetzt.

Wer an den Wurzeln der Vierbeiner steht, ob die Fächersegler oder die Lungenfische, darüber sind sich die Zoologen bis heute nicht einig.

Molekularbiologen geben derzeit aufgrund der Übereinstimmung in der Erbsubstanz eher den Lungenfischen den Vorzug.

Vielleicht stammen die vierfüßigen Wirbeltiere aber auch von einem gemeinsamen Vorfahren der Lungenfische und Quastenflosser ab. Während nun der Quastenflosser die Fähigkeit zum Luftschnappen verloren hat, sind die Fleischflossen der heute lebenden Lungenfische weitgehend rudimentär.

Das Schwierigkeit, die verwandtschaftlichen Beziehungen zwischen Fischen und Vierbeinern aufzuklären, beruht auf der großen Evolutionsgeschwindigkeit der frühen Wirbeltiergruppen. Innerhalb der sehr kurzen Zeit von 20 Millionen Jahren tauchten sowohl die Strahlenflosser auf wie auch Quastenflosser, Lungenfische und Amphibien. Nahe Verwandte erwarben die unterschiedlichsten Spezialisierungen, während sich zum Teil weit entfernte Verwandte konvergent an ähnliche ökologische Nischen anpassten. Es lässt sich oft nicht erkennen, ob ähnliche Merkmale nun auf gemeinsame Vorfahren zurückzuführen sind oder auf nahezu gleiche Lebensbedingungen.

Genetische Untersuchungen können helfen, einen Teil der Schwierigkeiten zu überwinden. Je länger nämlich die Trennung zweier Arten aus einer gemeinsamen Vorfahrenpopulation her ist, umso stärker hat sich die Erbsubstanz verändert. Aber es besteht auch das Problem, dass sich manche Abschnitte der DNA so stark verändert haben, dass ein Vergleich kaum möglich ist, andere Abschnitte sich dagegen nahezu überhaupt nicht verändern.

Eustenopteron war ein früher Fächersegler aus dem Unteren Devon. Das innere Knochenskelett seiner Flossen ist vergleichbar mit dem Knochenskelett früher Vierfüßer, wie beispielsweise dem Urlurch *Ichthyostega* aus dem Oberen Devon. *Eustenopteron* besaß Lungen und Kiemen und konnte wohl atmosphärische Luft atmen, wenn sein flaches Gewässer austrocknete und er gezwungen war, über Land zu wandern, um einen neuen Tümpel oder See zu finden.

Der 1932 in Grönland entdeckte etwa ein Meter lange *Ichthyostega* gilt als frühestes bekanntes Amphibium und damit als ältester bekannter Tetrapode. Obwohl er noch viele fischähnliche Merkmale aufwies, vermittelt er den Eindruck vom Aussehen eines Bindegliedes, eines *connecting link*, zwischen Fisch und Lurch. Seine starken Gliedmaßen und ein stämmiger Brustkasten belegen seine landbewohnende Lebensweise, wenn er sich auch ständig in Gewässernähe aufgehalten hat. Dafür sprechen die Flosse auf seinem abgeplatteten Schwanz, seine schwache Wirbelsäule und die Kanäle eines für Fische typischen Seitenlinienorgans, die in seinem Schädel nachgewiesen wurden. *Ichthyostega,* der mit etwa einem Meter Körperlänge zur größten Amphibiengruppe, den *Labyrinthodonten* gehört, weicht aber schon von der Hauptentwicklungslinie ab und ist wohl eher als Seitenzweig zu betrachten.

Schweben in der Tiefe

Aus der Blütezeit der Kopffüßer (*Cephalopoda*) im Erdmittelalter hat sich das Gemeine Perlboot (*Nautilus pompilius*) bis heute nahezu unverändert erhalten. (Siehe Abb. 66!) Im Gegensatz zu allen anderen Vertretern der rezenten Kopffüßer besitzt das Perlboot oder Schiffsboot ein spiraliges äußeres Gehäuse. Bei den moderneren Kopffüßern ist die Schale ins Körperinnere verlagert und vom Mantel eingeschlossen. Die Tiere sind dadurch weitaus wendiger und können dank ihres Tintenbeutels bei Gefahr eine wirkungsvolle Vernebelungstaktik zur Flucht einsetzen.

Ein Blick in das Innere der spiralig aufgerollten Schale des Perlboots zeigt eine Gliederung in zahlreiche Kammern, deren innere Wandung von einer Perlmuttschicht überzogen ist. Nur in der vorderen Kammer, der jüngsten und größten, wohnt das Tier. Wächst es, wird eine neue und noch größere Kammer angebaut, die alte durch eine Trennwand abgeschlossen. Die nun leere vorletzte Kammer wird mit Flüssigkeit gefüllt, nach und nach aber wird diese zum Ausgleichen des zunehmenden Körpergewichts durch ein luftähnliches Gas ausgetauscht. Ältere Schalenkammern sind meist durchweg mit Gas gefüllt, zumindest die am weitesten von der Wohnkammer entfernten. Über ein langes membranöses Rohr, das alle Kammern durchzieht, lässt sich der Füllungszustand und damit das spezifische Gewicht des Tieres regulieren. Das Gehäuse von Nautilus ist also Schutzorgan und hydrostatischer Apparat zugleich.

Als Nachtjäger am Meeresboden sucht der 30 Zentimeter große Nautilus Würmer und Krebse, frisst aber auch Aas. Wie andere Tintenfische auch hat er inmitten eines Tentakelkranzes einen Mund, der mit einem scharfen papageienähnlichen Schnabel bewehrt ist.

Am Meeresboden vermag das Tier auf seinen bis zu 90 saugnapflosen Armen langsam herumzukriechen. Überlicherweise schwebt es aber langsam durch das Wasser. Durch Änderung des Gasvolumens in den mehr als zwei Dutzend Schalenkammern ist der Auftrieb regulierbar. Zur schnellen Flucht bedient sich Nautilus des für Kopffüßer typischen Rückstoßprinzips. Der Trichter wird wie bei anderen Tintenfischen als Atemrohr und Raketendüse benutzt. Wasser wird durch den als Siphon wirkenden Trichter in die Atemhöhle eingesogen. Soll ein schneller Antrieb erfolgen, wird der Trichter düsenförmig verformt und das Atemwasser stoßartig ausgepresst. Da das Tier den Trichter auch nach hinten umbiegen kann, ist nicht nur Rückwärts-, sondern auch ein Vorwärtsschwimmen möglich. Mit einer kräftigen Kopfklappe kann die Schale bei eingezogenen Tentakeln verschlossen werden.

Den Tag verbringen die Perlboote schwebend in der dunklen Tiefe des Meeres, wo sie dem Konkurrenzdruck der zahlreichen beweglicheren Fische ausweichen und nur nachts steigen sie in die oberen Wasserschichten hinauf. Für die Fortbewegung in vertikaler Richtung auf einer Strecke von täglich mindestens 250 Metern ist der Trichter aufgrund seiner Lage nicht geeignet. Dafür setzt das Tier sein Gehäuse als hydrostatisches Organ ein.

Mehrmaliges Fortpflanzen im Verlauf des Lebens könnte ein Grund für das Überdauern des Perlbootes sein. Während sich nämlich „moderne" Tintenfische wie Sepia und Krake nur einmal im Leben fortpflanzen und danach zugrunde gehen, haben Perlboote, die frühestens mit 10 Jahren geschlechtsreif werden, im Laufe ihres 20-jährigen Lebens mehrfach Nachwuchs. Vielleicht ist es der große Wasserdruck in der Meerestiefe, der den Zellstoffwechsel verlangsamt und so das langsame Wachstum der Tiere verursacht.

Die Jungen sind unmittelbar nach dem Schlüpfen schon sehr weit entwickelt, was ihrem Leben als Krebsräuber zugute kommt. Fossile Perlboote hatten noch deutlich kleinere und damit für ein räuberisches Leben weniger gut ausgestattete Jungtiere. Also ist auch das Perlboot, das durch die Langlebigkeit der Gattung und das reliktartige Auftreten im Westpazifik mit Recht als Lebendes Fossil bezeichnet wird, nicht ganz aus der evolutiven Entwicklung ausgestiegen. Dies belegt auch die populationsgenetische Untersuchung an *Nautilus pompilius*, die eine große genetische Variabilität mit zahlreichen Varianten erbrachte.

Die gegenwärtige bescheidene Radiation hat nicht nur mehrere Arten im Holozän hervorgebracht, sondern auch Populationen, die sich in der Struktur der Schale und im Bau des Weichkörpers so weit unterscheiden, dass einige Forscher inzwischen eine zweite Gattung (*Allonautilus*) abgrenzen.

Durchweg ursprüngliche Merkmale neben der verkalkten Außenschale sind für das Perlboot kennzeichnend: Die Zahl der in eine Scheide zurückziehbaren Fangtentakel, die Haftriefen statt Saugnäpfe tragen, ist sehr groß. Bei den Männchen sind es rund sechzig, neunzig bei den Weibchen. An der Spitze sind sie mit empfindlichen Tast- und Geschmackszirren ausgestattet.

Das linsenlose Auge des Perlbootes ist ein einfaches Grubenauge, das nicht das exzellente Sehen eines Kraken ermöglicht. Der Trichter besteht aus zwei einfachen Lappen, was ihn nur unvollkommen schließen lässt. Die Fähigkeit des Farbwechsels, was beispielsweise Sepia geradezu zu einem „Chamäleon des Meeres" macht, besitzt das Perlboot ebenfalls noch nicht.

Nautiloiden sind Vierkiemer (*Tetrabranchiata*) im Gegensatz zu den modernen Tintenfischen (*Dibranchiata*), die jeweils zwei Kiemen besitzen.

Aus der Tiefsee des westlichen Pazifiks zwischen den Molukken, Fidschi-Inseln, Neu-Kaledonien und den Philippinen kennt man inzwischen sechs Arten des Perl- oder Schiffsbootes. Sie leben überwiegend in einer Tiefe zwischen 400 und 700 Meter. Tiere, die man hin und wieder nahe der Oberfläche findet, sind wahrscheinlich geschädigt. Auch wenn bei schweren Stürmen oft viele Gehäuseschalen am Strand angespült werden, weiß man so gut wie nichts über das Leben dieser Tiere im Meer. Wenn sich das eines Tages ändert, wird man sich auch die Lebensgewohnheiten der am Ende der Kreidezeit vor siebzig Millionen Jahren ausgestorbenen Ammoniten (*Ammonoidea*) besser vorstellen können.

Überhaupt kein Relikt der Vorzeit ist das Papierboot (*Argonauta*), ein Krake der warmen Meere, der auf den ersten Blick dem Lebenden Fossil Perlboot nicht unähnlich sieht. Sein filigranes Gehäuse wird aber von zwei großen Lappen gebildet, die eigentlich Tentakel sind und zahlreiche Kalkdrüsen besitzen. Solche Spezial-Fangarme, welche die zwei spiegelbildlich elastischen Schalen aufbauen, besitzen nur die Weibchen. Sie können ihre Schale, mit der sie nicht verwachsen sind, verlassen, wann immer sie wollen. Als Schutzraum, Auftrieb verleihende Schwimmflügel und als Brutkasten erfüllen die hauchdünnen Schalen aber wichtige Aufgaben.

Papierboote weisen einen ungewöhnlichen Sexualdimorphismus auf. Während die Weibchen 25 bis 30 Zentimeter groß werden, erreichen die Männchen gerade einmal eineinhalb Zentimeter. Den winzigen Männchen fehlt eine Schale. Die Schalen von Papierboot und Perlboot sind also konvergente Bildungen und lassen als analoge Gebilde keinerlei Aussagen über Verwandtschaftsverhältnisse zu.

Wie alle Kraken (*Octobrachia*) besitzt auch das Papierboot acht Fangarme gegenüber den zehn Armen, wie sie die Sepien (*Sepioida*) und Kalmare (*Teuthoida*) tragen. Alle zusammen verfügen als jüngere Erwerbung über einen Tintenbeutel, der aus einer Darmanhangsdrüse gebildet wird.

Die frühen Nautiliden des Erdaltertums (*Orthocerida*) besaßen noch lang gestreckte Außenschalen, die sich im Verlauf der Stammesgeschichte zu schneckenhausartigen Gehäusen weiterentwickelten. Ihre größte Entfaltung erreichten die Nautiliden in der Ordovizium-Silur-Übergangszeit vor rund 450 Millionen Jahren, wo sie mit etwa 17 000 Arten die dominierende Tiergruppe der Weltmeere waren. Bis zum Ende des Erdaltertums vor 230 Millionen Jahren nahm ihre Artenvielfalt dann stetig ab.

Während die Blütezeit der Nautiliden bereits in das Ältere Paläozoikum fällt, brachten die Ammoniten ihren größten Formenreichtum erst im Mesozoikum hervor.

Die Ammoniten der Jura- und Kreidezeit wiesen wie ihre überlebenden nächsten Verwandten ein gekammertes Spiralgehäuse auf. In zwei Merkmalen aber unterscheiden sich die Gehäuse von Ammonoideen und Nautiloideen. Bei Nautilus verläuft der Sipho, das Organ des Gasaustausches, mitten durch die Kammern, bei den Ammoniten an der Außenseite. Die Anwachslinie der Kammerscheidewand mit dem Gehäuse nennt man bei Ammoniten Lobenlinie. Bei Nautilus verläuft diese als einfache gerade Linie, bei den Ammoniten ist sie nach einem komplizierten, aber gesetzmäßigen Muster unterschiedlich gefaltet. Die Kammerscheidewände, die Septen, sind bei Nautilus glatt und nur leicht gegen die nächsten Kammer vorgewölbt. Bei den Ammoniten dagegen sind die randlichen Partien der Septen durch Vorwölbungen, Sättel genannt, und Rückbiegungen, die Loben, modifiziert. Dies bedeutet eine Oberflächenvergrößerung der Kammerscheidewände und damit eine gesteigerte Transportleistung beim Gasaustausch. Die Ammoniten konnten dadurch ihre Kammern schneller leeren als die Nautiloiden und somit schneller auf- und abtauchen. Die Fältelung der Lobenlinien erhöhte überdies die Stabilität der dünnen Schale.

Die verwirrende Fülle verschiedener Formen der Skulptur des Gehäuses weist auf die Anpassungsfähigkeit dieser über eine lange Zeit erfolgreichen Gruppe hin. Scheibenförmige und abgeplattete Schalen eignen sich besser zum Schweben, stark skulpturierte Gehäuse waren dort vorteilhafter, wo Strömungen auftraten, wie dies in Küstennähe der Fall ist. Da fast ausschließlich Hartteile der Ammoniten erhalten blieben, muss man allein aus dem Gehäusebau auf Gewandtheit, Schnelligkeit und Lebensweise der zahlreichen Arten schließen.

Die Gehäuse schützen diese Kopffüßer zwar gegen den Wasserdruck der Tiefe, für andere Meerestiere dieser Zeit waren sie aber ein gefundenes Fressen. Viele der luftatmenden Meeresreptilien und Knochenfische konnten anscheinend die relativ dünnwandigen Schalen ohne weiteres knacken.

Bereits im Paläozoikum abgespalten von den Stammformen der Ammoniten entfalteten sich die Belemniten (*Belemnoidea*) in der Jura- und Kreidezeit zu einer artenreichen Gruppe, bevor sie im Älteren Tertiär wieder verschwanden. Im Gegensatz zu den heute lebenden

Tintenfischen besaßen die Belemniten nur sechs Fangarme. Ihre kleine gekammerte Schale war von einer langen kalkigen Scheide umgeben.

Schließlich räumten sie ihren Platz den immer zahlreicher auftretenden echten Tintenfischen, Sepien, Kalmaren und Kraken.

Sepien und Kalmare, die zur Unterordnung der Zehnfüßer (Decapoda) gehören, haben im Rücken einen kalkigen Schulp oder hornigen Gladius, die zur Stabilisierung der Körperform der guten Schwimmer beitragen. Den achtarmigen Kraken, die sich meist am Boden kriechend fortbewegen, fehlt eine Innenschale völlig oder ist bis auf hornige Spangen reduziert. Sie sind die stammesgeschichtlich jüngsten Verwandten der Uraltform Nautilus.

Tiefseebewohner mit dunkler Geschichte

Mit 130 000 heute lebenden Arten wird der Stamm der Weichtiere nur noch von den Gliederfüßern (Arthropoda) übertroffen. Stammesgeschichtlich lassen sich die Weichtiere in das Kambrium vor fast 600 Millionen Jahren zurückverfolgen. Zahlreiche fossile Arten werden von den Geologen als Leitfossilien zur Altersbestimmung von Sedimenten herangezogen.

Im Laufe ihrer Evolution haben die Mollusken von der Tiefsee bis zum Hochgebirge so gut wie alle Lebensräume besiedelt. Neben Zwergformen mit wenigen Millimetern Größe gibt es 20 Meter lange Giganten wie den Riesenkalmar (Architheutis). Die wurmförmigen Furchenfüßer (Ventroplicida) und Schildfüßer (Caudofoveata) sind schalenlos und werden als Wurmmollusken (Aplacophora) den übrigen Gruppen gegenübergestellt. Die Käferschnecken haben eine mehrteilige Schale und werden als Schwestergruppe der anderen schalentragenden Weichtiere betrachtet.

Aufgrund der Gestalt der Larven und des Körperbaus einiger mariner Weichtierarten lassen sich verwandtschaftliche Beziehungen zu den Ringelwürmern (Annelida) nachweisen. Während aber Ringelwürmer durch eine regelmäßige Abfolge der inneren Organe segmentiert sind, weist der Weichtierkörper eine Gliederung in Kopf, Mantel, Eingeweidesack und Fuß auf.

Die Keimesentwicklung von Ringelwürmern und Schnecken allerdings verläuft auffallend ähnlich und auch die entstehenden Larvenformen zeigen bemerkenswerte Übereinstimmungen. Diese Gemeinsamkeiten lassen sich durch Verwandtschaft erklären und schon 1903 formulierte *Ernst Haeckel* seine Biogenetische Grundregel, nach der die Keimesgeschichte eine kurze Rekapitulation der Stammesgeschichte sei. Die Hypothese, dass Weichtiere (Mollusca) und Ringelwürmer (Annelida) verwandte Tierstämme sind, erhielt durch den Fund der Urschnecke Neopilina, die eine Reihe von Ringelwurmmerkmalen trägt, eine Bestätigung.

Die Anfänge des Weichtierstammes schienen erhellt, als 1952 das dänische Forschungsschiff *Galathea* in 3590 Meter Tiefe vor der Westküste Costa Ricas einige Exemplare eines bis dahin unbekannten Weichtieres mit mützenförmiger Schale dredschte. Das kaum vier Zentimeter große Tier hatte eine verblüffende Ähnlichkeit mit dem aus dem Silur und Devon bekannten Fossil Pilina aus der Gruppe der Napfschaler oder Urmützenschnecken (Monoplacophora). Diese Tiergruppe galt als seit mindestens 350 Millionen Jahren ausgestorben.

Die napfförmige Schale des Tieres, das *Neopilina galatheae* benannt wurde, ist mit acht hintereinander angeordneten Muskelpaaren ausgestattet, die den breiten Kriechfuß mit der Rückenschale verbinden. Die Zahl Acht geht zurück auf die Zahl der Schalenplatten der noch urtümlicheren Käferschnecken. Die Zahl der Kiemen ist bei Neopilina auf fünf bis sechs Paare reduziert, die der Exkretionsorgane auf sechs Paar. Auch Nerven und Blutgefäße folgen dieser Gliederung. Schon die segmentale Anordnung der inneren Organe der Urschnecken (*Neopilinida*) weist auf eine Verwandtschaft mit den gegliederten Ringelwürmern (*Annelida*) hin. Darüber hinaus entdeckte man große Hohlräume im Innern von *Neopilina*, die sich in ähnlicher Form als Coelomraum bei den Ringelwürmern findet.

Zweifel durch weitere Funde von Urmützenschnecken kamen auf, ob man mit *Neopilina* wirklich die Stammform aller Weichtiere und damit auch das Bindeglied zu den Ringelwürmern gefunden hat. Inzwischen kennt man Urmützenschnecken aus dem antarktischen Weddellmeer ebenso wie von den Abhängen des Kontinentalschelfs vor der Küste Galiciens in Nordwestspanien. Insgesamt sind 20 Arten beschrieben, die man neben *Neopilina* zwei neuen Gattungen, *Micropilina* und *Laevipilina*, zuordnete.

Es zeigte sich, dass die als Coelomsäcke interpretierten Körperhohlräume in Wirklichkeit erweiterte Schlundtaschen sind. Denkbar ist auch, dass die paarige Anordnung der Muskulatur lediglich einem funktionellen Zwang bei dem zweiseitig symmetrischen Tier folgt und dadurch auch die Lage der übrigen Organe erzwungen wird. Die mikroanatomische Untersuchung zeigte, dass die als segmentale Anordnung verstandene Abfolge von Kiemen, Nieren, Geschlechtsdrüsen und Nervenbahnen bei den verschiedenen Arten erheblich variiert und in Wirklichkeit kein ursprüngliches Merkmal darstellt. Vielmehr könnten durch Größenzunahme der Urmützenschnecken über zwei Millimeter hinaus die inneren Organe im Verlauf der Evolution lediglich vervielfältigt worden sein.

Wenn dem so ist, ist *Neopilina* kein Urmollusk und es gibt ein Lebendes Fossil weniger.

Ein weiterer altertümlicher Dauertyp unter den Weichtieren mit einer „Lebensdauer" von über 190 Millionen Jahren ist die Schlitzbandschnecke *Pleurotomaria*. Unter Sammlern sind die Schneckenschalen hoch begehrt, da sie höchst selten aus der Tiefsee Westindiens, Japans und Indonesiens gefischt werden. Das kegelförmige Gehäuse zeigt einen ursprünglichen Bau und unterscheidet sich bei der fossilen Gattung *Pleurotomaria* nur unwesentlich von den rezenten Gattungen, die man *Perotrochus*, *Entemnotrochus* und zu Ehren des auch als Meeresbiologen tätigen Kaisers von Japan *Mikadotrochus* benannt hat.

Langlebigkeit als Maß für Evolutionserfolg macht die Zungenmuschel *Lingula* wohl zum erfolgreichsten heute lebenden Tier. Seit dem Ordovicium ist sie bekannt und selbst die katastrophalen Umweltveränderungen am Ende des Erdaltertums konnten ihr nichts anhaben.

Die Zungenmuschel sitzt in tiefen senkrechten Höhlen und filtert kleinste Nahrungsteilchen aus dem Meerwasser. Durch einen rückziehbaren Stiel, der mit einem klebrigen Sekret im Schlamm befestigt ist, kann sich das etwa 20 Zentimeter lange Tier im Sediment verstecken.

Auf den ersten Blick erinnert *Lingula* mit ihren zwei zusammengeklappten Schalen an die Weichtiergruppe der Muscheln. In Wirklichkeit handelt es sich aber bei den Zungenmuscheln um einen Rücken- und einen Bauchschild und somit fehlt auch das muscheltypische Rückenschloss mit dem elastischen Ligament. Öffnen und Schließen der Schalen, die aus chitin-phoshatischem Material bestehen, erfolgt über ein System gegeneinander arbeitender Muskeln. Auch der übrige innere Bauplan, insbesondere ihre armartigen Tentakelträger, ist ebenfalls völlig anders gestaltet als bei Muscheln.

Einzigartige Tentakelträger zeichnen die Armfüßer (*Brachiopoda*) aus, zu denen *Lingula* gehört. Von zwei Armen, die den Mund umgeben, gehen zahlreiche bewimperte Tentakel aus, mit welchen Nahrung eingestrudelt wird. Dazu öffnet das Tier seine Schalen etwas und ermöglicht so den Eintritt des von den Tentakelträgern erzeugten Wasserstroms. Diesen komplizierten Strudelapparat haben die Armfüßer mit den Moostierchen (*Bryozoa*) und den Hufeisenwürmern (*Phoronida*) gemeinsam und sie werden daher mit ihnen zum Tierstamm der Kranzfühler (*Tentaculata*) gerechnet.

Alle Armfüßer leben im Meer. Die rund 300 rezenten Arten sind ein letztes Relikt einer im Erdaltertum und Erdmittelalter überaus erfolgreichen Tiergruppe. Mehr als 30 000 fossile Arten sind bereits bekannt. Vielleicht wurden sie von den an ihre ökologische Nische ähnlich angepassten Muscheln letztlich verdrängt?

Tentakeln besitzen schon die Larven von *Lingula*, die im Übrigen getrenntgeschlechtlich sind. Mit Hilfe der Tentakeln schwimmen die Jugendstadien längere Zeit umher, bis sie schließlich ein geeignetes Substrat gefunden haben, an welches die erwachsenen Tiere angepasst sind. Nun heften sie sich am Untergrund an, den sie nicht mehr verlassen werden, und wandeln sich zu erwachsenen Tieren um.

Dunkel ist auch die Vergangenheit von *Lingula*, denn welche Stellung die Armfüßer innerhalb der Evolutionslinie einnehmen, die schließlich zu den Wirbeltieren führte, ist recht unsicher. Gemeinsam haben Armfüßer und die Vorfahren der Wirbeltiere eine ursprüngliche Dreigliederung des Körpers mit einer entsprechend dreigegliederten Körperhöhle, doch abgeleitete Organe wie Kiemenspalten, die Chorda dorsalis oder ein Rückenmark fehlen den weit ursprünglicheren Armfüßern ebenso wie dem gesamten Stamm der Kranzfühler. Molekulargenetische Untersuchungen lassen neuerdings Zweifel aufkommen, ob überhaupt irgendeine nähere Verwandtschaft zu den frühesten Vorformen der Wirbeltiere besteht.

Alle Kranzfühler sind festsitzend und ernähren sich mit Hilfe ihres Tentakelapparates als Strudler von kleinen Nahrungspartikeln. Sie zeigen modellhaft, dass eine umfangreiche Radiation einer Tiergruppe ohne Erweiterung der Ernährungsmöglichkeiten und ohne freie Beweglichkeit wohl nicht möglich ist.

Für *Lingula* aber war die Aufgabe der freien Beweglichkeit durch Eingraben in den Meeresschlamm die erfolgreiche Überlebensstrategie zum Überdauern aller Krisen in der Geschichte des Lebens auf der Erde.

Als das Meer zurückkam

Germanisches Becken heißt der Ablagerungsraum in Mitteleuropa, in welchem während der etwa 40 Millionen Jahre dauernden Triaszeit in ständigem Wechsel festländische und marine Sedimente abgesetzt wurden. Die weitgehend kontinental geprägte Zeit des Buntsandsteins wurde durch das Vordringen des Tethys-Meeres während der Zeit des Muschelkalks abgelöst. Seelilien der Gattung *Encrinus* bauten in dieser Epoche mit ihren Stielgliedern, Trochiten genannt, ganze Felsbänke auf [Abb. 68]. Die festsitzenden Tiere lebten im Flachmeer, wo sie mit ihren Fangarmen Algen und tierisches Plankton festhielten und über Nahrungsrinnen zur Mundöffnung in der Mitte ihres etwa acht Zentimeter hohen kelchförmigen Körpers führten. Seelilien bestehen aus drei Teilen, dem Kelch oder Theca, der die wichtigsten inneren Organe umschließt, den vielfach gegliederten Armen und dem aus zahlreichen Gliedern bestehenden Stiel. Die Stielglieder, die Trochiten, sind säulenartig aufeinander geschichtet, fallen nach dem Tod des Tieres aber auseinander. Wo Seelilien in Massen auftraten, wie mancherorts in Sachsen, Thüringen und Niedersachsen, bilden Trochitenkalke ausladende Kalkbänke und bedecken stellenweise ganze Berghänge.

Die dem Muschelkalk folgende Keuper-Zeit war in Süddeutschland wieder eine mehr festländisch beeinflusste Epoche, bevor zu Beginn der Jurazeit das Meer erneut den ganzen südwestdeutschen Raum überflutete. Jetzt kam die Zeit der Seelilien-Gattung *Seirocrinus*.

Als besondere Schmuckstücke in Schausammlungen der Museen gelten die Seelilien mit ihrem blumenähnlichen Aussehen. Seelilien sind natürlich keine Pflanzen, sondern gehören zusammen mit den Seeigeln, Seesternen und Seewalzen zum Tierstamm der Stachelhäuter (*Echinodermata*).

Abb. 68: Seelilien der Art *Encrinus liliiformis* waren im germanischen Muschelkalk überaus häufig. Ihre runden Stielglieder, die Trochiten, sind stellenweise im Oberen Muschelkalk als so genannter Trochitenkalk gesteinsbildend.

Die besonderen Ablagerungsbedingungen, wie sie am Grunde des Jurameeres vorherrschten, ermöglichten die vollständige Überlieferung ganzer Kolonien von sessilen Seelilien. In Schichten des Mittleren Schwarzen Juras am Fuße der Schwäbischen Alb ist die Gattung *Seirocrinus* besonders häufig [Abb. 69]. Auf einem bis zu zehn Meter langen Stiel sitzt eine kleine Krone mit kurzem Kelch und fünf vielfach gegabelten Armen, mit denen die Tiere einst netzartige Planktonfallen bildeten. Die meisten Exemplare sitzen an Treibholz angeheftet, das durch das Gewicht immer weiterer Seelilien irgendwann auf den Meeresboden sank. Dies aber bedeutete den Tod der Tiere, denn das faulige sauerstofffreie Bodenwasser war ein höchst lebensfeindliches Milieu. So lebensfeindlich, dass es dort auch keine Aasfresser und kaum zersetzende Mikroorganismen gab, was uns schließlich die wunderschön erhaltenen Fossilien bescherte.

Dichte Unterwasserwiesen aus Tierkörpern bildet die jetzt lebende Seelilienart *Rhizocrinus lofotensis*. Sie wurde erstmals im kalten Tiefenwasser bei den Lofoten gefunden, doch kennt man sie inzwischen vom gesamten Nordatlantik aus Tiefen zwischen 150 und 3500 Metern. Das Tier, das sich nur

Abb. 69: Seelilien der Art *Seirocrinus subangularis* konnten in Einzelfällen bis zu 18 Meter lang werden. Sie bildeten auf Treibholz ganze Kolonien, die schließlich auf den sauerstoffarmen Meeresboden absanken und im unterjurassischen Posidonienschiefer von Holzmaden als besonders schöne Fossilien erhalten blieben.

wenig von seinen mesozoischen Vorfahren unterscheidet, erreicht zusammen mit seinem Stiel nur zehn Zentimeter Höhe. Seine zierliche Krone besitzt bloß fünf Arme, die sich nicht gabeln. Jeder Fangarm verfügt über eine Nahrungsrinne, an dessen Rand Tentakeln die Nahrungspartikel festhalten und auf ein Wimpernband schleudern, wo sie beim Transport eingeschleimt werden. Die Rinnen aller Arme treffen sich im Zentrum des Tieres auf der Mundscheibe. Im Gegensatz zu anderen festsitzenden Filtrierern wie Borstenwürmer und Moostierchen erzeugen Seelilien beim Filtrieren keinen Wasserstrom.

Wie alle Seelilien besitzt auch *Rhizocrinus* ein kalkiges Innenskelett, das sich aus einer Unzahl kleiner Elemente zusammensetzt und durch Bindegewebe und Muskulatur zusammengehalten wird.

Den tiefsten Fund einer Seelilie bei 8300 Metern vor der Küste Australiens kennt man von der ausgesprochenen Tiefseeform *Bathycrinus australis*, einem bis zu fünf Zentimeter großen Tier. Die Art wurde wie alle anderen Seelilien im Verlauf der Tertiärzeit von den modernen und erfolgreicheren Haarsternen, wie beispielsweise dem Mittelmeerhaarstern (*Antedon mediterranea*) aus dem Flachwasserbereich in tiefere Meereszonen zurückgedrängt. Im Gegensatz zu den wenigen gestielten Arten haben die frei beweglichen Haar- und Federsterne in großer Artenzahl überlebt. Mit ihren Klammerfüßchen an der Unterseite des Kelches klettern sie frei am Meeresboden und auf Korallen herum, vermögen aber auch mit graziösen Bewegungen ihrer Arme zu schwimmen. Haarsterne sitzen in ihrer frühsten Jugend fest, werfen ihren Stiel aber bald ab und gehen dann zum freien Leben über.

Die fünfstrahlige Radialsymmetrie ist ein gemeinsames Kennzeichen aller Stachelhäuter. Während bei den Seesternen und Schlangensternen die Fünfstrahligkeit offensichtlich ist und bei den Haarsternen die Anzahl der Arme ein Vielfaches von fünf beträgt, beschränkt sich die Fünfstrahligkeit bei Seeigeln und Seegurken auf die inneren Organe. Das salzwassergefüllte Gefäßsystem ist ein weiteres Charakteristikum des Tierstammes. Es liefert den hydraulischen Antrieb für zahllose Saugfüßchen, die für die Nahrungsaufnahme, Atemwasserzufuhr und Fortbewegung zuständig sind.

Die seit dem Kambrium nachgewiesenen Seelilien (*Crinoidea*) sind zweifellos die urtümlichsten Vertreter des Stammes, deren Blütezeit vom Silur bis Perm lange zurückliegt. Aber auch von fossilen Flachwasserbewohnern des Mesozoikums, die zu den Lederseeigeln (*Echinothuridae*) und zu den Seegurken (*Elasipoda*) gehören, kennt man ähnlich aussehende na he Verwandte, die heute in der Tiefsee leben und als Lebende Fossilien gelten.

Katastrophen der Erdgeschichte

Das größte Massensterben in der Erdgeschichte fand am Ende des Perms vor etwa 250 Millionen Jahren statt. Diese letzte Epoche des Erdaltertums war äußerst reich an Pflanzen- und Tierarten. Am Meeresboden bildeten einen halben Meter hohe Seelilien gewissermaßen ein Dach über einer benthischen Lebensgemeinschaft mit zahlreichen Muschel- und Schneckenarten und den aus dem Kambrium stammenden Trilobiten.

Jüngste geologische Untersuchungen deuten darauf hin, dass innerhalb einer sehr kurzen Zeit von weniger als einer Million Jahren mehr als 85 Prozent aller Arten von Meereslebewesen und mindestens 70 Prozent der Landwirbeltiere ausgestorben sind. Zu den Opfern zählten viele Ammoniten- und Seelilienarten und nahezu sämtliche Korallen. Mit dem Verschwinden der meisten Planktonarten, die am Anfang der marinen Nahrungskette stehen, war auch das Schicksal vieler Fischarten besiegelt. Verursacht wurde dieser schnelle Wandel am Übergang zur Trias durch starke Klimaänderungen, die auf umfangreiche Vulkanausbrüche in Sibirien oder vielleicht auch durch den Einschlag eines riesigen Meteoriten zurückzuführen sind.

Die Liste möglicher Ursachen von Massensterben reicht von der erdnahen Explosion einer Supernova, welche die Erde einer tödlichen Strahlung aussetzte, über die Auswirkungen der Kontinentaldrift mit Veränderungen des Klimas und des Meeresspiegels bis zu riesigen Vulkanausbrüchen mit Reduzierung der Sonneneinstrahlung, Kohlenstoffdioxidanreicherung und wahlweise Klimaerwärmung oder eiszeitlicher Abkühlung. Intensiver Vulkanismus kann auch zu saurem Regen führen mit entsprechender Reduzierung der Alkalität des oberflächennahen Meerwassers und ebenso zum Abbau der Ozonschicht.

Sicher kann eine besonders enge Spezialisierung einer Art ihr eigenes Aussterben beschleunigen. Gar keine Hinweise aber gibt es für die früher aufgestellte Vermutung, dass nach einer gewissen Zeit die „Lebenskraft" einer Art nachlassen würde.

Schon vor dem Perm-Trias-Ereignis waren am Ende des Ordoviziums vor 435 Millionen Jahren zahllose Arten von Trilobiten, Nautiloiden und Armfüßer die Opfer einer Erdkatastrophe, bevor die so genannte Devonkrise vor 350 Millionen Jahren im Meer große Lücken unter riffbildenden Korallen und urtümlichen Fischen hinterließ.

Wenn auch die genauen Ursachen und die zeitliche Dauer der verschiedenen großen Massensterben (die einen sprechen von fünf, die anderen von zehn Massensterben im Laufe der Erdgeschichte) noch unbekannt sind, ist doch sicher, dass es danach jeweils zu einer beschleunigten und vermehrten Bildung neuer Arten kam. Weite Teile der Biosphäre der Erde waren nach dem Aussterbeereignis von Leben entblößt und unter den wenigen überlebenden Arten herrschte so gut wie keine Konkurrenz. Rasch entstanden zahlreiche neue Arten, deren Grundbauplan aber durch ihre Vorfahren schon festgelegt war.

So begann nach dem gewaltigen Schnitt am Ende des Erdaltertums mit dem Erdmittelalter die Blütezeit der Reptilien, die Zeit der Dinosaurier. Von Wandel statt von Katastrophe wäre demnach eigentlich zu reden.

Neben den spektakulären Aussterbeereignissen fand seit Beginn des Lebens auf der Erde vor mehr als 3,7 Milliarden Jahren auch ein fortgesetztes Verschwinden derjenigen Arten statt, die mit den ständig wechselnden Umweltbedingungen nicht zurechtkamen. Mit ziemlicher Sicherheit sind 99,9 Prozent aller Arten, die jemals auf der Erde gelebt haben, wieder ausgestorben.

Das bekannteste Massensterben von den mindestens fünf großen Aussterbeereignissen der Erdgeschichte hat am Übergang von der Kreidezeit zum Tertiär stattgefunden. Ein Asteroideneinschlag vor 65 Millionen Jahren soll 90 Prozent der damals lebenden Arten, darunter auch die Saurier und Ammoniten, ausgetilgt haben.

Große Mengen des auf der Erde seltenen, in Meteoriten aber häufig vorkommenden Elements Iridium belegen die kosmische Katastrophe ebenso wie zahlreiche Kügelchen durch extreme Druckeinwirkung geschmolzenen Quarzes aus jener Zeit.

Die Blütenpflanzen erholten sich dank ihrer im Boden überdauernden Samen recht schnell wieder und innerhalb weniger Jahrmillionen besetzten die Säugetiere und die Vögel die von den Kriechtieren geräumten ökologischen Nischen.

Überlebten die Stärkeren die jeweilige Erdkatastrophe oder einfach diejenigen, von denen es besonders große und weit verbreitete Populationen gab? Beruhte das Überleben auf der besseren Angepasstheit oder einfach auf Zufall? Am Ende des Erdaltertums verschoben sich im Insektenreich die Schwerpunkte von den libellenartigen Formen mit starr abstehenden Flügeln hin zu Formen mit faltbaren Flügeln zum Anlegen an den Körper, wie sie heute bei den meisten modernen Insekten vorkommen. Mit geeigneteren Flügeln und dem Erwerb einer komplizierteren Embryonalentwicklung über ein Puppenstadium waren neue Lebensräume zugänglich und jahreszeitliche oder nichtsaisonale Klimaschwankungen ließen sich leichter überstehen.

Die Zahl der Ammonitenarten variierte im Laufe der Erdgeschichte vom Devon bis zur Kreide erheblich. Besonders stark waren die Einschnitte am Ende von Devon, Perm und Trias, bevor sie an der Kreide-Tertiär-Grenze schließlich gänzlich ausstarben. War ihr Verschwinden nun ein plötzliches Ereignis oder hat es sich seit der Unterkreide von langer Hand angedeutet? Wie dem auch sei, die Frage bleibt offen, warum gerade Nautilus die Jetztzeit erreicht hat, ebenso wie die anderen Dauertypen, die man Lebende Fossilien nennt.

Lag es daran, dass ihre Lebensräume wie beispielsweise die Tiefsee oder alte Urwaldgebiete gewissermaßen katastrophensicher waren? Oder konnten sie ihre Populationsgröße gerade noch auf einem Stand halten, der ein Überleben ermöglichte, während ihre weniger glücklichen Verwandten schließlich so wenige wurden, dass eine erfolgreiche Fortpflanzung auf Dauer nicht mehr möglich war? Die unvorhersehbaren und zufälligen Schicksalsschläge, welche die verschiedenen Massensterben auslösten, haben in der Geschichte der Lebewesen eine wohl kaum weniger wichtige Rolle gespielt als die dem Leben innewohnenden Entwicklungsgesetze. Im Katastrophenfall gilt nicht immer das, was zuvor im Konkurrenzkampf vorteilhaft war, und vielleicht macht dies auch die Erklärung des Phänomens der Dauerformen für uns nicht fassbar.

8 Aus den Wäldern der Vorzeit

Abb. 66: Erinnerungen an Tolkiens mythische Wälder werden wachgerufen, schaut man vom Boden hoch, ohne aber weit oben die Baumwipfel der höchsten Bäume der Erde zu sehen.

Im Wald der Riesen

Eine Wanderung durch den uralten Redwood-Nationalpark an der nördlichen Küste Kaliforniens wird für manchen zum mystischen Erlebnis. Reichliche Niederschläge und das gemäßigte Klima im regenreichen nebligen Nordwesten der Vereinigten Staaten bieten ideale Wachstumverhältnisse für den Küsten-Mammutbaum (*Sequoia sempervivens*). Mancher der Redwood-Bäume ist höher als ein dreißigstöckiges Hochhaus und für denjenigen, der am Fuß eines dieser Baumriesen steht, entzieht sich dessen Krone dem Gesichtsfeld. Das ehrwürdige Alter von durchschnittlich 500 bis 700 Jahren tut ein Übriges, um beim Betrachter Ehrfurcht zu erwecken. Aber auch Tausendjährige sind nicht selten und der älteste bekannte Redwood war ein Baum, der mit 2200 Jahren schon vor langer Zeit gefällt wurde.

Zwar werden auch andere Bäume wie die Douglastanne des pazifischen Nordens oder die Eukalyptusbäume Australiens sehr groß, aber kein anderer Baum reicht an die Höhe der Rotholzbäume heran, von denen der größte 112,1 Meter misst.

Der Goldrausch um 1850 zog große Menschenmassen an, die die Nachfrage nach Holz steigen ließen. Das war der Beginn des Niedergangs des ehemals eine Million Hektar großen Küstenurwaldes. Die boomenden Städte des damals noch wilden Westens verlangten immer mehr gutes Holz und besseres Bauholz als die gegenüber Termiten unempfindlichen Rothölzer gab es nicht. Heute sind gerade noch 50 000 Hektar Redwood-Urwald übrig geblieben, was der Weitsicht einiger Naturfreunde wie der Save-the-Redwood-League zu verdanken ist. Doch ausgestanden ist der Konflikt mit der Holzindustrie noch keineswegs, wie riesige Rotholz-Lagerplätze und die großen Holztransporter beweisen, denen man auf den Küstenstraßen ständig begegnet. Weltberühmt wurde Julia Hill, die zwei Jahre lang auf einem Redwood-Baum lebte, um gegen die Abholzung des Küstenregenwaldes zu protestieren.

Natürliche Feinde hat der Baum so gut wie keine. Das Tannin seiner Rinde verhindert Pilzbefall und das Eindringen von Insekten. Auch Feuer stellt aufgrund der teilweise 20 Zentimeter dicken Rinde keine Gefahr dar. Lediglich durch seine Höhe kann ihm Windwurf zum Verhängnis werden.

Doch eine für einen Nadelbaum einzigartige Überlebensstrategie, den Tod hinauszuschieben, kann das Problem wieder beheben. Nach einer Verletzung oder wenn der Baum gefällt wird, bildet sich am Fuß des Stammes ein Knospenkranz, aus dem zahlreiche Schößlinge hervorwachsen. Das Wurzelsystem des Baumes versorgt die schnell wachsenden jungen Sprosse, die schließlich einen so genannten Feenring von Stämmen der zweiten Generation um den Mutterbaum oder dessen Stumpf bilden.

Im Alter von 20 Jahren beginnt der immergrüne Baum erstmals mit der Bildung von ungewöhnlich kleinen Samen. Männliche und weibliche Zapfen wachsen an verschiedenen Ästen des gleichen Baumes. Nach der Befruchtung im Herbst wächst der weibliche Zapfen im nächsten Frühjahr und Sommer weiter und entlässt gegen Spätherbst rund 60 winzige geflügelte Samen. Mehr als 100 000 dieser Winzlinge wiegen noch nicht einmal ein Pfund. Auch ist deren Überlebensrate so gering, dass schätzungsweise weniger als einer von eine Million Samen zu einem Baum heranwächst. Das hohe Alter der Bäume gewährleistet aber schon ein Überdauern des Redwood-Waldes, wenn mindestens vier bis acht Bäume pro Hektar in einem Jahrhundert zur Geschlechtsreife gelangen.

Jedes Jahr wird ein junger Redwood-Baum etwa 60 Zentimeter größer und wenn er im reiferen Alter mit rund 100 Meter seine bleibende Höhe erreicht hat, wiegt er 500 Tonnen und mehr. Tag für Tag verdunstet er jetzt mehr als 1000 Liter Wasser.

Bevor sich die Pteridosaurier in der Jurazeit als Flugsaurier in die Luft erhoben, gediehen schon die Vorfahren der heutigen Küsten-Mammutbäume, wie 130 Millionen Jahre alte versteinerte Redwood-Kegel bezeugen. Während des Miozäns der Tertiärzeit, die vor 25 Millionen Jahren begann, bedeckten Redwood-Wälder weite Bereiche der gesamten nördlichen Hemisphäre. Unter den mindestens ein Dutzend verschiedenen Arten war *Sequoia langsdorfii* die häufigste. Diese Art, die sich morphologisch kaum vom rezenten Küsten-Mammutbaum unterscheidet, bildet die bedeutendsten Anteile an den tertiären Braunkohlelagern. Schließlich überlebten nur drei Arten die globalen Klimaänderungen, die während der Eiszeiten kühlere und trockenere Bedingungen brachten: der pazifische Küsten-Mammutbaum, der Riesen-Mammutbaum in der Sierra Nevada Kaliforniens und der Urwelt-Mammutbaum in Zentralchina.

Angepasst an große Schneemengen und tiefe Temperaturen im Winter ist der Riesen-Mammutbaum (*Sequoiadendron giganteum*), der im Gegensatz zu seinem Vetter im gemäßigten mediterranen Klima der Küste an den westlichen Hängen der Sierra Nevada im nordamerikanischen Felsengebirge zu Hause ist. Die Riesen-Sequoias sind wahre Baumtitanen und gehören zu den größten Lebewesen der Erde. Und unter all diesen Riesen gilt der General Sherman Tree mit seinen 81,5 Metern Höhe und einem Stammdurchmesser von elf Metern als der massivste.

Während die Blätter des Küsten-Mammutbaumes nadelförmig sind, sind die des Riesen-Mammutbaumes schuppenförmig. Auch sonst unterscheiden sich Küsten-Sequoia und Riesen-Sequoia in vielem. Die Riesen-Mammutbäume vermehren sich nur durch Samen, die von den etwa hühnereigroßen Zapfen gebildet werden. Die Bäume stehen weit auseinander, da sie viel mehr Licht brauchen als ihre Verwandten an der Küste. Dabei kommt dem Feuer eine wichtige Bedeutung zu, indem es das Aufkommen zu eng stehender Nachbarn verhindert. Die bis zu 60 Zentimeter dicke Rinde des Sierra-Mammutbaumes, die kein Harz bildet, leuchtet intensiv rot, während die Rinde des Küsten-Mammutbaumes verwittert-grau aussieht. Hier hat der häufige Regen das rötliche Tannin an der Oberfläche ausgewaschen.

Die Altersbestimmung durch Jahresringzählung an lebenden Bäumen mittels Entnahme eines Bohrspanes wird aufgrund der Dicke der Stämme erschwert. Bei gefällten Exemplaren kam man auf 4000 und mehr Jahresringe und mit Hilfe der Radiocarbonmethode hat man ermittelt, dass das Kernholz mancher Riesen-Sequoias über 3000 Jahre alt ist. Sie erreichen damit ein noch wesentlich höheres Alter als ihre Verwandten an der Küste.

Abb. 71: Der Riesen-Mammutbaum ist wie sein Vetter an der Küste immergrün. Seine Zapfen werden hühnereigroß.

Ist schon das Verbreitungsgebiet des Küsten-Mammutbaumes heute recht begrenzt, so ist der Lebensraum des Riesen-Mammutbaumes noch erheblich kleiner. Es handelt sich schätzungsweise um weniger als 10 000 Hektar, die glücklicherweise fast sämtlich als Nationalpark geschützt sind.

Zuerst fossil beschrieben und später rezent gefunden, ist die für eine Pflanze wohl einmalige Entdeckungsgeschichte des Urwelt-Mammutbaumes. 1944 entdeckte der Förster Tsang Wang in den Wäldern Zentralchinas einige ihm unbekannte Bäume, die in 700 bis 1500 Meter Meereshöhe wuchsen und kurze Zeit später als *Metasequoia glyptostroboides* beschrieben wurden. Die Blätter des sommergrünen Baumes wiesen große Ähnlichkeit mit der wenige Jahre zuvor in Japan gefundenen fossilen Nadelbaumgattung *Metasequoia* auf. Diese war während Kreide und Tertiär in Europa, Asien und Nordamerika einschließlich Grönland weit verbreitet und hatte an der Braunkohlenbildung reichlichen Anteil. Amerikanische Biologen bezeichnen daher *Metasequoia* vielfach nicht als Lebendes Fossil, sondern sprechen von einem „fossil that came to life", kannte man doch das Fossil zuerst, bevor man den lebenden Baum fand.

Der chinesische Urwelt-Mammutbaum ist mit seiner Höhe von 42 Metern und einem Stammdurchmesser von rund zwei Metern gegenüber seinen amerikanischen Verwandten geradezu ein Winzling. Im Gegensatz zu diesen wechselt er sein Laub, was für einen Nadelbaum eher ungewöhnlich ist. Sein einziges natürliches Areal ist auf das zentralchinesische Sichuan beschränkt. Doch wegen seiner Raschwüchsigkeit und seiner Winterhärte ist er in den gemäßigten Breiten inzwischen ein beliebter Parkbaum. In China, wo durch das starke Bevölkerungswachstum und den dadurch verursachten Landverbrauch natürliche Wälder so gut wie überall bedroht sind, versucht man durch Aufforstung das Überleben des Urwelt-Mammutbaumes zu sichern.

Ein völlig anderer Lebensraum als der der Mammutbäume ist die Heimat der Sumpfzypressen (*Taxodium ascendens*) und Sumpfeiben *(Taxodium distichum)*.

Wasser ist das prägende Element im Everglades-Nationalpark, der eigentlich ein 200 Kilometer langer, langsam von Nord nach Süd strömender Fluss ist. Auf der tischebenen Platte aus porösem Sandstein, aus der ganz Südflorida besteht, wechseln unterschiedliche miteinander verzahnte Biotope auf kleinstem Raum. Das Herz der Everglades bilden Sumpfwiesen aus meterhohen Sauergräsern und Binsen, unterbrochen von Bauminseln aus Kiefern, Würgefeigen, Mahagoni- und Ingwerpflaumenbäumen. Westlich und nördlich davon liegt der Große Zypressensumpf, der Big Cypress Swamp, eine riesige Sumpflandschaft, die so eng mit den Everglades verflochten ist, dass der flüchtige Besucher keine Grenze erkennt. In flachen Senken, wo teilweise ganzjährig Wasser steht, bilden die Zypressen und Eiben über 30 Meter hohe Baumgruppen. Nur in diesen feuchten Rückzugsgebieten können sie überleben, da ihnen ihre dünne Rinde keinen Schutz vor den in Florida häufigen Waldbränden bietet.

Zurückverfolgen ins Erdmittelalter lassen sich alle Gattungen der Nadelholzfamilie der Sumpfzypressengewächse (*Taxodiaceae*), zu der neben *Taxodium* auch die Mammutbäume gehören. Die heute artenarmen Gattungen bewohnen in der Gegenwart ein enges Wildareal, waren aber im Mesozoikum und Känozoikum weit verbreitet, wie zahlreiche Fossilfunde belegen.

Die Sumpfeibe ist eine nadelabwerfende Konifere. Mit Hilfe einer mächtigen Stützwurzel findet der im Winter völlig kahle Baum auch in sumpfigem Boden ausreichend Halt. Um seinen Stamm herum ragen eigenartige Kniewurzeln aus dem Wasser, die zwar immer wieder als Atemwurzeln bezeichnet werden, deren Funktion aber noch niemand überzeugend nachgewiesen hat. Das Holz der nur langsam wachsenden Sumpfeibe war stark gefragt, diente es doch als dauerhaftes Material für Dächer, Boote, Fässer und Särge. Zigtausende von Güterzugladungen Zypressenholz wurden aus dem Gebiet des Big Cypress Swamp abtransportiert und nur der Mühsal des Holzfällens im Sumpf ist es zu verdanken, dass Reste des einst riesigen Bestandes an Sumpfeiben in die Gegenwart hineingerettet werden konnten.

Der Sumpfzypresse erging es besser, da sie kleiner und weiter verbreitet ist. Im Süden Floridas bilden verkrüppelte Sumpfzypressen zusammen mit Seggen eine ausgedehnte Zwergzypressen-Savanne. Wechselnde Wasserstände und Mineralstoffmangel im Boden verhindern, dass die Bäume höher als ein bis zwei Meter werden.

Fossilien der Gattung *Taxodium* kennt man aus dem frühen Tertiär, wo sie an der Bildung der Braunkohlenlagerstätten beteiligt waren. Den größten Teil der Braunkohlen-Hölzer aber bilden Sequoien, während die beteiligten Zypressen am ehesten mit der rezenten Mexikanischen Sumpfzypresse (*Taxodium mucronatum*) verwandt sind.

Paläoendemiten, also erdgeschichtlich alte Arten, von deren ehedem weitem Verbreitungsgebiet heute nur noch Restareale bestehen, sind auch andere Sumpfzypressengewächse wie beispielsweise die Chinesische Wasserfichte (*Glyptostrobus lineatus*). Dieser Strauch oder kleine Baum, der heute in Südostchina an Flussufern wächst, ist der einzige Überlebende einer Gattung, die einst auf der Nordhemisphäre weit verbreitet war. Dies gilt ähnlich für die Japanische Zeder (*Cryptomeria japonica*), ein bis zu 40 Meter hoher Baum mit pyramidenförmiger Krone. Er wird heute in Japan als wichtiger Forstbaum waldbildend kultiviert, so dass die einstigen Wildareale nur noch schwer abgegrenzt werden können.

Die ursprünglich auf Südwestchina begrenzte Spießtanne (Cunninghamia lanceolata), ein kleiner Baum mit ledrigen Blättern, wird inzwischen sogar in Südamerika kultiviert. Dort stellt man Inneneinrichtungen, Zigarrenkisten und Streichhölzer aus seinem außerordentlich leichten Holz her.

Der Tempelbaum aus China

In einem Klostergarten in Burma stand der Ginkgobaum (Ginkgo biloba) [Abb. 72], von dem vermutlich alle Exemplare abstammen, die man in Europa seit dem frühen 18. Jahrhundert in Kultur nahm und die heute weit verbreitet in Parks und Gärten gepflanzt werden. In China wird der langsam wachsende und langlebige Ginkgobaum seit langem kultiviert und gelangte von hier aus schon vor langer Zeit nach Korea und Japan, wo ihn 1690 der deutsche Arzt Engelbert Kaempfer entdeckte. 1730 gelangte dann Saatgut nach Europa.

In Ostasien ist der Ginkgo insbesondere um heilige Tempelanlagen herum zu finden, doch auch als Heilpflanze hält man ihn in Ehren. Es stehen dort tausendjährige Riesen mit bis zu 50 Metern Höhe und einem Stammumfang von mehreren Metern. Der Gattungsname Ginkgo stammt aus dem Chinesischen: gin-kyo heißt Silberaprikose und bezieht sich auf die essbaren Samen. Der deutsche Name ist Fächerblattbaum.

Trotz seines hohen stammesgeschichtlichen Alters ist der Baum, der seine Blätter im Herbst abwirft, äußerst vital. Es gibt Exemplare, die Stürme und Feuersbrünste überstanden haben, die für andere Pflanzen verhängnisvoll waren und auch die Luftverschmutzung entlang viel befahrener Straßen scheint ihnen wenig auszumachen, wie ganze Ginkgo-Alleen in nordamerikanischen Großstädten belegen. So wird in Manhattan immer, wenn ein Straßenbaum stirbt, ein Ginkgo für ihn gepflanzt.

Besondere Symbolkraft kommt dem Ginkgobaum zu, der den Atombombenabwurf von Hiroshima überdauert hat und aus dessen blattlosen Zweigen schließlich wieder grüne Blätter als Zeichen des Friedens hervorsprießen.

Abb. 72: Dieser herbstlich gefärbte Ginkgobaum steht im botanisch-zoologischen Garten der Wilhelma in Stuttgart, wo man noch erstaunlich viele weitere Lebende Fossilien finden kann.

Die letzten wild wachsenden Ginkgobäume stehen in den Tianmu-Bergen an der chinesischen Südostküste an einem einzigen Standort. Sie sind Überbleibsel einer Pflanzenklasse, die einst in der nördlichen Erdhemisphäre weit verbreitet war und schließlich durch die

8 Aus den Wäldern der Vorzeit

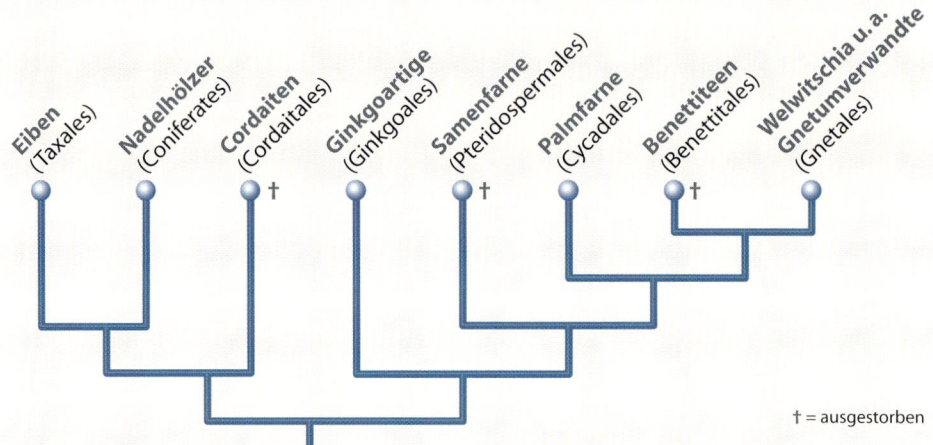

Abb. 73: Stammbaum der Nacktsamer.

ungünstigen Klimaverhältnisse während der letzten Eiszeit bis auf eine einzige Art ausgelöscht wurde.

Ginkgogewächse traten erstmals im unteren Perm vor über 250 Millionen Jahren auf und leiteten die Baumwerdung der großen Pflanzen ein. Mit Wurzeln, Stamm, Ästen und Blättern zeigten sie erstmals eine vollständige Baumsilhouette, die sich von den hoch gewachsenen Baumfarnen deutlich unterschied. Ihre Hauptentfaltung lag im Erdmittelalter von der Trias bis zur Kreidezeit. Die Gattung *Ginkgo* selbst kennt man fossil aus dem Mittleren Jura vor 160 Millionen Jahren, die direkten Vorfahren des heutigen Ginkgobaumes sind vielleicht 50 Millionen Jahre jünger.

Zahlreiche Funde fossiler Ginkgogewächse zeigen, dass diese im Erdmittelalter formenreich auftraten und weltweit verbreitet waren. Man kennt Fossilreste aus allen Kontinenten der Südhalbkugel und von der gesamten nördlichen Hemisphäre, einschließlich Grönland und Spitzbergen. Noch gegen Ende des Tertiärs in Mitteleuropa heimisch, verschwanden sie mit der eiszeitlichen Klimaverschlechterung zusammen mit zahlreichen anderen Pflanzen aus Europa. In Ostasien fanden sie ein letztes Rückzugsgebiet, bevor der Mensch die einzig verbliebene Art heute wieder über die Erde verbreitet.

Insgesamt stehen die Ginkgogewächse innerhalb der Nacktsamer (*Gymnospermae*) sehr isoliert. Zwar haben sie die fleischige Außenschicht ihrer Samen mit den Eibengewächsen (*Taxaceae*) gemeinsam, im Bau des Holzes zeigen sie Ähnlichkeiten mit den Koniferen und in der Art der Befruchtung gleichen sie am ehesten den Palmfarnen (*Cycadales*), doch zu keiner Gruppe scheinen engere verwandtschaftliche Beziehungen zu bestehen.

Auffällige fächerförmige Blätter verschleiern zunächst auch die Zugehörigkeit des Ginkgobaumes zu den Nacktsamern, die vor allem durch die Nadelhölzer vertreten werden. Aus dem Blattstiel treten zwei Adern in die Blattfläche ein und gabeln sich wiederholt in gleiche Äste, so dass sie an die Wedelabschnitte bestimmter Farne wie beispielsweise den Venushaarfarn *Adiantum* erinnern.

Bei den fossilen Vorfahren war die Blattfläche noch mehrfach zerschlitzt, während das heutige Ginkgo-Blatt die in zwei Teile gespaltene, also dichotome Verzweigung vor allem in der Blattaderung erkennen lässt. Die Evolution von starker dichotomer Verzweigung bei geologisch alten Formen bis hin zum ungeteilten Blatt lässt sich auch in der Blattfolge der jetztzeitigen Ginkgobäume verfolgen: Die Blätter junger Bäume sind oft mehrfach eingeschnitten, die an den Langtrieben alter Bäume sind schwach zweilappig, während die an den Kurztrieben ganzrandig ungeteilt sind.

Diese Variabilität in der Blattform einer einzigen Art macht die Beurteilung von Fossilien problematisch, da meist nur Funde von Blättern vorliegen.

Die dichotome Verzweigung der Blätter des Fächerblattbaumes ist ein sehr ursprüngliches Merkmal. Es ist eine Verzweigungsform, die bei den stammesgeschichtlich viel älteren fadenförmigen und blattflächenartigen Algen und Moosen, den Vegetationskörpern der Urfarne und bei den Sprosssytemen der Bärlappgewächse anzutreffen ist.

Erinnerungen an das Meer alter Zeiten, in welchem sich Algen, die Vorfahren der Nacktsamer, fortpflanzten, wecken auch die so genannten Bestäubungströpfchen am Hals der Eikammer der weiblichen Ginkgoblüte.

Die unscheinbaren männlichen und weiblichen Blüten sind auf zwei geschlechtlich verschiedene Bäume verteilt und stehen an den Kurztrieben in der Achsel von Tragblättern. Die männlichen Blüten sehen wie kleine Zapfen aus und tragen zahlreiche Staubblätter. Oft erst ein Vierteljahr, nachdem der Pollen durch den Wind auf die weibliche Blüte gelangte, gehen aus den nun keimenden Pollenkörnern bewimperte bewegliche männliche Samenzellen hervor. Diese Spermatozoiden, die so ungewöhnlich groß sind, dass man sie mit bloßen Auge gerade noch erkennen kann, schwimmen in der von der weiblichen Samenanlage gebildeten Befruchtungsflüssigkeit lange umher, bevor es ihnen gelingt, die weibliche Eizelle zu befruchten. Aus der gestielten weiblichen Blüte geht schließlich der relativ große fleischig umhüllte Samen hervor [Abb. 74]. Nicht selten sind die Samenanlagen aber schon vom Baum abgefallen, so dass die Befruchtung schließlich am Boden stattfindet. Das Fleisch der aprikosenähnlichen Früchte riecht zwar unangenehm nach Buttersäure, dennoch sind die süßen Samen essbar.

Eine Befruchtung durch Spermatozoide tritt innerhalb der Samenpflanzen (*Spermatophyta*) nur noch bei den erdgeschichtlich ebenfalls sehr alten Palmfarnen auf. Die übrigen Samenpflanzen entlassen aus dem nach der Bestäubung heranwachsenden Pollenschlauch unbewegliche Spermazellen oder Spermakerne. Ansonsten kommen frei bewegliche männliche Keimzellen nur bei den stammesgeschichtlich viel älteren Algen, Moosen und Farnen vor.

Abb. 74: Im alten China waren die fleischig umhüllten aprikosenähnlichen Samen des weiblichen Ginkgo-Baumes als geröstete „Nüsse" Tribut für den Kaiser.

Im „Westöstlichen Diwan" widmet Goethe dem Ginkgo ein Gedicht, genauer gesagt, er widmete es samt einem kleinen Bäumchen der jungen Marianne von Willemer, mit der er, wohl wieder einmal verliebt, den Baum im Schlosspark von Heidelberg gemeinsam bewundert hatte:

*Dieses Baumes Blatt, der von Osten
meinem Garten anvertraut,
gibt geheimen Sinn zu kosten,
wie's den Wissenden erbaut.*

*Ist es ein lebendig Wesen,
das sich in sich selbst getrennt?
Sind es zwei, die sich erlesen,
dass man sie als eines kennt?*

*Solche Frage zu erwidern,
fand ich wohl den rechten Sinn:
Fühlst du nicht an meinen Liedern,
dass ich eins und doppelt bin?*

In Ostasien war der Baum schon immer etwas Besonderes. Im Sinne von Yin und Yang, passiv und aktiv, wird der zweihäusige Ginkgo meist paarweise gepflanzt. In der chinesischen Heilkunst spielt er eine gewichtige Rolle, soll er doch gegen Atembeschwerden, Geschlechtskrankheiten, Innenparasiten, Durchblutungsstörungen und mangelnde Spermaproduktion helfen. Auch die westliche Medizin hat ihn schließlich entdeckt. Blattextrakte des Ginkgos, insbesondere die darin enthaltenen Flavonoide, sollen dem Nachlassen des Gedächtnisses oder gar der Alzheimer-Krankheit ebenso vorbeugen wie Angina pectoris, indem sie giftige Stoffwechselprodukte, so genannte Radikale, wegfangen, und auch Zuckerkranke versprechen sich eine Linderung ihrer Beschwerden an Gefäßen, Augen und Nerven durch *Ginkgo biloba*.

Zwischen die Seiten wertvoller Bücher haben die Chinesen schon immer Ginkgoblätter gelegt, um sie gegen papierfressende Insekten zu schützen. Die insektizide Wirkung des Ginkgos entwickelt sich aber dann zum Problem, wenn der gegen Smog resistente Baum immer häufiger in unseren Gärten, Parks und entlang der Straßen angepflanzt wird. Für Schmetterlinge und andere bedrohte Insekten ist der Ginkgobaum keine gute Adresse.

Die Einsame in der Namib

Merkmale von Nacktsamern und Bedecktsamern zeigt die in Namibia endemische Wüstenpflanze *Welwitschia mirabilis* [Abb. 75]. Welwitschia ist zweihäusig getrenntgeschlechtlich, das heißt, dass es eine männliche und eine weibliche Pflanze gibt. Erst im Alter von zwanzig Jahren zeigen sich die ersten zapfenförmigen Blütenstände, was aber bei einem angenommenen Alter von mehreren Hundert, vielleicht sogar Tausend Jahren leicht ausgeglichen wird. Männliche und weibliche Blüten stehen am Rande des kurzen Stammes. Die weiblichen Blüten bestehen nur aus einer Samenanlage und einer schuppenartigen Hülle, wie dies charakteristisch für Nacktsamer ist. Die männlichen Blüten leiten zu den Bedecktsamern über. Die sechs Staubblätter jeder Blüte sind von einer vierblättrigen kronblattähnlichen Hülle umgeben. Darüber hinaus sind sie gewissermaßen pseudozwittrig, da sie auch noch eine rudimentäre Samenanlage aufweisen.

Für die Bestäubung sind Feuerwanzen, Käfer und andere Insekten zuständig.

Ein weiteres Nacktsamer-Merkmal von Welwitschia ist der zapfenartige Bau der weiblichen Blütenstände, während die Tracheen im Holzgewebe, die Wasserleitgefäße, und die Ausbildung der Pollen in den Staubbeuteln wiederum für Bedecktsamer kennzeichnend sind.

Entlang eines tausend Kilometer langen Streifens an der Küste Südwestafrikas zieht sich vom Kuiseb bis zum Kunené ein 30 bis 80 Kilometer breiter Wüstengürtel, die Namib, hin. Mangel an Wasser und Vegetation sind ihr Kennzeichen und nur dort, wo die Flüsse zur kurzen Regenzeit Wasser führen, findet man vereinzelte Pflanzen, unter ihnen die wunderbare Welwitschia, die heute als Charakterpflanze der Namib gilt.

Abb. 75: *Welwitschia* produziert Samen, trägt gleichzeitig aber Zapfen, die denen von Nadelbäumen ähneln. Die vom Stamm her ständig nachwachsenden Blätter werden vom Wüstenwind in zahlreiche einzelne Streifen zerrissen.

Der Stamm der Pflanze kann recht umfangreich sein, aber nur einige Fingerbreit hoch werden. Von diesem Kurzstamm aus entspringen bis zu vier Meter lange bandförmige Blätter, zunächst etwas angehoben, dann dem Boden aufliegend. Ungewöhnlich im Pflanzenreich wachsen die Blätter zwar sehr langsam, dafür aber lebenslänglich, was bei Welwitschia 2000 Jahre und mehr bedeuten kann. Erst nach sehr langer Dürre sterben die äußeren Blattenden schließlich ab. Sobald wieder Feuchtigkeit zur Verfügung steht, bildet Zellteilungsgewebe von der Stammscheibe her neues Blattmaterial. Der Wind reißt die Blattenden immer wieder auf und weht abgestorbenes Blattgewebe davon, organisches Material für irgendeine Nahrungskette der spärlichen Wüstenfauna.

Mit welchen Überlebensstrategien Welwitschia die lebensfeindlichen Trockenzeiten übersteht, ist im Einzelnen noch nicht geklärt. Nebel und Tau ergeben in der Namib einen jährlichen Niederschlag von rund 40 Millimetern, dazu kommen rund 20 Millimeter Regen. Ob die Pflanze den auf der Blattoberfläche kondensierenden Tau aber über ihre Spaltöffnungen aufnehmen kann, ist umstritten. Ihre knapp eineinhalb Meter tiefe Pfahlwurzel kann das Grundwasser nicht erreichen. Aus der Pfahlwurzel wachsen aber Seitenwurzeln, die ein dichtes Wurzelwerk bilden, das die Nebelnässe aus den oberen Bodenschichten aufsaugt. Durch kristalline Einlagerungen sind die Blätter lederartig verhärtet, die Spaltöffnungen zum Gasaustausch sind tief eingesenkt, was die Verdunstung vermindert. Eine dicke wachsähnliche Cuticula an der Blattoberseite reflektiert das Sonnenlicht so effektiv, dass die Blätter nur wenig Wärme aufnehmen.

Ungewöhnlich für eine Wüstenpflanze aber ist, dass Welwitschia eine sehr große Zahl an Spaltöffnungen besitzt und sie diese tagsüber zur Aufnahme von Kohlenstoffdioxid geöffnet hält, während die meisten anderen Wüstenpflanzen die kühleren Nachtstunden für den Gasaustausch nutzen, um den Wasserverlust möglichst gering zu halten. Trotz dieser sicherlich nicht optimalen Anpassung an ein Leben in der Wüste konnte sich dieses lebende Pflanzenfossil seit Jahrmillionen behaupten.

Keinerlei Verwandtschaft zu anderen lebenden Pflanzen rechtfertigt die Meinung der Botaniker, die Welwitschia als Lebendes Fossil betrachten, dazu kommt ihr völlig isoliertes Auftreten in der südwestafrikanischen Namib-Wüste. Wenn durch weitere Funde auch noch sichergestellt wird, dass die Fossilreste von *Drewria* aus Kreideformationen in Virginia in die Nähe zu Welwitschia zu stellen sind, gäbe es auch noch einen fossilen Vorfahren. Immerhin erinnert die kreidezeitliche Pflanze sowohl durch ihre gegenständigen Blätter, die an einem verdickten Knoten stehen, als auch durch die Blattaderung an die jetztzeitige Wüstenpflanze.

Zusammen mit den Meerträubelgewächsen (*Ephedraceae*) und der Gattung *Gnetum* stellt man heute Welwitschia in die Ordnung *Gnetales*, die als am weitesten entwickelte Gruppe der Nacktsamer den Übergang zu den Bedecktsamern vermittelt.

Der lange Weg zur Blütenpflanze

Der Ursprung der Landpflanzen lag im Süßwasser, wo ihre aquatischen Vorgänger es vor rund 450 Millionen Jahren geschafft haben, sich an Land fortzupflanzen. Vermutlich gab es mehrere Anläufe für ein Leben außerhalb des Wassers und vermutlich scheiterten alle bis auf eine kleine Gruppe, die schließlich zur Basis der Landflora wurde.

Um systematisch die Stellung der verschiedenen lebenden Pflanzenfossilien, die in diesem Kapitel und auch schon im 2. Kapitel des Buches aufgeführt werden, leichter erkennen zu können, soll im Folgenden ein kurzer Blick auf die Stammesgeschichte der Landpflanzen geworfen werden:

Die stammesgeschichtliche Forschung lässt zwar noch viele Fragen offen, doch gilt heute als sicher, dass es kein mehr oder weniger einheitliches Pflanzenreich gibt, das dem Tierreich gegenüberzustellen wäre. Vielmehr kann man von vier Reichen ausgehen, unter denen das „Reich der Grünen Pflanzen" mit über 500 000 Arten das größte ist. Dazu zählen alle Landpflanzen und einige aquatische Arten wie die Grünalgen. Von ihnen grenzt man

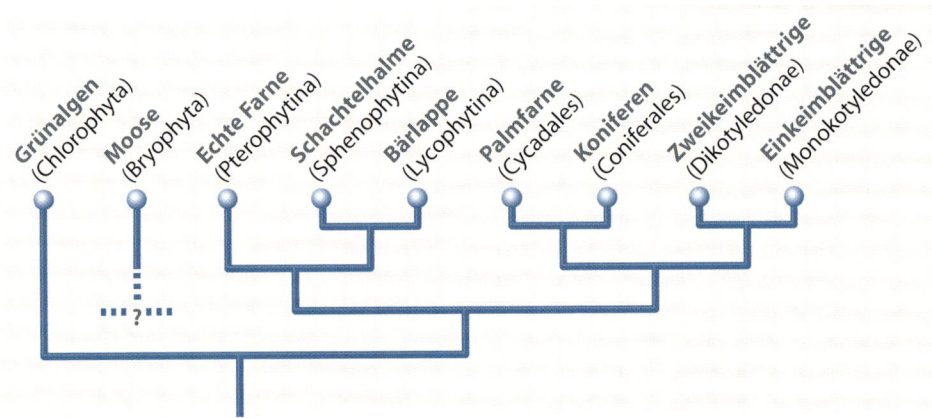

Abb. 76: Stammbaum der Grünen Pflanzen.

das „Reich der Braunen Pflanzen" mit ausschließlich marinen Arten und das „Reich der Roten Pflanzen" mit Meeres- und Süßwasserformen ab. Das „Reich der Pilze" nimmt gegenüber den anderen eine isolierte Stellung ein und steht dem „Reich der Tiere" wohl näher. Dies ergibt sich aus übereinstimmenden Ergebnissen sowohl von morphologischen und anatomischen Untersuchungen wie auch aufgrund molekularbiologischer Verfahren zur Entschlüsselung genetischer Verwandtschaften, bei denen das mitochondriale Erbmaterial oder der Bau der Cytocrom-c-Oxidase untersucht wurden.

Schlüsselereignisse in der Pflanzenevolution werden offensichtlich, wenn man die ökologischen Bedingungen von Wasser- und Landpflanzen vergleicht. Bei Landpflanzen, die sehr wahrscheinlich von wasserlebenden Grünalgen abstammen, sind die Faktoren, die sie zum Leben brauchen, räumlich voneinander getrennt. Der Boden liefert Wasser und Mineralsalze, während Licht nur den oberirdischen Pflanzenteilen zur Verfügung steht. Der Übergang vom Wasser an das Land erforderte also neue Eigenschaften, die Wasserpflanzen nicht benötigen. Es kommt bei Landpflanzen zu einer Differenzierung in ein unterirdisches Wurzelsystem und einen oberirdischen Vegetationskörper, die über die Fotosynthese organische Stoffe herstellen. Ein Wasserleitungssystem, die Gefäße, verteilt das von den Wurzeln aufgenommene Wasser im gesamten Pflanzenkörper. Eine Cuticula schränkt die Transpiration ein, Spaltöffnungen ermöglichen einen Gasaustausch mit der Luft. Festigungsgewebe stützen den Pflanzenkörper und ermöglichen einen hohen Wuchs. Kräutern gibt der Turgordruck mechanische Festigkeit, bei Sträuchern und Bäumen verleiht der Holzstoff Lignin in den Zellwänden zusätzliche Festigkeit.

Eine Rekonstruktion der Evolution der Landpflanzen erlaubt am ehesten die Flora des Devons, der Zeit zwischen dem Silur mit nur spärlicher Landflora und dem Karbon mit einer reichhaltigen Vegetation. Aus dieser 50 Millionen Jahre umfassenden Periode, die vor 395 Millionen Jahren begann, gibt es zahlreiches fossiles Pflanzenmaterial.

Die ersten Landpflanzen waren die Nacktfarne (*Psilophyta*) im Silur. *Cooksonia*, die älteste bekannte Landpflanze, besaß Rhizoide zum Anheften am Boden und zur Aufnahme von Mineralsalzen. Eine feste Epidermis schützte vor Austrocknung. Ein Gefäßsystem im Spross aus Xylem- und Phloemzellen diente dem Transport von Wasser und Zuckern. Das zentral gelegene Leitbündel verlieh der Pflanze so viel Festigkeit, dass sie einen aufrechten Spross mit verzweigten Ästen bilden konnte, an deren Enden Sporangien saßen. Echte Wurzeln und Blätter fehlten.

Damit ist *Cooksonia* eine typische Mosaikform. Die blattlosen verzweigten Sprosse und die wurzelähnlichen Rhizoide ohne Wasserleitgefäße sind Algenmerkmale. Merkmale von Landpflanzen dagegen sind die Leitbündel und die mit einer Cuticula überzogene Epidermis, in der Spaltöffnungen eine Regulierung des Gasaustausches ermöglichen. Dabei sind die Spaltöffnungen der mitteldevonischen Flora je nach Standort schon differenziert gebaut. Bei *Rhynia* weisen die sehr einfach gebauten moosähnlichen Spaltöffnungen auf einen feuchten Standort hin, während *Asteroxylon* mit seinen komplizierten Spaltöffnungen eher in einem Trockenbiotop zu Hause war.

Eine rezente nacktfarnähnliche Form ist *Psilotum nudum*, die in den nordamerikanischen Sümpfen der Everglades epiphytisch auf Sumpfeiben wächst. Dass *Psilotum* aber ein Überlebender der devonischen frühen Nacktfarne ist, scheint unwahrscheinlicher als dass es sich bei dieser zu den Gabelfarnen (*Psilotales*) gestellten Pflanze um eine aufgrund ihrer epiphytischen Lebensweise stark reduzierte Form einer wesentlich jüngeren Gefäßsporenpflanze handelt. Im ersten Falle wäre *Psilotum* ein Lebendes Fossil mit uralter Vergangenheit, im zweiten wahrscheinlicheren Fall läge lediglich eine analoge Ähnlichkeit vor.

Lediglich Vermutungen kann man zur Entwicklung der Moose (*Bryophyta*) anstellen. Sehr früh dürften sich aber die drei Äste der Hornmoose (*Anthocerotales*), Lebermoose (*Hepaticae*) und Laubmoose (*Musci*) aufgespalten haben. Infolge der spärlichen Fossilfunde kann aber nicht beurteilt werden, ob sich die Moose von ersten Rhynia-ähnlichen Kormophyten ableiten oder ob sie sich aus einer Grünalgengruppe entwickelten. Im letzteren Fall hätten sie als zweite Landpflanzengruppe eine Parallelevolution zu den Kormophyten durchlaufen. Die ältesten bekannten fossilen Moose aus dem Oberkarbon gehören zu den Lebermoosen.

Echte Lebende Fossilien unter den Moosen sind nicht bekannt, wenn auch die besonders ursprünglichen Hornmoose gegenwärtig nur mit einem einzigen Taxon vorkommen und damit eine echte Reliktgruppe darstellen.

Als die notwendigen Anpassungen für den Übergang an Land durch die Urfarne vollzogen waren, kam es bei den Farnen (*Pteridophyta*) zu einer adaptiven Radiation. Verfestigte Sprosse mit einem leistungsfähigen Wasserleitungssystem, echte Wurzeln und Blätter mit Spaltöffnungen und Festigungsgewebe ermöglichten ihnen eine Größenzunahme und eine aufrechte Form. Die Steinkohlenzeit, das Karbon, war ein erster Höhepunkt in der Evolution der Farne. Die eigentlichen Farne (*Pterophytina*) bildeten zusammen mit den Bärlappgewächsen (*Lycophytina*) und den Schachtelhalmen (*Sphenophytina*) mächtige Sumpfwälder. Schuppenbäume (*Lepidodendron*) wurden 35 Meter hoch und besaßen einen Stammdurchmesser bis zu zwei Metern. Ihr Gefäßsystem war verglichen mit den erdgeschichtlich jüngeren Bäumen wenig leistungsfähig. Als zu Beginn des Perms das Klima arider wurde und die Karbonsümpfe austrockneten, starben die Schuppenbäume aus.

Mit Ausnahme der eigentlichen Farne in den tropischen Nebelwäldern, wo es heute noch Baumfarne gibt, sind die übrigen Vertreter der Farnpflanzen lediglich krautige Reliktformen der jetztzeitigen Flora.

Für den weiteren Verlauf der Evolution der Landpflanzen ist das Fortpflanzungsgeschehen bei den Farnen von Bedeutung. Sie besitzen einen Entwicklungszyklus, den man Generationswechsel nennt. Dabei wechselt immer eine geschlechtliche Generation, der Gametophyt, mit einer ungeschlechtlichen Generation, dem Sporophyten, ab: Eine haploide (also mit einfachem Chromosomensatz versehene) Farnspore keimt zu einem herzförmigen, ebenfalls haploiden Gametophyten heran. Dieser bildet männliche und weibliche Geschlechtsorgane. Die begeißelten männlichen Spermatozoiden schwimmen in einem Wassertropfen zu den Eizel-

Abb. 77: Mehrere Arten des Samenfarns *Callipteris* sind im europäischen Rotliegenden bedeutende stratigraphische Leitformen.

len. Nach der Befruchtung entsteht auf dem Gametophyten die Zygote, die zu einem diploiden (mit doppeltem Chromosomensatz versehenen) Sporophyten heranwächst. In den Sporangien entstehen durch Meiose die haploiden Farnsporen.

Die Entstehung der Blüte gehört zu den wichtigsten Vorgängen in der Geschichte der Landpflanzen. Vielfach wird der Begriff Blütenpflanzen (*Anthophyta*) und Samenpflanzen (*Spermatophyta*) synonym verwendet. Da aber einige höher entwickelte Farne ebenfalls Blüten bilden, sollte der Ausdruck Blütenpflanze vermieden und ausschließlich von Samenpflanzen geredet werden.

Bei den Samenpflanzen ist der Gametophyt gegenüber dem Sporophyt stark reduziert. Der Pollen, der die männliche Keimzelle enthält, wird durch Wind oder Tiere auf die weiblichen Blüten übertragen. Die Entwicklung des Pollens macht die Befruchtung der Samenpflanzen unabhängig vom Wasser. Die Zygote und der daraus heranreifende Embryo wird von der Mutterpflanze versorgt, bis er als fertiger Samen freigesetzt wird. Mit Reservestoffen und einer schützenden Samenhülle ausgestattet, kann er Trockenheit, Kälte und anderen ungünstigen Bedingungen widerstehen. Die Verbreitung durch Wind, Tiere oder Wasser bringt ihn weit von der Elternpflanze weg. Als Schutz vor Selbstbestäubung reifen Stempel und Staubgefäße zu unterschiedlicher Zeit oder die Blüten sind getrenntgeschlechtlich.

Bereits vor 100 Millionen Jahren zur Kreidezeit existierten 50 Familien von Samenpflanzen. Ohne sie wäre die Entwicklung des Lebens auf der Erde völlig anders verlaufen, bilden doch vor allem die Samenpflanzen direkt oder indirekt die Nahrungsgrundlage für die meisten Tiere.

Nacktsamer (*Gymnospermae*) sind Samenpflanzen, deren Samenanlagen offen auf einem Fruchtblatt liegen. Diese werden auf der Fruchtschuppe durch den Wind mit männlichen Pollen bestäubt. Nacktsamer, zu denen die meisten im Buch aufgeführten lebenden Pflanzenfossilien gehören, sind mit Ausnahme der ausgestorbenen *Bennettitales* eingeschlechtlich. Der weibliche Zapfen besteht in den meisten Fällen aus vielen Schuppen, die jeweils zwei Samenanlagen tragen. Die männlichen Pollen gelangen mit dem Wind auf den weiblichen Zapfen und bilden einen Pollenschlauch zur Samenanlage. Dort findet die Befruchtung der Eizelle statt.

Nacktsamer erscheinen erstmals gegen Ende des Karbons und entfalten sich im Erdmittelalter zur beherrschenden Landflora. Noch heute sind die borealen Regenwälder am Rande der Arktis fast ausschließlich von nacktsamigen Nadelbäumen bestanden.

Bedecktsamer (*Angiospermae*) sind Samenpflanzen, deren Samen in einer Frucht eingeschlossen sind. Im Gegensatz zu der offen daliegenden Eizelle der Nacktsamer umhüllen bei den Bedecktsamern Fruchtblätter die Samenanlage. Die Eizelle ist im Fruchtknoten verborgen. Der männliche Spermakern kann nur über Narbe und Griffel zur Eizelle gelangen.

Die ursprüngliche Windbestäubung ist unsicher und energetisch verschwenderisch, da sie ungeheure Pollenmengen erfordert. Bei den meisten Arten der Bedecktsamer transportieren Insekten und andere Tiere die Pollen zu den weiblichen Geschlechtsorganen. Bunte Kronblätter und andere teilweise recht komplizierte Bestäubungsmechanismen dienen der Anlockung der Bestäuber. Die Staubblätter bilden in einer endständigen Verdickung die Pollen. Die Fruchtblätter, auch Stempel genannt, besitzen an der Spitze eine klebrige Narbe. Der Griffel verbindet Narbe und Fruchtknoten, der die Samenanlage umschließt. Ist ein Pollen auf die Narbe gelangt, wächst ein Pollenschlauch zur Samenanlage, der den Spermakern zur Eizelle befördert. Der heranreifende Samen ist im Fruchtknoten vor Austrocknung, Pilzinfektion und Insektenfraß geschützt. Der reife Samen besteht aus einem Embryo und einem stärkehaltigen Nahrungsspeicher, der von einer Samenschale umgeben ist. So ausgerüstet kann der Samen überdauern, bis die Bedingungen für das Keimen günstig sind. Vielfach lockt das Fruchtfleisch Tiere an, die zur Verbreitung des Samens beitragen. Die Bildung von Samen und Frucht bedeuteten einen erheblicher Selektionsvorteil, so dass heute die Bedecktsamer die artenreichste Pflanzengruppe überhaupt sind, die man in so gut wie allen Lebensräumen der Erde findet.

Erste sichere Funde von Bedecktsamern stammen aus der Unterkreide. Heute machen sie rund 90 Prozent der 500 000 bekannten Pflanzenarten aus. Ihre Blüten zeigen eine Formenfülle, die keine andere Pflanzengruppe während der gesamten Erdgeschichte jemals erreicht hat.

Unter den Bedecktsamern gehört die Südbuche (vergleiche Kapitel 2) ganz sicher zu den Lebenden Fossilien. Ursprüngliche Bedecktsamer mit einer im System isolierten Stellung sind unter den Einkeimblättrigen auch die Schraubenpalmen (*Pandanaceae*) und unter den Zweikeimblättrigen die Proteagewächse (*Proteaceae*), die als ehemalige Gondwanapflanzen noch heute auf die südliche Hemisphäre beschränkt sind. Da von beiden Familien aber zahlreiche Arten bekannt sind, sind sie trotz ihres hohen erdgeschichtlichen Alters sicher keine Lebenden Fossilien im engeren Sinne.

Die Emanzipation vom Wasser während der Geschichte der Landpflanzenevolution spiegelt sich zum einen im vegetativen Bereich wider, wo die Effektivität der Wasserleitgefäße und der Verdunstungsschutz immer mehr gesteigert wurde, zum anderen aber auch im Fortpflanzungsverhalten, wie die vergleichende Betrachtung der systematischen Gruppen der Landpflanzen zeigt. Eine erste Lösung war die Entwicklung von Sporen als ungeschlechtliche Vermehrungskörper, die vom Wind weit verbreitet werden und widerstandsfähig gegen Austrocknung sind. Der feuchteliebende Gametophyt wird immer besser geschützt und schließlich ganz in das Gewebe des Sporophyten eingeschlossen. Er verliert dadurch seine Selbstständigkeit und wird ernährungsphysiologisch vollständig vom Sporophyten abhängig, andererseits gestattet diese Entwicklung den Pflanzen ein Wachstum in immer trockeneren Gebieten. Bei den Moosen ist der Gametophyt noch der dominante Partner. Der Sporophyt wächst unselbstständig auf dem Gametophyten, der eigentlichen grünen Moospflanze. Bei den meisten Farnpflanzen sind Sporophyt und Gametophyt getrennt, wobei der Sporophyt den dominanten Partner darstellt und der Gametophyt auf den Vorkeim beschränkt bleibt. Die Samenpflanzen letztendlich schließen den Gametophyt als Prothallienrest aus wenigen Zellen in das Pollenkorn und die Samenanlage ein.

Abb. 78: Die meisten Vertreter der Moosfarne bilden niederliegende unscheinbare Bodengewächse. Einige Arten wie *Selaginella martensii* aus Mexiko werden als schattenvertragende anspruchslose Zierpflanzen häufig kultiviert.

Der lange Weg zur Blütenpflanze

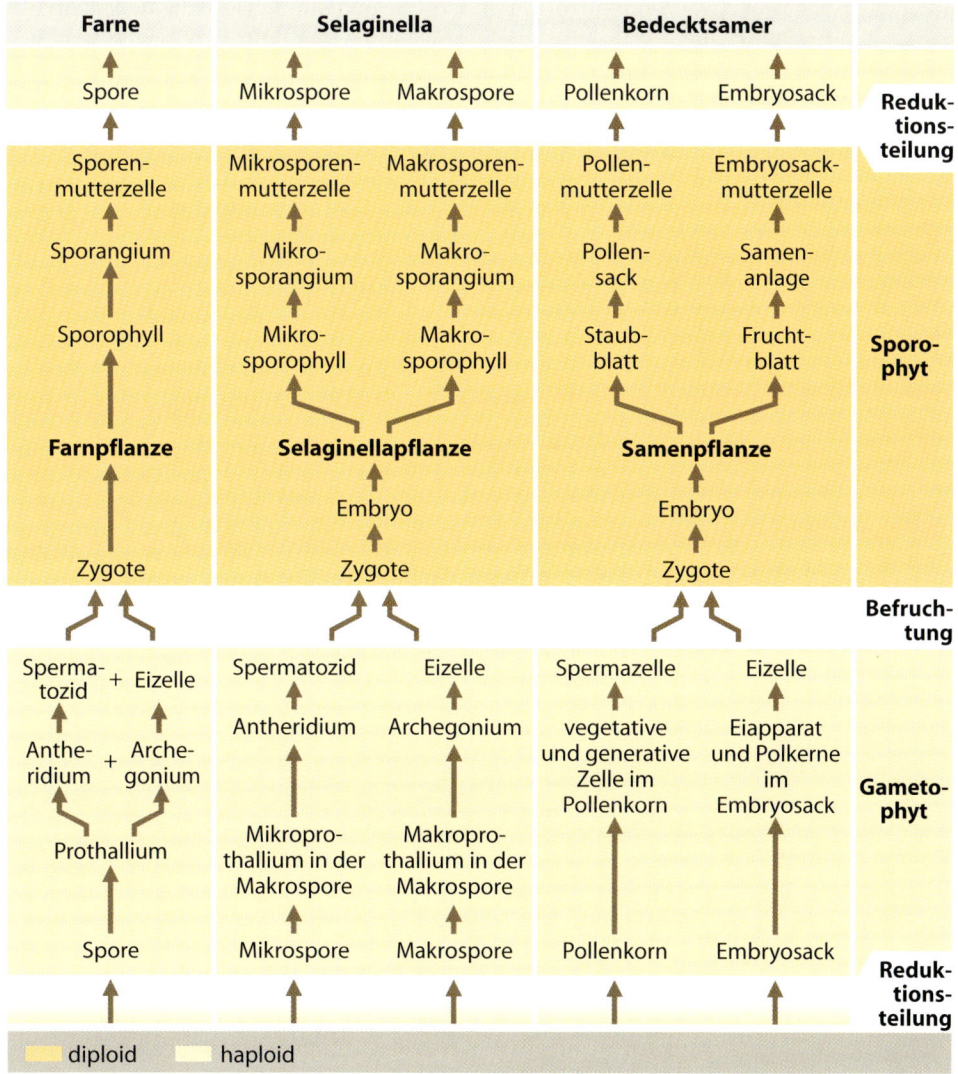

Abb. 79: Generations- und Kernphasenwechsel bei Farnen, Selaginella und Bedecktsamern im Vergleich.

In der Gestalt kaum verändert seit der Steinkohlenzeit haben sich die Moosfarnartigen (*Selaginellales*) [Abb. 78], eine Gruppe der Bärlapp-Farnpflanzen (*Lycopodiales*). Von den rund 700 Arten, die vor allem in den Tropen verbreitet sind, sind in Mitteleuropa nur der Gezähnte Moosfarn (*Selaginella selaginoides*) und der Schweizer Moosfarn (*Selaginella helvetica*) heimisch. Wie alle Farnpflanzen bilden sie Sporen als mikroskopisch kleine Fortpflanzungszellen, die in den Generationswechsel eingebunden sind. Dabei bilden sich aber beim Moosfarn an ährenartigen Sporophyllständen unterschiedlich große Sporenbehälter. Die Mikrosporangien bilden Hunderte von Mikrosporen, die Makrosporangien wenige Makrosporen. Die Großsporen wachsen zu weiblichen Vorkeimen heran, die nur Archegonien tragen. Aus den Mikrosporen entwickeln sich männliche Vorkeime mit Antheridien (den männlichen Geschlechtsorganen). Der männliche Gametophyt (die Geschlechtszellen-bildende Generation) keimt vollständig in der Mikrospore und besteht nur noch aus wenigen Zellen. Aus der haploiden Makrospore wird zwar noch ein zellreiches Makroprothalium und bildet das weibliche Archegonium mit der Eizelle, aber als selbstständiges Individuum kann auch der weibliche Gametophyt nicht mehr bezeichnet werden.

Die Differenzierung in männlich determinierte Mikrosporen und weibliche Makrosporen kann als Übergang zur Bildung von Samen betrachtet werden. Wenn die Moosfarne schon keine Übergangsformen zu den Samenpflanzen sind und wegen ihrer großen Artenzahl und der weltweiten Verbreitung streng genommen auch nicht als Lebende Fossilien gelten können, zeigen sie doch modellhaft den Zusammenhang zwischen Heterosporie und Samenbildung.

Palmfarne (*Cycadales*) bringen ihre männlichen und weiblichen Zapfen auf getrennten Pflanzen hervor (siehe Kapitel 2). Bei ihnen wachsen die bei beiden Geschlechtern stark reduzierten Gametophyten aus den Sporen direkt in den weiblichen und männlichen Zapfen des Sporophyten. Während die Bärlappe zur Befruchtung noch auf freies Wasser angewiesen sind, haben die Palmfarne dieses Problem anderweitig gelöst. Die Samenanlage scheidet ein Flüssigkeitströpfchen aus, in dem die herangewehten Mikrosporen hängen bleiben. Beim Eintrocknen werden sie dann in eine Pollenkammer eingesogen, wo frei bewegliche Spermatozoide ausschlüpfen, die zur Eizelle hinschwimmen.

Beim ebenfalls getrenntgeschlechtlichen Ginkgobaum tragen die zapfenähnlichen männlichen Blüten zahlreiche Staubblätter, während der weibliche Baum statt Zapfen gestielte Blüten bildet. Die Samen sind fleischig umhüllt. Hier liegt also schon bei einem stammesgeschichtlich sehr alten Vertreter der Nacktsamer die Verbreitung durch Tiere vor, die später bei den Bedecktsamern so wichtig wurde.

Den ursprünglichen Bedecktsamern, die sich zwischen Jura und Kreide vor rund 135 Millionen Jahren aus Nacktsamern entwickelten, könnten in der rezenten Flora die Magnolien und ihre Verwandten (*Magnoliaceae*) am nächsten stehen. Die Hüll-, Staub- und Fruchtblätter der Magnolienblüte bilden eine spiralig eng gewundene Blütenachse, die an einen Zapfen erinnert. Die Staubblätter sehen aus wie schmale Blätter mit vier seitlich liegenden Sporangien, die Fruchtblätter sind zapfenartig angeordnet. Nach der Bestäubung wächst eine Sammelfrucht heran, die die Samen enthält.

Denkbar ist aber auch, dass die ursprünglichen Bedecktsamer noch gar keine Spezialanpassungen an die Tierbestäubung ausbildeten, wie dies bei den Blütenhüllblättern der Magnolien zweifellos der Fall ist, sondern dass sie lediglich unscheinbare einfache Zwitterblüten besaßen.

Auch wenn zahlreiche Fossilfunde aus der Kreidezeit ein hohes erdgeschichtliches Alter belegen und die Magnolien im wärmeren Tertiär die gesamte nördliche Hemisphäre besiedelten gegenüber einem heute nur noch reliktären Vorkommen, sind sie für uns eher als modellhafte Mosaikformen mit sehr ursprünglichem Blütenbau interessant, denn als echte Lebende Fossilien.

Die Letzten ihrer Art 9

Abb. 80: Bevorzugter Lebensraum des Wisents sind Laubmischwälder mit feuchten Lichtungen. In ihrer Nahrungswahl sind die Tiere sehr anpassungsfähig. Ihr Speisezettel reicht von Gräsern über Laub und Asttrieben bis zu Rinden und Flechten. Notfalls können sie mit ihren Klauen 30 Zentimeter tief nach Wurzeln graben.

Die Wildnis der Wisente

Ein letztes Relikt des Urwaldes, der vor Jahrtausenden Europa vom Atlantik bis zum Ural bedeckte, ist der Nationalpark von Białowieza im Nordosten Polens. Für wild lebende Wölfe, scheue Waldstörche und die einzelgängerischen Luchse sowie für mehr als 3500 Pflanzenarten ist der Wald heute eine hoffentlich bleibende sichere Zufluchtsstätte. Aus dem benachbarten Weißrussland kommen immer öfter Elche als vorübergehende Gäste, während sich der aus Japan eingebürgerte Marderhund längst heimisch gemacht hat. Der Wisent (*Bison bonasus*), Europas größtes Säugetier, findet im sumpfigen Urwalddickicht im Sommer reichlich Nahrung, während in den frostharten Wintern dichter Schnee das meiste Grün unerreichbar macht.

Ein richtiger Urwald ist aber auch der Wald von Białowieza nicht mehr. Das spärliche Totholz am Boden zeugt davon, dass nicht alle Baumriesen eines natürlichen Todes gestorben sind. Trittsiegel von Hirschen und anderem Schalenwild verdeutlichen, dass diese aus den intensiv bewirtschafteten Forsten ringsum in den Wald eindringen und den natürlichen Baumnachwuchs verbeißen. Ausgedehnte Brennnessel-Bestände werden durch die stickstoffhaltige Luft aus den polnischen Industrierevieren gedüngt. Im Verlauf der letzten Jahrhunderte hat sich der Biotop um Białowieza so immer wieder verändert, doch seit er auf die Liste der „World Heritage Sites", der Stätten des Welt-Naturerbes, gesetzt wurde, besteht die begründete Hoffnung, dass der Urwald als solcher erhalten bleibt.

Heute versteht man unter einer Art eine Fortpflanzungsgemeinschaft von Individuen mit gemeinsamem Genpool. Diese Individuen brauchen als offene Systeme eine Umwelt, mit der sie Energie und Stoffe austauschen. Diese Umwelt umfasst Lebensgemeinschaft und Lebensraum und wird als Ökosystem bezeichnet. Ökosysteme sind wie Arten zeitabhängig und durchlaufen eine Entwicklung, die für eine gewisse Zeit in einem weitgehend stabilen Endstadium mündet. Sieht man die Verbindungen zwischen den Lebewesen und ihrer

Umgebung besonders eng wie dies die Anhänger der Gaia-Hypothese tun, kann man auch Ökosysteme gewissermaßen als große Organismen betrachten. Auch unter Ökosystemen gibt es erdgeschichtlich alte Formen und solche, die nur noch als letzte Relikte gewissermaßen als Lebende Fossilien überlebt haben. Der Urwald von Białowieza ist ein solches Relikt einschließlich vieler Arten, die die Lebensgemeinschaft dieses Ökosystems bilden. Für den Rückgang der einzelnen Arten wie des gesamten Waldes ist der Mensch verantwortlich, der wie alle anderen Organismen ein Teil der Biosphäre ist.

Insgesamt noch 66 Wisente lebten 1924 auf der Erde. In der freien Wildbahn hatte die Art aufgehört zu existieren, nachdem 1919 im Urwald von Białowieza und 1927 im Kaukasus die beiden letzten Populationen ausgerottet wurden. Die ursprüngliche Ursache des Aussterbens der Wisente von Białowieza (*Bison bonasus bonasus*) war das Verschwinden ihrer Futterbasis. Zu sehr wurde das Rotwild für die Jagden des Zaren gehegt. Für die Unterart im Kaukasus (*Bison bonasus caucasicus*) wurden das konkurrierende Weidevieh und dessen Krankheiten zum Verhängnis.

Ursprünglich in ganz Europa bis zum Ural zu Hause, verschwand, beginnend im Westen, eine Wisent-Population nach der anderen. In England waren sie schon im 11. Jahrhundert ausgerottet, in Frankreich 300 Jahre später. Im 19. Jahrhundert gelangten Wisente aus Białowieza als Geschenk des russischen Zaren in die zoologischen Gärten von London, Berlin, Schönbrunn und anderer Länder. Für den Fortbestand der Art waren diese verschickten Tiere von schicksalhafter Bedeutung. Im August 1923 wurde eine internationale Gesellschaft zum Schutz des Wisents mit Sitz in Frankfurt gegründet. Die ursprünglichen Ziele, Vermehrung in Tiergärten und Zuchtreservaten, Förderung der Ausbreitung in Gehegen und schließlich die Freilassung in großen Waldgebieten, sind auch heute noch aktuell.

Die Vermehrung eines Tierbestandes, der nur in Tiergärten bestehen blieb, erlaubt es nicht, einen hohen Grad an Inzucht zu vermeiden. Bis jetzt konnten letale Faktoren aber vermieden werden, wenn auch die Inzucht beispielsweise das Wachstum des Skeletts depressiv beeinflusst. Über 3500 Wisente gibt es inzwischen wieder auf der Erde. Sie alle stammen aber von lediglich zwölf Gründerindividuen ab, von fünf männlichen und sieben weiblichen Tieren. Langsamer als die biologische Vermehrungsrate nimmt die Anzahl der Zuchtstätten und der geeigneten Freilandgebiete zu. Im Białowieza-Wald ist die Zahl mit etwa 250 Wisenten gegenwärtig konstant, obwohl jedes Jahr Tiere für Umsiedlungen und wissenschaftliche Zwecke entnommen werden.

Über 80 Prozent aller Wisente leben in den fünf Ländern Deutschland, Polen, Ukraine, Weißrussland und Russland. Davon steht mehr als die Hälfte der Tiere in freien und halbfreien Populationen, wobei kleine Herden mit rund 50 Mitgliedern überwiegen. Einer der jüngeren Wiederansiedlungsversuche wurde 1993 im französischen Zentralmassiv unternommen.

In Freiheit gezüchtet sind die Wisente durchaus in der Lage, selbst für ihre Nahrung zu sorgen. Als Tag- und Nachttiere ziehen sie langsam umher und fressen bevorzugt in den Morgen-, Mittags- und Abendstunden. Wo sie allerdings wie im Wald von Białowieza im Winter zusätzlich mit Heu versorgt werden, lernen die Tiere schnell, sich nicht mehr allzu weit von den Futterstellen zu entfernen, sondern nur noch auf ausgetretenen Pfaden zwischen den einzelnen Krippen hin und her zu wandern.

Sie ernähren sich vorwiegend von Gräsern und Kräutern der Waldboden- und Wiesenvegetation. Dazu kommen Knospen, Blätter und Rinde von Bäumen und Sträuchern sowie

Moose, Flechten und Pilze. 60 Kilogramm frisches Pflanzenfutter brauchen die Wiederkäuer am Tag. Um ausgewogen zu sein, muss es aus rund 200 verschiedenen Pflanzenarten bestehen. Damit wird verständlich, dass nur wenige Gebiete als Lebensraum für den Wisent in Frage kommen, in denen es ein solch reichhaltiges und verschiedenartiges Futter gibt.

Als Waldtier setzt sich der Wisent nicht lange dem vollen Sonnenlicht aus. Er bevorzugt unterholzreiche Mischwälder, wobei er im Sommer eher die sumpfigen Areale aufsucht, im Winter mehr die trockeneren Bereiche.

Männchen bilden kleine Männergruppen zwischen zwei und sieben Tieren, sofern sie nicht als Einzelgänger unterwegs sind. Starke Stiere erreichen ein Gewicht von 600 bis 900 Kilogramm, besonders große wiegen sogar eine Tonne. Die Kühe sind mit 350 bis 540 Kilogramm deutlich kleiner und leichter gebaut.

Während der Paarungszeit im August und September kommt es nur selten zu ernsthaften Kämpfen zwischen den Bullen. Jüngere Bullen werden von den älteren rasch vertrieben, wenn sie sich in die Werbung um die Kühe einmischen.

Außerhalb der Brunftzeit bilden Kühe, Kälber und Jungbullen kleinere Muttergruppen, in denen eine erfahrene Kuh im Alter zwischen acht und fünfzehn Jahren die ranghöchste Stellung innehat. Tragende Kühe trennen sich zur Geburt von der Herde und ziehen sich in dichtere Reviere zurück. Einige Tage nach dem Setzen des Jungtieres kehren sie zu ihrer Gruppe heim.

Mit Einbruch des Winters vereinigen sich die verschiedenen Gruppen mit einzelnen Bullen zu Herden von 80 bis 100 Tieren.

Aus pleistozänen Torf- und Schlickschichten des östlichen Mitteleuropas kennt man zahlreiche, zum Teil riesige Wisentschädel mit weit ausladenden Hörnern. Sie stammen vom langhaarigen Wisent (*Bison priscus*), den man zunächst für den unmittelbaren Vorfahren des heutigen Wisent ansah. Inzwischen neigt man aber zu der Meinung, dass zum Ende der letzten Eiszeit der langhaarige Wisent zusammen mit dem Wollnashorn, Mammut und Höhlenbär ausstarb, und sieht in einer Seitenlinie, dem *Bison schoefensacki*, den direkten Vorfahren der rezenten Wisente.

Ebenfalls im letzten Augenblick gerettet wurde der nächste Verwandte des Wisents, der nordamerikanische Bison (*Bison bison*). Vom europäischen Wisent unterscheidet sich der Präriebüffel durch seinen niedrig getragenen Schädel und den üppig behaarten massigen Vorderkörper. Mit den echten Büffeln in Afrika ist der Bison nur sehr entfernt verwandt.

In kurzer Zeit reduzierten schießwütige Jäger wie der zu Unrecht legendäre Buffalo Bill die Bestände von ehemals 70 Millionen auf 1000 Tiere. Bisonfleisch war begehrt bei Forschern, Militärs und Eisenbahnbauern. Allein wegen ihres Fleisches wären die Tiere aber nicht an den Abgrund der Ausrottung gelangt. Es waren so genannte Sportschützen sowie die Bisonzungen- und Fellhändler, die ein unvorstellbares Blutbad anrichteten.

Über die eiszeitliche Landbrücke zwischen Sibirien und Alaska zogen die Bisons einst von ihrer süd- und ostasiatischen Heimat in die Neue Welt und mit ihnen kamen sibirische Jäger, die Vorfahren der nordamerikanischen Indianer. Die großen Wiederkäuer weideten in den Graslandschaften der Great Plains ebenso wie in den Wäldern der Rocky Mountains – von Alaska bis Texas, von den Rockies über den Mississippi bis zur Ostküste des Kontinents. Erst am Río Grande erreichten sie ihre südliche Grenze. Die mexikanische Kaktuswüste ist ebenso wenig Büffelland wie die Regenwälder Mittelamerikas.

Inzwischen gibt es wieder 250 000 Bisons in Nordamerika. Nur die wenigsten grasen in den inselhaft verstreuten Schutzgebieten, viel mehr leben auf einer der über 2000 Bison-Ranches unter nahezu natürlichen Bedingungen. Bisons als Geldquelle machen sich bezahlt: Ihr Fleisch gilt wieder als Delikatesse, Touristen schätzen die Tiere als interessantes Fotomotiv und für rund 4000 Dollar dürfen mancherorts Ranch-Bisons erneut gejagt werden.

Für immer verschwunden ist der Ur- oder Auerochse (*Bos primigenius*), die Stammform aller Hausrinder. Sein einstiges Verbreitungsgebiet umfasste nahezu ganz Europa, weite Teile Asiens und Nordafrika. Bei einem so großen Areal ist es nahe liegend, dass manche Forscher von mehreren Arten ausgehen. Vom Aussehen des europäischen Ures geben spätpaläolithische Steingravuren und Höhlenmalereien in Südwestfrankreich und Nordostspanien ein eindrucksvolles Zeugnis. Unübertroffen sind die Darstellungen in der Rotunde der Höhle von Lascaux, der „Halle der Stiere". Die Bilder sind nicht nur nahezu naturgetreu, sondern abstrahieren schon die Kraft und Eleganz dieser Tiere und zeugen vom Respekt unserer Vorfahren ihnen gegenüber. Nimmt man schließlich Angaben aus mittelalterlichen Schriftquellen hinzu, ergibt sich folgendes Bild vom Ur: Die hochbeinigen Tiere hatten einen geraden lang gestreckten Rücken. Das kurze und glatte Fell der Stiere war schwarzbraun gefärbt, das der Kühe braunrot. Die fast armdicken weißgrauen Hörner waren an der Spitze schwarz gefärbt und nahmen eine lyraförmige Stellung ein. Auffällig war der Geschlechtsdimorphismus beim Ur, wobei die Stiere mit einer Schulterhöhe von 1,80 Metern deutlich größer waren als die Kühe mit 1,50 Metern. Die Tiere lebten in Herden bevorzugt in offenen parkartigen Landschaften.

Siedlungstätigkeit und starke Bejagung führten zu ihrer schrittweisen Ausrottung in Europa. Der letzte Ur starb 1627 in einem Wildgatter in Polen. In Asien waren sie schon in frühgeschichtlicher Zeit verschwunden und in Ägypten findet man sie letztmals auf Bildern des Alten Reiches.

Abb. 81: Äußerlich nicht mehr sehr verschieden von seinem Vorfahren ist dieser rückgezüchtete Auerochse auf einer Weide im oberbayerischen Alpenvorland.

Blut vom schottischen Hochlandrind ebenso wie vom andalusischen Kampfrind fließt in den modernen Plagiaten des Ures. Vor dem Zweiten Weltkrieg unternahmen die Brüder Heck im Berliner und Münchner Zoo das Experiment, den Ur auf züchterischem Weg aus verschiedenen Hausrindrassen wieder entstehen zu lassen und auch in den letzten Jahren wurden immer wieder Versuche zur „Rückkreuzung" des Ures durchgeführt [Abb. 81]. Dabei werden alte Hausrindrassen gepaart, um das versprengte Erbmaterial wieder zusammenzuführen. Zwar schlagen bei den Hybriden verschiedene ursprüngliche Merkmale wie Färbung, Hornschwung, Körperbau oder Aalstrich am Rücken immer wieder durch, aber in einem vereinigt sind bisher nie alle Ur-Merkmale. So variieren die Tiere in ihrem äußeren Erscheinungsbild beträchtlich und sicher nicht weniger in ihrer genetischen Ausstattung. Die Tiere sind nach wie vor Haustiere. Eine einmal ausgestorbene Art ist auch durch züchterische Rückkreuzung nicht wieder herstellbar, sondern bleibt unwiederbringlich verloren.

Rückschlüsse auf das soziale Verhalten des Auerochsen lassen die Untersuchungen an einer halbwild lebenden Herde im Neandertal bei Düsseldorf zu. Deutlich zeigt sich dabei eine Dominanz des Bullen sowie eine gewisse Vormachtstellung der Leitkuh. Rangniedere Kühe können ihren Status durch psychische Stärke und Beziehungen zu ranghöheren Mitgliedern der Herde verbessern. Fächerförmig breiten sich die Tiere beim Weiden aus, ziehen sich dann aber zur Ruhe wieder dicht zusammen. Die eng verflochtene Sozialstruktur war sicher ein Grund für die Domestikation der Ure, was bei Wisent oder Hirsch nie möglich wurde.

Frei lebende echte Wildpferde, die einst neben Mammut und Wollnashorn die eiszeitlichen Steppen und Tundren in ganz Eurasien durchstreiften, gibt es heute in Europa nirgendwo. Die polnischen Koniks werden manchmal nicht ganz korrekt als Tarpane bezeichnet. Der Tarpan (*Equus silvestris*) war ein Waldpferd, das noch bis Ende des 18. Jahrhunderts in Ostpreußen, Litauen und Masuren anzutreffen war. Die letzten lebenden Wildpferde wurden in der Nähe des Białowieża-Urwaldes gefangen und in einem Wildpark gehalten. Schließlich wurde diese Herde aufgelöst und man verschenkte die Tiere an die Bauern der Umgebung. Sie kreuzten die Tarpane mit ihren anspruchslosen ursprünglichen Hauspferden. Daraus entstanden die Koniks, die durch eine große Ausdauer und Anspruchslosigkeit in Bezug auf das Futter bei gleichzeitiger hoher Fertilität auffallen.

Bei Experimenten zur Rückzüchtung von wilden Tarpanen aus Koniks wurde besonders auf Eigenschaften geachtet, die als Anzeichen für Verwilderung gelten. Das sind beispielsweise das Auftreten einer kurzen stehenden Mähne, ein ausgeprägter dunkler Aalstrich, der vom Schweif über den Rücken bis zur Mähne verläuft, die periodische Aufhellung des Fells im Winter sowie ein ausgeprägter Herdentrieb.

Das Eingreifen des Menschen auf das Leben der Koniks [Abb. 82] wird im Reservat von Popielno auf ein Minimum beschränkt. Den Tages- und Jahresrhythmus ihrer Aktivitäten entscheiden die Tiere selbst. Vor den eiskalten Winterstürmen suchen sie in bewaldeten Talkesseln Unterschlupf. Rund 70 Prozent ihrer Zeit verbringen sie mit dem Grasen auf Waldlichtungen und Wiesen. Im Vorfrühling ist ihre körperliche Verfassung meist schlecht, verbessert sich aber im Laufe des Sommers.

Die Konikherde mit bis zu zehn Mutterstuten und deren Nachkommen wird von einem Leithengst geführt. Immer wieder treibt er seine Stuten zur Herde zurück, sobald sie sich etwas entfernt haben. Junghengste verlassen im Alter von eineinhalb

Abb. 82: Die Koniks im polnischen Reservat von Popielno sind ganzjährig im Freien. Die hängende Mähne zeigt, dass sie aber keine echten Wildtarpane mehr sind.

bis drei Jahren die Mutterherde, freiwillig oder vom Vater gezwungen. Zeitweilig leben sie dann in Junggesellengruppen, bis sie sich stark genug fühlen, eine eigene Herde zu bilden. Dazu versuchen sie, Stuten aus anderen Herden zu übernehmen oder einen Leithengst im Kampf zu besiegen. Erwachsene Stuten verlassen die Herde nur ausnahmsweise. Die Jungstuten dagegen werden im Alter von ein bis zwei Jahren vom Vater vertrieben oder zumindest nicht gedeckt.

Auch unter den Stuten herrscht eine Rangordnung, was deutlich wird, wenn die Herde gleichzeitig um eine Salzleckstelle oder eine begrenzte Futterstelle konkurriert. Meist reichen Drohgebärden wie Anlegen der Ohren und schnelle Bewegungen in Richtung der untergeordneten Stute zur Aufrechterhaltung der Rangordnung aus. Heftige Angriffe oder gar Kämpfe mit Beißen und Auskeilen sind sehr selten.

Der ursprünglichste Vertreter der Gattung *Equus* ist das Przewalskipferd (*Equus przewalskii*) [Abb. 83], das im Gegensatz zum Tarpan in seiner Urform überlebt hat. Sein gedrungener Körper mit kaum 1,40 Meter Schulterhöhe lässt es fast wie ein Pony aussehen. Die Stehmähne, der isabellfarbene Aalstrich auf dem Rücken und die mehlweiße Schnauze kennzeichnen es aber als Wildpferd. Äußerlich nicht zu sehen ist, dass Przewalskipferde ein größeres Gehirn als Hauspferde haben und 66 statt 64 Chromosomen.

Welche Rolle dieses östliche Steppenwildpferd bei der Entstehung des domestizierten Pferdes gespielt hat, ist umstritten. Viele sehen in ihm den alleinigen Vorfahren unserer Hauspferde. Weniger umstritten ist, dass wohl auch die letzten frei lebenden Przewalskipferde verschwunden sind. Sie wurden von den mongolischen Nomaden, die mit ihrem Vieh in die letzten Rückzugsgebiete der scheuen Einhufer zogen, regelrecht verdrängt. Die Haustiere besetzten die Weidegebiete ebenso wie die wenigen offenen Wasserstellen. Zwei bis höchstens vier Tage ohne Trinken bedeutet für die Pferde aber den Tod. Die mehr an die trockene Halbwüste angepassten mongolischen Halbesel dagegen konnten bis heute überleben.

Abb. 83: Im Gegensatz zu ihren teilweise sehr unterschiedlichen Nachkommen zeigen die Przewalski-Pferde recht einheitliche Merkmale: Die kleinen gedrungenen Urwildpferde besitzen alle eine weißliche Mehlschnauze, einen über den Rücken verlaufenden Aalstrich und eine stehende schwarze Mähne.

Zwanzig Jahre nach ihrer Entdeckung im Jahre 1899 kamen die ersten Tiere in Gefangenschaft, wo sie in Zoos und Tiergärten stark vermehrt wurden. Allerdings stammen alle heute lebenden Urwildpferde von nur 13 Gründertieren ab, wie aus dem Internationalen Zuchtbuch in Prag hervorgeht, wo die Lebensdaten aller Przewalskipferde eingetragen sind. Im Rahmen des Europäischen Erhaltungszuchtprogramms (EEP) koordiniert der Kölner Zoo die Weiterzucht des europäischen Bestandes, um negative Folgen der Inzucht möglichst zu unterdrücken.

Mehr als eineinhalbtausend Przewalskipferde gibt es inzwischen in Gefangenschaft, so dass die Aufnahmefähigkeit von Zoos und Reservaten bald erschöpft ist. Da ein Zuchtstopp eher unpopulär ist, denkt man auch an eine mögliche Auswilderung. Ob man die Tiere wieder zurück in die Freiheit der Steppen Asiens entlassen soll, wird unter den Experten ebenso diskutiert wie die Frage, wie eine mögliche Wiedereinbürgerung am besten zu machen sei. Viele halten die gegenwärtigen Bedingungen in der Mongolei und China nicht für ausreichend und die ehemaligen Ausrottungsgründe noch nicht für beseitigt. Die Zahl der unbeaufsichtigten Haustiere ist dort ständig gestiegen und es besteht die Sorge, dass sich die Hauspferde mit den Przewalskipferden paaren und es so bald keine reinrassigen Urwildpferde mehr gäbe. Während nun die einen Zoos mit Auswilderungsprojekten in Ostasien beginnen, sammeln andere noch weitere Informationen, indem sie beispielsweise im ungarischen Nationalpark Hortobágy oder im österreichischen Nationalpark Neusiedlersee kleine Herden halbfrei halten. Diese weiden dort die Vegetation ab und tragen so zur Artenvielfalt von Insekten und Vögeln bei.

Ein guter Schuss Optimismus gehört zu einem begeisterten Naturschützer. So kommen immer wieder auch Meldungen über Sichtungen von wilden Przewalskipferden aus der westlichen Mongolei und dem angrenzenden Teil Chinas. Der Überprüfung hielt noch kein Bericht stand. Und in die Rubrik Optimismus gehört wohl auch die Ansicht, dass die rund 200 Exmoor-Ponys im Südwesten Englands überlebende Wildpferde aus der Steinzeit seien. Ganz sicher aber zeigen auch sie typische Wildpferdmerkmale wie die mehlweiße Schnauze, die hellen Augenflecken und den beigefarbenen Bauch und sind damit die ursprünglichsten unter den ungezähmten Kleinpferden. Anpassungsfähig und äußerst genügsam sind sie auf jeden Fall, ähnlich wie die vielen anderen „Wildpferde" rund um den Erdball, die aber alle nicht wirklich „wild" sind. Hunderttausende der domestizierten Nachkommen der Urwildpferde kamen beabsichtigt oder unabsichtlich wieder frei und verwilderten wie die Mustangs in Nordamerika, die Brumbys in Australien oder die Wüstenpferde in Namibia und Chile.

Für Wisent wie Bison, Tarpan wie Przewalskipferd, Auerochse wie alle anderen in diesem Kapitel erwähnten bedrohten Arten gelten Kriterien für Lebende Fossilien: Sie sind die Letzten ihrer Art, überlebende Reliktformen einer ehemals weiten Verbreitung während einer erdgeschichtlich mehr oder weniger langen Zeitspanne, die bestimmte altertümliche Merkmale bewahrt haben. Verantwortlich für ihren Rückgang ist nicht ein kompliziertes Ursachengefüge aus belebter und unbelebter Umwelt, sondern ganz allein der Mensch. Dieser hat es aber auch in der Hand, das völlige Verschwinden der betreffenden Arten zu verhindern oder gar ihr Wiederkehren zu bewerkstelligen.

Bedrohte Arten kehren zurück

Kein einziger Bartgeier (*Gypaetus barbatus*) umkreiste die Berggipfel mehr, nachdem Ende des 19. Jahrhunderts der letzte von ihnen in den Alpen als vermeintlicher Lämmerräuber ausgerottet wurde. Inzwischen brüten als Erfolg eines über 20 Jahre laufenden Zucht- und Auswilderungsprogramms wieder mehrere Bartgeierpaare in den Alpen. Ausgehend von der Grundlagenforschung zur Fortpflanzungsbiologie des Alpenzoos Innsbruck wurde eine Zuchtgemeinschaft aufgebaut, die in weltweit mehr als 30 Tiergärten rund 25 Brutpaare umfasst, die ausreichend Nachwuchs hervorbringen, um jährlich acht Nestlinge freizulassen.

Heute fliegen Bartgeier wieder in den Savoyer Alpen, in den Hohen Tauern, im Engadin und in Südtirol und es scheint sicher zu sein, dass die durch ein kostspieliges Auswilderungsprojekt geschaffene Bartgeierpopulation ohne menschliches Zutun lebensfähig ist.

Beim Bartgeier ist im Winter Brutsaison. Jetzt brauchen die Elternvögel nicht lange nach Nahrung zu suchen, wenn in den tief verschneiten Bergen Gämsen und Rehe verhungern oder Opfer von Lawinen werden. Mit waghalsigen Flügen wird Anfang Dezember die Balz eröffnet, bevor die Tiere unter Felsvorsprüngen auf 80 Zentimeter hohen und bis zu zwei Meter breiten Nestern ihr Brutgeschäft beginnen. Männchen und Weibchen sitzen abwechselnd auf den ein bis zwei Eiern, bis nach zwei Monaten die Geierküken schlüpfen. Bei zwei Jungvögeln wird das schwächere stets vom stärkeren Geschwister getötet. Hat der Jungvogel die ersten acht Jahre bis zur Geschlechtsreife überlebt, ist er erfahren genug, um über 30 Jahre alt zu werden.

Letztes Glied der Nahrungskette sind alle vier europäischen Geierarten. Da sie sich auf unterschiedliche Nahrung am Aas spezialisiert haben, könnten sie nebeneinander existieren, ohne zu konkurrieren. Der bis zu zwölf Kilogramm schwere Mönchsgeier (*Aegypius monachus*) ist in der Lage, die Bauchdecke von Fallwild aufzureissen. Der Gansegeier (*Gyps fulvus*) bevorzugt die Eingeweide toter Tiere, während der Bartgeier ein reiner Knochenfresser ist. Der nur zweieinhalb Kilogramm leichte Schmutzgeier (*Neophron percnopterus*) schält die Reste von Haut und Knochen, die seine größeren Verwandten übrig lassen.

Das nördlichste Brutvorkommen des Gänsegeiers liegt im österreichischen Rauristal, doch wandern von der Balkanhalbinsel immer wieder Vögel in andere Teile der Zentralalpen ein.

Da man ihre Bedeutung als genügsame Aasverwerter erkannt hat, die Tierkadaver beseitigen und so gefährlichen Krankheitskeimen wie beispielsweise den Milzbrandbakterien die Lebensgrundlage entziehen, sollte alles getan werden, um sie möglichst im ganzen Alpenraum wieder heimisch zu machen.

Als heiligen Ibis oder als Nachtgespenst betrachteten die Menschen zu früheren Zeiten den Waldrapp (*Geronticus eremita*) [Abb. 84]. Bis zu ihrer Ausrottung im 17. Jahrhundert brüteten die Waldrappe in den Alpen. Noch heute droht man dort vielerorts kleinen Kindern, die abends nicht vom Spielen nach Hause wollen: „Wenn es Nacht wird, holt dich der Waldrapp." Dabei wissen die meisten gar nicht mehr, um was für ein Gespenst es sich dabei handeln soll. Während Waldrappe im mittelalterlichen Europa als Leckerbissen an Fürstentafeln geschätzt waren, galten sie im alten Ägypten als heilig und im Nahen Osten wurden sie als Symbol der Fruchtbarkeit verehrt. Trotzdem starben sie auch dort aus, die letzten 1989 in der Türkei, wo die meisten in den 1960er-Jahren dem Pestizid DDT zum Opfer fielen. Heute existieren neben einem kleinen Trupp in Saudi-Arabien noch etwa 50 Brutpaare an der Atlantikküste Marokkos, doch geht es ihnen auch dort nicht mehr gut: Dorfjungen scheuchen sie mit Steinwürfen an ihren Brutfelsen auf, damit Touristen ihren Spektakel haben und mancher Vogel wandert in den Kochtopf.

Ein vielschichtiges Artenhilfsprojekt der Stiftung Europäisches Naturerbe und ihrer Partner soll den Waldrapp nun retten. Oberste Priorität hat dabei die Stabilisierung der marokkanischen Population durch entsprechende Schutzmaßnahmen. In Marokko brüten die Vögel in Felsen der Steilküste und im angrenzenden Gebirge. Ihre Nahrung, jegliche Klein-

Abb. 84: Schon im 17. Jahrhundert war der Waldrapp aus Europa verschwunden. Vielleicht gelingt es von Spanien aus, den einst in Mitteleuropa heimischen Ibis wieder anzusiedeln.

tiere, finden sie am Strand oder auf dem offenen steinreichen Küstenhinterland. Günstige Voraussetzungen für eine Ausbreitung sollen in anderen geeigneten Lebensräumen wie im benachbarten Atlasgebirge und in Südspanien geschaffen werden. Der gesellige Vogel zieht dann besonders viele Junge groß, wenn viele von ihnen gleichzeitig brüten. Dazu müssen aber mögliche Brutfelsen vor Störung dauerhaft geschützt werden. Ganz besonders wichtig scheint Überzeugungsarbeit vor Ort, denn Umwelt- und Naturschutz ist in Nordafrika wie in vielen anderen Teilen der Dritten Welt kein Thema, das eine breite Öffentlichkeit interessiert.

Zur genetischen Auffrischung der marokkanischen Restbestände hat man daneben auch mit der Auswilderung von Zoovögeln begonnen. Auszuwildernde Waldrappe gibt es genug, schließlich leben mehr als 800 in verschiedenen Zoos, wo sie erfolgreich brüten.

Irrweg oder Zukunft ist die Frage, wenn es um Wiederansiedlung durch Auswilderung geht. Ein Schwarzweißdenken hilft bei dieser Frage aber nicht weiter, sondern es gilt, die Einzelsituation zu prüfen und dann aufgrund der vorliegenden ökologischen Verhältnisse eine Entscheidung zu treffen. Nur wenn eine langfristige Bestandserhaltung möglich scheint, ist eine Wiederansiedlung sinnvoll. Dazu müssen die Faktoren, die für die Ausrottung der Art in einem Gebiet verantwortlich waren, geändert oder rückgängig gemacht werden. Dann erst ist eine Auswilderung im historischen Areal Erfolg versprechend. Abzulehnen ist eine Regulierung anderer Arten, um den ausgesetzten Bestand zu schützen und zu erhalten. Gerade das Einfangen von potentiellen Prädatoren brachte Wiederansiedlung als Artenschutz ins Zwielicht. Es darf nicht sein, dass engagierte Schützer des Wanderfalken im Uhu das größte Problem sehen oder bei der Wiederansiedlung von Birkwild Habichte eingefangen werden. Und wo eine Art wie der Sperlingskauz natürlicherweise zu starken

Bestandsschwankungen neigt, ist eine Bestandsstützung durch Auswilderung mehr als fraglich.

Wiederansiedlung sollte dem Artenschutz in Einzelfällen immer nur als allerletztes Mittel dienen und muss immer mit einem umfassenden Schutz des Biotops einhergehen. Lebensraumsicherung und Beseitigung von Gefahrenquellen lassen bei vielen zurückgedrängten Arten die Bestandszahlen steigen, wie die Aufwärtsentwicklung von Elch und Wolf in Polen oder Luchs und Braunbär in Südosteuropa belegt.

Das Mammut aus dem Dauerfrost

Die Nomaden vom Stamm der Dolganen kennen eine alte Geschichte: „Tief in der Erde leben gewaltige Tiere. Luft, Sonne und Mond können sie nicht vertragen. Wenn sie an einem Fluss unversehens an die Erdoberfläche kommen, müssen sie sterben."

Die Ureinwohner der sibirischen Steppe bringen in dieser Geschichte Beobachtungen mit Mammuten unter einen Hut. Seit Jahrhunderten treiben sie mit eiszeitlichem Mammut-Elfenbein Handel, ein lebendes Tier haben sie aber noch nie gesehen. Immer nur haben sie Knochen, Stoßzähne oder Kadaver gefunden, meist an Steilufern, wo sie durch Erosion aus dem Dauerfrostboden freigelegt wurden. So auch im Herbst 1997, wo zwei von ihnen einen gewaltigen Stoßzahn aus dem Permafrostboden der Halbinsel Taimyr herausragen sahen. Ein zweiter der fast drei Meter langen Elfenbeinzähne lag daneben im eisigen Grund begraben.

Neu war die Bergungsmethode, mit der im Herbst 1999 das Fossil aus dem tief gefrorenen Boden geschmolzen wurde. Erstmals wurde ein Mammut unaufgetaut samt dem umgebenden Sediment mit Hilfe eines Hubschraubers herausgehoben, um es als Ganzes im Labor zu untersuchen. Vom Mageninhalt des Tiers erhofft man sich weitere Aufschlüsse über die Ursachen ihres Aussterbens. Bakterien und Viren in der Haut und im Fell lassen Rückschlüsse auf die Bedeutung eventueller Krankheitserreger zu und anhand der Reste von Pflanzen und Tieren im 22 Tonnen schweren Eisklumpen ist eine teilweise Rekonstruktion der Umwelt möglich.

Auch Klonforscher erhoffen sich ihren Anteil. Schließlich könnte im Labor unter relativ sterilen Bedingungen das Erbgut des Mammuts isoliert werden. Im günstigsten Fall handelt es sich bei dem Fund um einen Bullen, dem man noch tote Spermien entnehmen kann. So hofft der japanische Reproduktionsforscher Goto, tief gefrorene Spermien in die Eizelle eines weiblichen asiatischen Elefanten zu injizieren und diese dadurch zur Entwicklung anzuregen. Der Embryo dieses Mammut-Elefanten-Mischlings soll dann im Bauch der Elefantenkuh heranwachsen. Sollte das Mischwesen fortpflanzungsfähig sein, könnten durch geschickte Rückkreuzung Tiere gezüchtet werden, die dem Original immer ähnlicher sind. Noch weiter würde der Gentechniker Iritani gehen und aus einem intakten Mammut-Zellkern ein urzeitliches Tier klonen.

Wie vieles an dem jüngsten Mammutfund, der ein weltweites Interesse hervorrief, ist auch die Vision eines Mammuts aus dem Genlabor mehr medienwirksam als wissenschaftlich untermauert.

Eine Wiederauferstehung im Genlabor gilt unter Fachleuten als höchst unwahrscheinlich. Das Erbgut der bisher ausgegrabenen Mammute war stets in winzige Bruchstücke zerfallen und damit weitgehend zerstört. Die längsten DNA-Ketten enthielten gerade einmal

100 Nukleotide, während zu einem erfolgreichen Klonen DNA-Stränge aus mehreren Milliarden Gliedern nötig wären. Auch die Möglichkeit, dass die Eizelle einer asiatischen Elefantenkuh und die fossile DNA des Mammuts sich so weit vertragen, dass sich die Eizelle zum Embryo weiterentwickelt, ist eher unwahrscheinlich.

Auch ohne geklonte Mammute ergeben unzählige Höhlenmalereien und Ritzzeichnungen im Elfenbein und zahlreiche Fossilfunde aus verschiedenen Teilen der nördlichen Halbkugel ein lebensnahes Bild der Tiere. Das Kaltsteppenmammut oder Wollhaarmammut (*Mammuthus primigenius*) ist die am besten bekannte der rund 20 verschiedenen Mammutarten. Es lebte während der letzten Eiszeit in den arktischen Regionen Europas, Asiens und des westlichen Nordamerikas. Mit einer Schulterhöhe von dreieinhalb Metern hatte das Wollhaarmammut etwa die Größe des heutigen Asiatischen Elefanten. Mit seinem nach hinten abfallenden Rücken und den kleinen Ohren ähnelte es diesem auch im Körperbau.

Der Kopf des Wollhaarmammuts war groß. Die sehr langen Stoßzähne mussten im Schädel gut verankert sein und im Gleichgewicht gehalten werden. Hinter dem Schädel saß ein riesiges Fettpolster als Energiereserve. Das dichte Fell bestand aus vier bis fünf Zentimeter langen Wollhaaren und aus Grannenhaaren mit bis zu einem Meter Länge. Rüssel und Beine waren mit kürzeren Haaren besetzt. Die Haarfarbe war schwarz. Zwar sind die Haare der aus dem Eis aufgetauten Fossilien rötlich gefärbt, doch handelt es sich dabei um eine chemisch bedingte Farbänderung. Unter der drei Zentimeter dicken Haut besaß das Mammut eine mächtige Fettschicht mit bis zu neun Zentimeter Dicke. Diese Fettschicht war Isolation und Vorratsspeicher zugleich.

Der Lebensraum der Mammutsteppe muss sich von der heutigen Tundra unterschieden haben. Es ist leicht einzusehen, dass sich die großen Elefanten nicht von wenigen Moosen und Flechten ernährt haben können. Ein heutiger Elefant frisst zwischen 250 und 500 Kilogramm Grünfutter am Tag. Solche Zahlen und die Ergebnisse der Magenuntersuchungen gefrorener Mammutkadaver lassen Darstellungen von Mammutherden inmitten einer unendlichen Schneewüste als sehr fraglich erscheinen.

Der Lebensraum der Mammute war im Winter eiskalt und schneearm. Niederschlag fiel im Frühjahr, der Sommer blieb kühl und war trocken. Neben einer Vielzahl von Gras- und Seggenarten wuchsen niedrige Kräuter wie Fingerkraut, Hahnenfuß und Beifuß. Gräser und Kräuter waren nährstoffreich und konnten viele Pflanzenfresser ernähren.

In der Mammutsteppe, die sich von Spanien über Mitteleuropa nach Sibirien und über die Beringstraße bis nach Nordamerika erstreckte, lebten zur gleichen Zeit Wollnashorn, Steppenbison, Auerochse, Ren, Riesenhirsch, Wildpferd und Moschusochse. Diese großen Huftiere bildeten die Nahrungsgrundlage für Höhlenlöwe und Höhlenhyäne. Der Höhlenbär war eher ein friedlicher Pflanzen- und Aasfresser.

Das rätselhafte Ende der Mammute. Warum stirbt ein Tier, das an raue klimatische Bedingungen und grobe pflanzliche Nahrung bestens angepasst ist, plötzlich aus? Die besterhaltensten Fossilfunde des Wollhaarmammuts waren im Eis eingebettet. Während die inneren Organe oft weitgehend zersetzt waren, erstaunte der Frischezustand der äußeren Körperzonen. Der Körper der Tiere muss also sehr schnell nach dem Tod gefroren sein. War die Wärmeisolation der an den Eisrand angepassten Tiere so schlecht?

In der Haut der Mammute wurden keinerlei Talgdrüsen gefunden, die die Unterwolle des Fells hätten wasserdicht machen können. Doch dies war in der trockenen kalten Luft des eiszeitlichen Winters gar nicht nötig. Das Fell konnte genügend isolierendes Luftpolster einschließen, um Wind und Kälte abzuhalten.

Mit Einbruch der Wärme gegen Ende der letzten Eiszeit wurde es zugleich feuchter. Die Winter brachten nun nasskalte Niederschläge. Der Eisregen drang durch das Mammutfell, die Tiere unterkühlten sich, wurden krank und starben. Nachfolgender Schnee deckte die Kadaver zu. Allmählich festigte sich das Eis, bildete einen stabilen Panzer und konservierte die Fossilien bis in unsere Tage.

Auf Änderungen des Klimas reagiert auch die Vegetation sehr schnell. Von Süden her dehnten sich nun Nadelwälder aus, von Norden her die Tundra. Der Lebensraum des Mammuts schrumpfte zusehends. An die Stelle der nährstoffreichen Gräser und Kräuter traten Sumpfpflanzen, Flechten und Moose beziehungsweise Nadelbäume. Die typischen Vertreter der heutigen Tundra konnten die Mammute wohl nicht mehr ernähren, in die Waldgebiete drangen die Tiere nicht vor.

Ging man bis vor kurzem davon aus, dass die Mammute vor etwa 12 000 Jahren ausgestorben sind, weiß man heute, dass im Nordosten Sibiriens und in Alaska Mammute noch vor 6000 Jahren gelebt haben. 1993 wurden auf der Wrangel-Insel im Nördlichen Eismeer Zwergmammute entdeckt, die noch vor 4000 Jahren gelebt haben. Die Tiere mit 1,80 Metern Schulterhöhe sind die bisher jüngsten Mammutfunde. Das Aussterben der Mammute hat sich also sicher über mehrere Tausend Jahre erstreckt.

Den Wechsel mehrerer Kalt- und Warmzeiten haben sie überstanden. Drängten neue Eismassen vor, wichen sie weiter nach Süden aus, beim Zurückweichen des Eises folgten sie ihm nach Norden. Nur der letzte Umschwung wurde ihnen zum Verhängnis. Überlebt bis in unsere Tage haben nur zwei Elefantenarten, der Asiatische Elefant (*Elephas maximus*) und der Afrikanische Elefant (*Loxodonta africana*).

Die Rolle des Menschen beim Aussterben des Mammuts wurde bisher sicher überschätzt. Die Waffen unserer Vorfahren waren zu primitiv, um sehr viele Mammute zu töten. Vor allem aber war die Zahl der späteiszeitlichen Jäger viel zu gering, um gesunde Mammutpopulationen auf der gesamten Nordhalbkugel auszurotten. Von einem „pleistozänen Overkill" durch den Menschen zu reden, wie dies nicht selten zu lesen ist, dürfte übertrieben sein. Dass der Mensch einen Anteil am Verschwinden des Mammuts hat, soll aber nicht ausgeschlossen werden.

Ein Wiedersehen mit den Verlorenen

Tiere durch Klonen zu kopieren ist heute in der Praxis kein allzu großes Problem mehr, wie das 1996 geklonte schottische Schaf Dolly belegt. Zum Klonen eines erwachsenen Tieres braucht man seine vollständige Erbinformation, die als Desoxyribonukleinsäure, DNA, im Zellkern fast jeder Körperzelle vollständig vorliegt. Zum Zweiten ist eine befruchtete Eizelle nötig, deren Zellkern entfernt wurde. In diese kernlose Eizelle kommt ein Zellkern von dem zu klonenden Tier. Anschließend wird die nun wieder kernhaltige Eizelle in die Gebärmutter einer Leihmutter eingepflanzt, die den sich entwickelnden Embryo austrägt. Bis die Forscher im Falle von Dolly allerdings den heranwachsenden Embryo erhielten, verbrauchten sie hunderte von Eizellen.

In den USA wurde jüngst ein geklonter Gaur, eine stark bedrohte Wildrindart, in einer Hausrind-Leihmutter herangezogen. Obwohl der 45 Kilogramm schwere Gaur-Ochse Noah schon 48 Stunden nach seiner Geburt an einer Ruhrinfektion starb, stehen Riesenpanda,

Sumatratiger und Bongogazelle als weitere Klonprojekte auf dem Plan der Reproduktionsbiologen.

Als Jurassic-Park-Syndrom, ausgelöst durch den gleichnamigen Hollywood-Film über Dinosaurier, bezeichnen viele Genetiker die gegenwärtige Diskussion um die Möglichkeit, ausgestorbene Arten zu klonen. Zwar gibt es die Bernstein-Stechmücken, die noch Blut gestochener Tiere im Darm haben und ebenso ist es möglich, DNA aus den Blutzellen zu isolieren und zu vermehren, doch für ein Scheitern eines Klon-Experiments sprechen zahlreiche Argumente: Schon wenige Minuten nach dem Tode eines Lebewesens setzt der enzymatische Abbau der DNA ein. In alten Fossilien, wie beispielsweise den Sauriern, ist in allen vorliegenden Präparaten die DNA immer nur noch bruchstückhaft vorhanden. Bei jüngerem Fossilmaterial ist das Erbmaterial durch Umwelteinflüsse oder Konservierungsmittel mehr oder weniger stark beschädigt. Arteigene lebende Eizellen gibt es logischerweise auch nicht, da auch die Weibchen ausgestorben sind. Inwieweit nahe verwandte Arten Eizellen beisteuern können, ist noch völlig offen.

Selbst bei einem Erfolg gäbe es weitere Probleme. Die Lebensräume der ausgestorbenen Arten sind nicht mehr vorhanden. Jungtiere hätten keine Eltern, um das angeborene Verhaltensinventar durch Nachahmung zu erweitern.

Die Methode der Polymerasekettenreaktion, die PCR-Methode, ermöglicht die Vervielfältigung von DNA. Bevor man die Methode kannte, benötigte man Bakterien zur Vermehrung der Erbinformation. Die Untersuchung fossiler DNA wurde insbesondere durch fehlerhaftes Kopieren seitens der Bakterienzelle zu einem schwierigen Unterfangen. Mit der PCR-Methode lassen sich DNA-Abschnitte in unbegrenzten Mengen bei einer minimalen Fehlerwahrscheinlichkeit identisch replizieren. Schon 1984 wurde Erbmaterial aus 140 Jahre alter Haut eines inzwischen ausgestorbenen Quaggas, einer Zebra-Art, isoliert. Inzwischen hat man DNA-Reste aus 4000 Jahre alten Mumien, 18 Millionen Jahre alten versteinerten Pflanzen oder 130 Millionen Jahre alten, in Bernstein eingeschlossenen Rüsselkäfern, um nur einige Beispiele zu nennen, vielfach vermehrt.

Ein Vergleich dieser fossilen DNA-Sequenzen mit heute noch existierenden Organismen ermöglicht den Systematikern fundierte Aussagen über die Verwandtschaftsverhältnisse zwischen den rezenten und den fossilen Vertretern der jeweiligen Gruppe. Darin und auch in der medizinischen Diagnose liegt die eigentliche Bedeutung der PCR-Methode und weniger im Klonieren ausgestorbener Arten.

Doch vorgemerkt für eine zweite Schöpfung sind vor allem jene ausgestorbenen Arten, von denen man besonders viel gut erhaltenes fossiles Material besitzt. Die neuseeländische Forscherin Hill denkt da an den vor rund 600 Jahren ausgestorbenen Riesenvogel Moa, einen entfernten Verwandten des Wappenvogels Kiwi. In einem weiten Sumpfgebiet liegen mehrere hundert Moas, bei denen mit etwas Glück Eier, Federn oder mumifizierte Hautreste ausreichend Erbmaterial liefern könnten.

Der Moa wurde von den neuseeländischen Ureinwohnern, den Maoris, in weniger als 200 Jahren ausgerottet. Es gab elf verschiedene Arten, von denen *Dinornis giganteus* mit zwei Meter Schulterhöhe der größte und der 20 Kilogramm schwere *Euryapteryx curtus* der kleinste war.

Ein schicksalhafte Begegnung mit dem Menschen ähnlich wie die Moas erlebte auch die Dronte (*Raphus cucullatus*). Diese Riesentaube von der Größe eines Truthahns, auch Dodo genannt, lebte auf der Maskareneninsel Mauritius, wo der flugunfähige Vogel vor der Entdeckung durch den Menschen keine natürlichen Feinde hatte. 1505 entdeckten die Portugiesen die Maskarenen inmitten des Indischen Ozeans und schon 1681 starb der letzte Dodo, nachdem ihm als Fleischlieferant unbarmherzig nachgestellt wurde. Ein Übriges taten schließlich eingeschleppte Ratten und verwilderte Hausschweine. Heute ist der Vogel mit den großen Füßen, dem kurzen Hals und dem dicken Schnabel nur noch aufgrund von alten Kupferstichen und Skelettrekonstruktionen, wie sie in jedem größeren Museum stehen, bekannt.

Auf den Nachbarinseln ebenfalls für immer verschwunden sind seine beiden nahen Verwandten, die Réunion-Dronte (*Raphus solitarius*) auf La-Réunion und der einst auf Rodríguez heimische Einsiedler (*Pezophas solitaria*).

Die Asphaltsümpfe von Rancho La Brea im kalifornischen Los Angeles zählen zu den reichhaltigsten Lagerstätten fossiler Knochen auf der ganzen Erde. Während des Pleistozäns sammelte sich über dem an die Erdoberfläche dringenden Asphalt Wasser an und bildete kleine Tümpel. Durstige Tiere brachen in den weichen Asphaltbänken ein. Bevor sie für immer im Teer versanken, lockten sie Säbelzahntiger und Aasgeier an, die nun ihrerseits gefangen waren. Die Funde von Rancho La Brea ermöglichen den Paläobiologen ein detailreiches Panorama der nordamerikanischen eiszeitlichen Flora und Fauna zu rekonstruieren, dass sie aber auch das Rohmaterial für die Neuschöpfung der ausgestorbenen Arten liefern, ist zum gegenwärtigen Zeitpunkt eher Wunsch als Möglichkeit.

Visionen, verlorene Arten wieder zu sehen, dürfen bei aller Begeisterung für die Wissenschaft nicht davon ablenken, dass es momentan auf jeden Fall wichtiger ist, die Energien auf den Schutz und Erhalt der akut vom Aussterben bedrohten Arten zu konzentrieren. Auf gar keinen Fall darf in der Öffentlichkeit der Eindruck entstehen, Artenschutz sei nicht mehr so dringend, da ausgestorbene Arten ja wieder durch Klonen zurückgeholt werden könnten.

Aber allein die Vorstellung, dass in vielleicht gar nicht allzu ferner Zukunft, heute noch fossile Arten zu Lebenden Fossilien werden könnten, ist faszinierend und erweckt Neugier auf das Übermorgen.

Literatur

1

Burton, M.: Living fossils. The Past in the Present. London 1954.
Darwin, Ch.: Die Entstehung der Arten durch natürliche Zuchtwahl. 6. Aufl. 1872. Stuttgart 1963.
Delamare-Deboutteville, C. und L. Botosanéanu: Formes primitives vivantes. Paris 1970.
Eldredge, N. und S. M. Stanley (Hrsg.): Living fossils. New York 1984.
Erben, H.: Die Entwicklung der Lebewesen. München 3. Aufl. 1988.
Hödl, W. u. a.: Urzeitkrebse Österreichs. Lebende Fossilien in kurzlebigen Gewässern. Stapfia 42, Linz 1996.
Ley, W.: Exotic zoology. New York 1959.
Macdougall, J. D.: Eine kurze Geschichte der Erde. Bern, München 1997.
Mayr, E.: Artbegriff und Evolution. Hamburg 1967.
Mohr, E.: Schuppentiere. Wittenberg 1961.
Norman, D.: Ursprünge des Lebens. München 1994.
Silverberg, R.: Forgotten by Time: A book of living fossils. New York 1966.
Simpson, G.: Leben der Vorzeit. Stuttgart 1972.
Thenius, E.: Lebende Fossilien. Stuttgart 1965.
Thenius, E.: Versteinerte Urkunden. Berlin, Heidelberg, New York, 3. Aufl. 1981.
Thenius, E.: Lebende Fossilien: Oldtimer der Pflanzen- und Tierwelt. München 2000.
Ward, P. D.: Der lange Atem des Nautilus. Heidelberg 1993.

2

Archer, M., S. Hand und H. Godthelp: Riversleigh: The story of animals in ancient rainforests of inland Australia. Kew Australien 1991.
Austad, S.: Das Opossum. In: Spektrum der Wissenschaft 4/1988, S. 104–109.
Bittmann, W. und B. Fugger: Reiseführer Natur Australien. München 4. Aufl. 1998.
Cronin, L.: Key Guide to Australian Mammals. Kew Australien 1997.
Dieterlein, F.: Beuteltiere. Stuttgarter Beiträge zur Naturkunde 9/1978.
Fuchs, D. und M. Baehr: Australien. Stuttgart 1998.
Griffiths, M.: Das Schnabeltier. In: Spektrum der Wissenschaft 7/1988, S. 76–83.
Hunger, K.: Beuteltiere: Alternativen in der Fortpflanzungsbiologie der Säugetiere. In: Biologie in unserer Zeit 2/1983, S. 53–59.
Lüling, K.: Lungenfische und der südamerikanische Kurzschwanzaal. Heidelberg 1996.

Rismiller, P. D. und R. S. Seymour: Fortpflanzung des australischen Ameisenigels. In: Spektrum der Wissenschaft 4/1991, S. 96 – 103.
Williams, G.: Hidden rainforests. Kensington Australien 1993.
Wroe, S.: Australiens alte Raubbeutler. In: Spektrum der Wissenschaft 8/1999, S. 70 – 77.
Wünschmann, A.: Die Plumpbeutler. Wittenberg 1970.

3

Auffenberg, W.: The Behavioral Ecology of the Komodo Monitor. Gainesville 1981.
Bishop, N.: Natural History of New Zealand. Auckland 1992.
Blatter, M.: Der Komodo-Waran. Zürich, 2. Aufl. 1999.
Ciofi, C.: Riesenechsen im Kampf ums Überleben. In: Spektrum der Wissenschaft 5/1999, S. 48 – 55.
Dawbin, W. H.: The tuatara in its natural habital. In: Endeavor, Bd. 21, 1962.
Feduccia, A.: Es begann am Jura-Meer. Die faszinierende Stammesgeschichte der Vögel. Hildesheim 1984.
Hennig, W.: Phylogenetic systematics. Urbana/USA 1966.
Hopf, A: Biography of a Komodo Dragon. New York 1981.
Krösche, O.: Die Moa-Strauße. Neuseelands ausgestorbene Riesenvögel. Wittenberg 1963.
Lutz, R. und J.: Komodo: The Living Dragon. Salem USA 1991.
MacArthur, R. H. und E. O. Wilson: Biogeographie der Inseln. München 1967.
Norman, D.: The Illustrated Encyclopedia of Dinosaurs. New York 1985.
Powell, A. W.: Native animals of New Zealand. Auckland 1993.
Quammen, D.: Der Gesang des Dodo. Eine Reise durch die Evolution der Inselwelten. München, 3. Aufl. 1999.
Riley, M.: Kiwi and Moa. Wellington 1983.

4

Bauer, E. W., P. Enz-Meyer und W. Kleesattel: Wunder der Erde: Von großen und kleinen Bären. Köln 1996.
Colbert, E. H.: Die Evolution der Wirbeltiere. Stuttgart 1967.
Corbet, G. B. und J. E. Hill: The mammals of the Indomalayan Region. Oxford 1992.
Frenz, L.: Riesenkraken und Tigerwölfe. Berlin 2000.
Gijzen, A.: Das Okapi. Wittenberg 1959.
Gould, S. J.: Der Daumen des Panda. Frankfurt 1989.
Heuvelmans, B.: On the Track of Unknown Animals. London 1995.
Macdonald, D.: Mit Zähnen und Klauen. Köln 1995.
O'Brien, S. J.: Die Abstammung des Riesenpanda. In: Spektrum der Wissenschaft 1/1988, S. 42 – 47.
Stirling, I. (Hrsg.): Bären – Enzyklopädie der Tierwelt. Hamburg 1993.
Terborgh, J.: Lebensraum Regenwald: Zentrum der biologischen Vielfalt. Heidelberg 1993.
Tweedie, M. W. und J. L. Harrison: Malaysian Animal Life. Kuala Lumpur 1981.
Wallace, A. R.: Der Malayische Archipel. Frankfurt 1983.

5

Attenborough, D.: Tiersuche auf Madagaskar. Zürich 1962.
Barabasch-Nikiforow, I. I.: Die Desmane. Wittenberg 1975.
Bittner, A.: Madagaskar, Mensch und Natur in Konflikt. Basel 1992.
Därr, W.: Madagaskar. Köln 1997.
Holst, D. von: Artgenossen als schädigende Umwelt. In: Grzimeks Tierleben, Sonderband Verhaltensforschung (Hrsg. K. Immelmann). Zürich 1974, S. 534 – 550.
Lanting, F.: Madagaskar, aus der Zeit gefallen. Frankfurt 1991.
MacKinnon, J.: Borneo. Amsterdam 1975.
Martin, R. D.: Adaptive Radiation and behaviour of the Madagasy Lemurs. In: Philosophical Transactions of the Royal Society of London, Serie B, Bd. 264, 1972, S. 295– 352.
Martin, R. D., G. A. Doyle und A. C. Walker (Hrsg.): Prosimian Biology. Pittsburgh 1974.
Niemitz, C. (Hrsg.): Biology of Tarsiers. New York, Stuttgart 1984.
Osche, G.: Vom Tier zum Menschen. In: Hassenstein, B. u. a. (Hrsg.): Freiburger Vorlesungen zur Biologie des Menschen. Heidelberg 1979, S. 7 – 32.
Tattersall, J.: Die Lemuren Madagaskars: Repräsentanten früher Primaten. In: Spektrum 3, 1993, S. 60 – 66.
Tattersall, J. und R. W. Sussmann: Lemur Biology. New York 1975.

6

Adams, D. und M. Carwardine: Die Letzten ihrer Art. München 1990.
Barlow, R. B.: Auge und Gehirn: Zwei-Wege-Kommunikation. In: Spektrum der Wissenschaft 6/1990, S. 68 – 74.
Carr, A.: Die Everglades von Florida. Amsterdam 1975.
Cochrane, A. und K. Callen: Das Geheimnis der Delphine. Bern 1996.
Cogger, H. und R. Zweifel: Reptilien & Amphibien. Hamburg 1992.
Hennig, W.: Stammesgeschichte der Chordaten. Hamburg 1983.
Lang, E. M.: Das Zwergflusspferd. Wittenberg 1975.
Mayr, H.: Limulus, der kleine, schielende Cyclop. In: Rot & Lebendig, Katalog der Mineralientage München 1998, S. 141–144.
Penny, M.: Alligatoren und Krokodile. München 1992.
Scheuchzer, J. J.: Homo diluvii testis. Zürich 1726.
Steel, R.: Die fossilen Krokodile. Wittenberg 1975.
Westphal, F.: Die tertiären und rezenten eurasiatischen Riesensalamander. In: Paläontographica A 110, Stuttgart 1958, S. 20 – 92.

7

Courtenay-Latimer, E.: My story of the fish coelacanth. In: Occidental Papers of the California Academy of Science 134, 1979, S. 6 – 10.
Eldredge, N.: Wendezeiten des Lebens. Katastrophen in Erdgeschichte und Evolution. Heidelberg 1994.
Fricke, H.: Coelacanths. The fish that time forgot. Nat. Geogr. Magaz. 173, Washington 1988, S. 824 – 838.
Fricke, H.: Einem Urfisch auf der Spur. Kosmos 2, Stuttgart 1999, S. 88 – 95.
Hauff, B. und R. B. Hauff: Das Holzmadenbuch. Holzmaden 1981.

Kleesattel, W.: Überleben in Eis, Wüste und Tiefsee. Wie Tiere Extreme meistern. Darmstadt 1999.
Lehmann, U.: Ammonoideen. Stuttgart 1990.
Lemche, H. und K. G. Wingstrand: The anatomy of Neopilina galatheae. Galatheae Report 3, Kopenhagen 1959, S. 9 – 71.
Richardson, J. R.: Brachiopoden. In: Spektrum der Wissenschaft 11/1986, S. 110 –116.
Saunders, W. B. und N. H. Landman (Hrsg.): Nautilus. New York 1987.
Smith, J. L. B.: Vergangenheit steigt aus dem Meer. Die Geschichte vom Coelacanthus. Stuttgart 1957.
Stanley, St. M.: Krisen der Evolution. Heidelberg 1989.
Thomson, K. S.: Der Quastenflosser. Basel 1993.
Wahlert, G. von: Latimeria und die Geschichte der Wirbeltiere. Stuttgart 1968.
Ward, P.: Nautilus und Ammoniten. In: Spektrum der Wissenschaft 12/1983, S. 68 – 83.
Ward, P., L. Greenwald und O. Greenwald: Der schwebende Nautilus. In: Spektrum der Wissenschaft 12/1980, S. 110 –118.
Weinberg, S.: Der Quastenflosser. Berlin 1999.
Ziegler, B.: Über Ammoniten der Schwäbischen Alb. In: Stuttgarter Beiträge zur Naturkunde, Serie C, Nr. 4, (3. Aufl.) 1986, S. 3 – 35.

8

Bornman, C. H.: Welwitschia. Johannesburg 1978.
Carr, A.: Die Everglades von Florida. Amsterdam 1975.
Ehrendorfer, F.: Evolution und Systematik. In: Strasburger's Lehrbuch der Botanik. 34. Aufl., S. 457 – 819, Stuttgart 1988.
Freitag, H.: Die Evolution der Landpflanzen. In: Fasterding, M.: Auf den Spuren der Evolution. Gelsenkirchen 1999.
Frohne, D. und U. Jensen: Systematik des Pflanzenreichs. Stuttgart 1992.
Fulling, E. H.: Metasequoia-fossil and living. In: Botanical Review 42/1976, S. 215–315.
Herrn, D.: 400 Millionen Jahre Baum. München 1997.
Hooker, J. D.: On Welwitschia, a new genus of Gnetaceae. Trans. Linn. Soc. 24 (1), London 1863.
Kammeyer, H. F.: Mammutbäume. Wittenberg 1960.
Kramer, K. U., J. Schneller und E. Wollenweber: Farne und Farnverwandte. Stuttgart 1995.
Leistikow, K. U. und F. Kockel: Zur Entwicklungsgeschichte der Pflanzen. In: Palmarum Hortus Francofortensis 2/1990.
Major, R. T.: The Ginkgo, the most ancient living tree. In: Science 157/1967, S. 1270–1273.
Moore, D. M. (Hrsg.): Das Pflanzenreich. Amsterdam 1991.
Urania Pflanzenreich: Moose, Farne, Nacktsamer. Leipzig 1992.
Walter, H.: Einführung in die Phytologie. Bd. II: Grundlagen des Pflanzensystems. Stuttgart 1961.

Weber, W.: Die Evolution der Fortpflanzung und des Generationswechsels der Pflanzen. In: Praxis Naturwissenschaften Biologie 9/35 1986, S. 17 – 25.
Zimmermann, W.: Geschichte der Pflanzen. Stuttgart 1969.

9

Engelhardt, W.: Das Ende der Artenvielfalt. Darmstadt 1997.
Engesser, B., O. Fejfar und P. Major: Das Mammut und seine ausgestorbenen Verwandten. Basel 1996.
Jezierski, T. und Z. Jaworski: Polnische Koniks aus Popielno. Warszawa 1995.
Kaule, G.: Arten- und Biotopschutz. Stuttgart 1991.
Krasinski, Z. A.: Der Wisent. Białowieza 1994.
Kurt, F.: Die Gärtner von Eden. Hamburg 1991.
Lanza, R., B. Dresser und P. Damiani: Klonen bedrohter Tiere. Die neue Arche Noah. In: Spektrum der Wissenschaft 1/2001, S. 34 – 41.
Lüttschwager, J.: Die Drontevögel. Wittenberg 1961.
Mohr, E.: Der Wisent. Wittenberg 1952.
Poley, D.: Berichte aus der Arche. Stuttgart 1993.
Tudge, C.: Last animals at the zoo. Washington 1992.

Register

Abstammung 14
adaptive Radiation 37, 92
Adiantum 156
Affen 96
Agathis australis 48
Ähnlichkeit 14
Ailuropoda melanoleuca 77
Ailurus vulgens 78
Aktualismus 23
Aldabrachelys elephantina 24
Alligatorfisch 126
Allonautilus 142
Altersbestimmung 23
„Alvin" 134
Amazonasdelphin 117
Ameisenigel 34
Amia calva 126
Ammoniten 143
Amphibien 120
Anabiose 10
Analogie 14
Anden 76, 117
Andrias japonicus 118
Andrias scheuchzeri 119
Angiospermae 163
Antedon mediterranea 148
Anthophyta 163
Aotes trivirgatus 100
Apteryx australis 56
Arachnida 111
Arapaima 127
Araukarien 48, 49
Archaea 21
Archaeopteryx lithographica 65
Architeuthis 26
Arctodus simus 75

Argonauta 142
Armfüßer 136, 145
Artemia salina 10
Artenschutz 175
Artkonzept 24
Ascaphus truei 69
Asselspinnen 111
Asteroxylon 161
Auerochse 170
Aussterbeereignisse 149
Australien 29
Australischer Lungenfisch 44
Auswilderung 173
Aye-Aye 93

Babyrousa babyrussa 86
Bacteria 21
Bambusbär 77
Bambuslemur 93
Bären 73
Bärlapp-Farnpflanzen 164
Bartgeier 173
Bartträger 134
Bathycrinus australis 148
Baumlebensweise 99
Bedecktsamer 158, 163
Belemniten 143
Beutelmarder 39
Beutelteufel 39
Beuteltiere 36 f.
Beutelwolf 38
Białowieza 167
Big Cypress Swamp 154
Bindeglieder 64
Biogenetische Grundregel 144
Biopat 89

Bisamrüssler 102
Bison bison 169
Bison bonasus 167
black smoker 135
Blindwühlen 121
Blüte 163
Blütenpflanzen 160, 163
Borneo 64, 97
Borstenigel 100
Bos primigenius 170
Brachiopoda 136, 145
Brillenbär 75
Brückenechse 51
Brückentiere 51, 65

Callipteris 162
Canis familiaris 42
Casuarinaceae 50
Caudipteryx zoui 65
Cephalopoda 141
„Challenger" 134
Chamaeleo oustaleti 105
Chamäleon 105
Chemosynthese 135
Chinesische Wasserfichte 154
Chinesischer Delphin 116
Chlamydoselachus anguineus 136
Chloroplasten 20
Choeropsis liberiensis 128
Choloepus didactylus 26
Chondrosteus 125
Cooksonia 161
Cordyline australis 51
Courtenay-Latimer 136
Crinoidea 148
Crossopterygii 136

Cryptobrachus alleganiensis 120
Cryptomeria japonica 154
Cryptoprocta ferox 103
Cunninghamia lanceolata 155
Cyanobakterien 21
Cycadaceae 48
Cycadales 156, 166
Cyclurus kehreri 127
Cynognathus 65

Dapedium 125
Darwin 13, 17
Dasypus novencinctus 25
Dasyuridae 38, 39
Daubentonia madagascariensis 93
Dauergattung 17, 18
Dawsonia superba 52
Delphine 116 f.
Desman 102
Desmana moschata 102
Deszendenz 14
Dicerorhinus sumatrensis 79
Didelphis virginiana 43
Dingo 41
Dinornis maximus 58
Dinosaurier 55
diploid 163
Dipnoi 44, 139
DNA-Hybridisierung 14
Dodecolopoda mawsoni 111
Dodo 179 f.
Dornteufel 30
Draco 72
Dreilapper 110
Drewria 160
Dronte 179 f.
Dugong 115

Echinodermata 147
Eichelwürmer 135
Encrinus 146 f.
Endosymbiose 20

Enteropneusten 135
Equus przewalskii 172
Equus silvestris 171
Erdtanrek 101
Erdzeitalter 16
Eukarya 21
Eulenpapagei 58
Eupleres goudoti 104
Eustenopteron 140
Eutheria 35
Everglades 154

Fächerblattbaum 155
Fächersegler 139
Fanaloka 104
Farne 162
Faultiere 26
Feder 65
Flachbrustvögel 57
Flachlandtapir 82
Fleckenkiwi 58
Florida 107, 154
Flösselhechte 124
Flussdelphine 116
Flusspferde 128 f.
Fossa 103
Fossa fossa 104
Fossilien 22
Frettkatze 103
Froschlurche 121
Frucht 163
Fujisan 118

Gabelbart 127
Gabelschwanz-Seekühe 115
Galago 98
Galapagos-Graben 135
„Galathea" 144
Galemys pyrenaicus 102
Galidiinae 104
Gallirallus australis 58
Gametophyt 162
Ganges-Delphin 118
Ganoidschuppen 122
Gaviale 130 f.
Gendrift 64

Generationswechsel 162
Genomanalyse 18
Geochelone elephantopus 24
Germanisches Becken 146
Geronticus eremita 174
Gigantismus 63
Gigantopithecus 27
Ginkgo biloba 155
Gliederfüßer 111
Glyptodon 26
Glyptostrobus lineatus 154
Gnetum 160
Gondwanaland 15, 31, 70
Grasbaum 49
Großer Panda 77
Großer Tanrek 101
Großflusspferd 128
Grüne Pflanzen 160
Gürteltier 25
Gymnospermae 156, 163
Gypaetus barbatus 173

Haarstern 136
Haeckel 144
Haie 19
Halbaffen 96
Halobacterium 21
haploid 162
Hasenbeutler 30
Hawaii 106
Helarctos malayanus 73
Hellbender 120
Herrentiere 96
Hippopotamus amphibius 128
Hirscheber 86
Hirschferkel 84
Holzmaden 147
Homoeosaurus pulchellus 55
Homologie 14
Hufeisenkrabbe 108
Huftiere 79, 83
Hydrocephalus 110
hydrothermale Quellen 135

Register

Ibis 174
Ichthyostega 65, 121, 140
Igeltanrek 100
Indri 91
Inia geoffrensis 117
Inkohlung 23
Insekten 20
Insektenfresser 96, 100
Inselbiogeographie 63

Japanische Zeder 154
Japanischer Riesen-
  salamander 118

Kahlhecht 126
Kakapo 58
Känguru 40
Kasuar 57
Kasuarinen 50
Katastrophen 148
Katta 91, 94
Katzenbär 78
Kauri-Fichte 48
Kea 59
Kernphasenwechsel 165
Kiwi 56
Klassifikation 67
Kleiner Panda 78
Kleinkantschil 84 f.
Kloakentiere 34
Klonen 178
Knochenfische 122, 126
Knochenhechte 125
Knochenzüngler 127
Knorpelganoidfische 124
Koboldmaki 96, 99
Komodowaran 59
Komoren 137
Konik 171
Konvergenz 37
Kopffüßer 141
Korrelationsprinzip 23
Kragenhai 136
Krakatau 64
Kranzfühler 146
Krokodile 130
Kryptozoologen 26, 87

Küchenschabe 17
Kurzschnabeligel 33
Kurzschnauzenbären 75
Küsten-Mammutbaum 151

La-Plata-Delphin 118
Labyrinthodonten 141
Landpflanzen 160
Langschnabeligel 34
Lanthanotus borneensis 64
Larven-Sifaka 95
Latimeria chalumnae 137
Lebendes Fossil 18
Leguane 19
Leiopelma 68
Leitfossilien 23
Lemur catta 94
Lemuren 91
Lemuriformes 91
Lepidosiren paradoxa 46
Lepidotes 125
Lepisosteus 125
Leptodactylidae 121
Limulus polyphemus 107
Lipotes vexillifer 116
Lobenlinie 143
Löffelstör 123
Loricifera 135
Loris 96, 98
Lunge 123 f.
Lungenfische 44 f., 139

Madagaskar 91
Madagaskarigel 100
Madagaskar-Mungos 104
Magnolien 166
Makrosporen 165
Malaienbär 73
Malaysia 71
Mammut 176
Mammutus primigenius
  177
Manatis 113
Mangroven 107
Marsupialia 35
Massensterben 148
Mausmaki 95

Meerträubelgewächse 160
Megatherium 26
Mesolimulus 109, 111
Messel 126
*Metasequoia
  glyptostroboides* 153
Methanobacterium 21
Meteor 135
Microcebus murinus 95
Mikrosporen 165
Mississippi 122
Mittelmeerhaarstern 148
Mitochondrien 19
Moa 58, 179
molekulare Uhr 18
Molukkenkrebs 108
Monoplacophora 136, 144
Monotremata 34
Moose 162
Moosfarnartige 165
Mosaikformen 65
Moschustier 84
Muntiacus muntjak 85
Muntjak 85
Mylodon 26

Nachtaffen 100
Nacktfarne 161
Nacktsamer 156, 163
Namib 158
Napfschaler 144
Nautilus pompilius 141
Nebengelenkträger 25
Neoceratodus forsteri 44
Neopilina 136, 144
Nestor notabilis 59
Neuseeland 51
Nomenklatur 89
Notharctus 95
Nothofagus 48
Notogaea 31
Notornis mantelli 58
Nycticebus coucang 98

Okapi 87
Okapia johnstoni 87
Onychophora 69

189

Opossum 43
Opossummaus 44
Orang Asli 72
Ornithorhynchus anatinus 32
Orthocerida 143
Osteoglossum bicirrhosum 127

Paläoendemiten 154
Palmfarne 46 f., 156, 166
Panda 77
Pandanus 50
Pangaea 31
Pantoffeltier 17
Pantopoda 111
Panzernashorn 79
Papierboot 142
Paraceratherium 81
Parietalorgan 53
Peripatus 69
Perlboot 141
Perodicticus potto 98
Pfeiffrösche 121
Pfeilschwanzkrebs 107
Pflanzenevolution 161
Phascolarctos cinereus 40
phylogenetische Klassifikation 67
Pilina 144
Pinealorgan 54
Pinna 17
Plattentektonik 15
Plazentasäuger 37
Pleurotomaria 17, 145
Plumplori 98
Podocarpaceae 19
Pogonophora 134
Polymerasekettenreaktion 179
Polyodon spatula 123
Polypterini 124
Posidonienschiefer 125
Potorus tridactylus 38
Potto 98
Präadaptation 139
Prädisposition 140

Primaten 96, 99
Priodontus giganteus 26
Proteagewächse 164
Propithecus verreauxi 95
Propleopus oscillans 37
Protopterus 46
Protosiren 112
Protozyten 21
Przewalskipferd 172
Psilophyta 161
Psilotum nudum 161
Pteridophyta 162
Pterygotus rhenanus 111
Ptilocrinus 136
Pyrolobus 21

Quallen 13, 22
Quastenflosser 136 f.

Radialsymmetrie 148
Rancho La Brea 180
Raphus cucullatus 179 f.
Ratitae 57
Rattenkänguru 37
Raubbeutler 38
Redwood-Nationalpark 151
Regenwald 71, 104
Rekonstruktion 23
Reistanrek 100
Reptilien 66
Rhinocerus 79
Rhipidistia 139
Rhizocrinus lofotensis 134
Rhynchocephalia 52
Riesen-Mammutbaum 152
Riesen-Muntjak 86
Riesensalamander 118 f.
Rhynia 161
Rhytina gigas 115
Rückstoßprinzip 141
Rundschwanz-Seekühe 114

Salinenkrebs 10
Samenfarn 162
Samenpflanzen 163
Sarcophilus harrisii 39

Scaphirhynchus platyrhynchus 123
Schabrackentapir 82
Schaufelstör 122
Scheinbrückenechse 55
Scheitelauge 53
Scheuchzer 119
Schildkröten 24
Schlammfisch 126
Schlammteufel 120
Schleichkatzen 102
Schliefer 113
Schmelzschuppenfisch 125
Schnabelkopf 52
Schnabeltier 34
Schraubenbäume 50
Schraubenpalmen 164
Schuppen 66
Schwanzfrosch 69
Schwanzlurch 121
Schwarze Kamine 135
Schwertschwanz 107
Schwestergruppe 68
Schwimmblase 123
Seeanemonen 22
Seekühe 112
Seelilien 146 f.
Seeskorpion 111
Seirocrinus subangularis 147
Selaginella 164
Sequoia giganteum 152
Sequoia sempervivens 151
Setifer setosus 100
Seymouria baylorensis 68
Silberfischchen 17
Sirenen 112
Sirenia 112
Solnhofen 55, 109
Sonarsystem 116
Sonnenbär 73
Spermatophyta 163
Sphenodon punctata 52
Spindelbock 87
Spinnentiere 111
Spitzhörnchen 96
Sporen 165

Sporophyt 162
Springbeutler 41
Stachelhäuter 147
Stammbaum 66
Stegodon sompoensis 62
Steller'sche Seekuh 115
Steppenwildpferd 172
Steromastis 135
Stieleibengewächse 19
Streifenkiwi 56
Streifentanrek 101
Strigops habroptilus 57
Stromatolithen 21
Stummelfüßer 69
Südbuche 48
Sumatra-Nashorn 79
Sumpfeibe 154
Sumpfzypresse 154
Sunda-Gavial 131
Synapomorphie 68
Synthetische Theorie 13
Systematik 67 f.

*T*achyglossus aculeatus 33
Tachypleus gigas 111
Tai-Nationalpark 128
Takahe 58
Taman Negara 71
Tannin 152
Tanrek 100
Tapir 81 f.
Tapirus indicus 82
Tapirus terrestris 82
Tarpan 171
Tarsius syrichta 99
Taubwaran 64
Taxaceae 156
Taxodium 154
Tenrec ecaudatus 100
Tenrec glis 98
Tentaculata 146
Tethys 118
Tetrabranchiata 142
Therapsiden 37
Thermalquellen 135
Thylacinus cynocephalus 38

Tiefsee 133
Tomistoma schlegelii 131
Tragulus javanicus 84 f.
Transduktion 21
Tremarctos ornatus 75
Trichechidae 114
Trieste 134
Trilobita 110
Trilobiten 110
Triops cancriformis 9
Trochitenkalk 146, 147
Trockenschlaf 46
Tuatara 52
Tupaia minor 97
Tupaias 96

Ujung Kulon 79
Ungulata 83
Ur 170
Urfrosch 68
Urlurch 140
Urmützenschnecken 144
Ur-Reiche 21
Ursavus elemesis 73
Urschnecke 136, 144
Ursus 73
Urvogel 65
Urwelt-Mammutbaum 153
Urzeitkrebs 9

V*aranus komodoensis* 59 f.
Vari 94
Venushaarfarn 156
Verdunstungsschutz 156
Verwandtschaft 14
Vierbeiner 140
Vierfüßer-Koordination 138
Vierkiemer 142
Viverridae 102

Waldgiraffe 87
Waldrapp 174 f.
Wasserleitgefäße 164
Wassertanrek 101
Weka-Ralle 58
Welwitschia mirabilis 156
Wiederansiedlung 175

Wiederkäuer 84
Wilhelma 155
Windbestäubung 163
Wisent 167
Wurzelhaarstern 134

X*anthorrhoea australis* 49
Xianguangia 22
Xiphosura 107

Yangtsekiang 116

Z*aglossum bruijni* 34
Zapfen 166
Zetraphalerus 20
Zwergelefant 62
Zwergflusspferd 129
Zwerghirsch 84
Zwergkiwi 58
Zwergmaki 95
Zwergwuchs 63

Abbildungsnachweise

Alle Fotos sind von Walter Kleesattel, Schwäbisch Gmünd, soweit hier nicht anders angegeben.

Abb. 11 Schnabeltier © Alan Root/Okapia, Abb. 16 Beutelwolf © J.-L. Klein & M.-L. Hubert/OKAPIA, Abb. 25 Brückenechse © Gerald Cubitt/OKAPIA, Abb. 31 Stummelfüßer Kathie Atkinson/OSF/OKAPIA, Abb. 37 Sumatranashorn © Alain Compost/BIOS/OKAPIA, Abb. 67 Quastenflosser im natürlichen Lebensraum. Foto: Jürgen Schauer.